U0959170

中小企业
法律风险识别与防控

以案说法
100例

段彪永 编著

ZHONGXIAO QIYE
FALU FENGXIAN SHIBIE YU FANGKONG

中国法制出版社
CHINA LEGAL PUBLISHING HOUSE

特别鸣谢（排名不分先后）：

昆明市中小企业服务中心、五华区中小企业服务中心、官渡区中小企业服务中心、自贸区昆明片区（昆明经开区）中小企业服务中心、昆明高新区中小企业服务中心、东川区中小企业服务中心、嵩明县中小企业服务中心、五华区中小企业服务中心金鼎分中心

昆明市中小企业公共服务窗口平台、安宁市中小企业公共服务窗口平台、昆明软件及文化创意产业集群公共服务窗口平台、昆明高新技术产业集群公共服务窗口平台、昆明国际石化磷化产业集群公共服务窗口平台

昆明北理工科技孵化器、昆明库米科技企业孵化器、昆明国家广告产业园、昆明科技创新园、金鼎广告园区创业园、安宁科技园、集识雨创新创业园、中滇合盛创新创业园、昆明北理工众创空间、安高科国际双创基地、云上云大数据双创基地、云纺 M60 园区、五华区－北理工青年（大学生）创业园、安宁大学生创业园、云南中医药大学知合空间创业园

云南省企业人力资源管理师协会、云南省广告协会、云南省化工行业协会、云南省医疗器械行业协会、云南省电子竞技协会、云南省高校毕业生就业促进会、昆明市科技企业孵化器协会、昆明市就业促进会、安宁市青年创业协会、昆明市五华区青年创业协会、昆明市呈贡区青年创业创新协会、云南省医药商会、安宁市青年企业家商会

前 言

Preface

中小企业是建设现代化经济体系、推动经济高质量发展的重要基础，是扩大就业、改善民生的重要支撑。改善中小企业营商环境，保障中小企业公平参与市场竞争，维护中小企业合法权益，促进中小企业健康发展，发挥中小企业在国民经济和社会发展中的重要作用，一直是党和国家关心和重视的问题。

2003 年 1 月 1 日，《中华人民共和国中小企业促进法》正式施行，这是我国第一部关于中小企业的专门法律，标志着我国促进中小企业发展开始走上规范化和法治化轨道。2017 年 9 月 1 日，为加大对中小企业的支持力度，第十二届全国人民代表大会常务委员会第二十九次会议对该法进行修订，并于 2018 年 1 月 1 日正式实施。修订后的中小企业促进法体现了党和国家进一步改善中小企业经营环境，促进中小企业健康发展的政策导向和决心。顺应趋势，云南曲直律师事务所（以下简称“曲直”）也成立了中小企业法律事务部，致力于为中小企业提供“找得到、信得过、用得起”的专业法律服务。

经过多年的努力，曲直已经为上百家中小企业提供了常年法律顾问服务。随着法律服务的深入，我们发现中小企业最大的需求其实是法律咨询，而且典型法律问题高频出现。为解决中小企业痛点，沉淀和升级法律服务成果，笔者决定创立“中小企业普法专栏”，尝试用简单明了、通俗易懂的方式面向中小企业普法。普法专栏素材来源于中小企业日常经营中遇到的典型问题和真实案例，以案说法向中小企业展现其面临的法律风险和解决方案。

曲直已与昆明市中小企业公共服务窗口平台达成合作，在其微信公众号及官网向全市中小企业推送普法内容。同时，云南省、临沧市、德宏州、曲靖市、保山市等中小企业公共服务窗口平台，多家产业园区、创业园区、孵化器、商会和协会也在其微信公众号转载中小企业普法专栏文章。经过4年的持续更新，中小企业普法专栏已积累200余篇原创文章。笔者精选了其中的100篇，归类和整理后汇编成书，内容分为公司治理篇、合同管理篇、劳动工伤篇及诉讼程序篇，以飨读者。本书无意于收纳法律问题的全面性和疑难性，而是关注法律问题的普遍性和操作性。

本书文章的标题部分，以通俗的问题形式呈现，取材于中小企业经营者咨询的法律问题；案情简介部分，案例来源于法院或劳动争议仲裁的真实案例，向读者展现法律争议的真实场景及裁判观点；律师提示部分，笔者通过法律问题的分析和解读，对类案的整理和归纳，用最简明的方式向读者阐释法律问题，并给出倾向性意见或最优解决方案；法律规定部分，笔者整理了该法律问题涉及的主要法律依据，以便读者查阅和验证。

“法律的生命不是逻辑，而是经验。”本书正是大众可读性与法律专业实践结合的一种尝试。可作为中小企业主或创业者的工具书，每篇文章都自成体系，尽量只聚焦于一个专业问题。笔者希望本书能帮助从业者提高法律意识，自助解决常见法律问题，防范大部分法律风险。

“让法律服务触手可及”是曲直中小企业法律服务的光荣使命，也是曲直对中小企业的不变承诺！“曲则能伸 心正则直”，曲直将不忘初心，在中小企业法律服务领域砥砺前行，勇攀高峰。

笔者也将继续在中小企业法律服务领域精耕细作，与更多中小企业一起成长！

段彪永

2021 年 10 月

目　录

Contents

公司治理篇

公司治理篇

1 投资入股需要注意什么？

案情简介①

2016 年 10 月 25 日，贾某以投资幼儿园为由邀请张某投资设立某管理咨询有限公司。双方当日签订了《投资入股协议书》，协议约定张某以货币形式出资 10 万元，占某管理咨询有限公司 20% 的股权，公司设立后即登记成为股东。张某将投资款转入贾某的私人账户，贾某收到款项后从未告知张某公司设立和经营的相关情况。后张某经多方了解得知，贾某于 2017 年 3 月 12 日与罗某注册成立了某管理咨询有限公司，并任公司法定代表人职务，但未按照协议约定将张某登记为公司股东。张某向法院起诉，请求解除《投资入股协议书》并由贾某返还投资款 10 万元及利息。

法院经审理认为，本案双方签订的《投资入股协议书》意思表示真实，不违反法律、行政法规强制性规定，合法有效，双方应按照合同的约定履行。贾某与他人共同设立某管理咨询有限公司时，未按照协议约定将已出资的张某列为公司原始股东，致使《投资入股协议书》的根本目的未能实现，故根据《合同法》第 94 条第 1 款第 4 项："有下列情形之一的，当事人可以解除合同：……（四）当事人一方迟延履行债务或者有其他违约行为致使不能实现合同目的"和第 97 条："合同解除后，尚未履行的，终止履行；已经履行的，根据履行情况和合同性质，当事人可以要求恢复原状、采取其他补救措施、并有权要求赔偿损失"的规定，张某有权解除《投资入股协议书》并要求贾某返还其已支付的 10 万元出资款和利息损失。法院遂支持了张某的诉讼请求。

律师提示

很多人对于投资入股的想法很简单，认为无非就是"大家出钱一起办点事"。

① 本书收录的案例均适用的是当时有效的法律法规司法解释。

但是，笔者在服务中小企业过程中，发现投资款被挪用却投诉无门，或是合伙人另起炉灶，或是投资事务红红火火却无法分享收益等情形层出不穷，教训不可谓不惨痛。

两人以上投资的形式一般为合伙企业或者公司。在设立合伙企业或公司前，各方应签订书面《设立协议》，对各方的出资比例、设立费用承担、违约责任等内容作出明确约定，才能全面保障投资人的合法权益。如果以设立个体工商户、个人独资企业等形式共同投资，更应拟定《合作协议》，对于各方出资、费用分摊、经营管理等内容作出详细约定，否则未在法律主体内登记的投资人利益可能难以保障。

实务中，针对投资公司，笔者总结投资人常犯以下错误：

一是不签订书面投资协议，投资人可能因无法举证存在投资关系而利益受损。

二是投资法律主体和法律文书不对应，比如投资双方意图成立有限公司，签订的却是合伙协议，导致协议无法保障各方投资利益。

三是投资协议签订后，投资人不跟进法律投资主体的设立过程，经办人未将投资人列为公司股东或合伙人，导致投资人投资利益受损。

四是投资款项随意支付，投资款项如未进入公司等投资主体的账户，也未按照投资协议约定安排支付，投资款性质以及财务核算存在风险。

很多投资人想当然地认为向公司老板个人支付投资款项就已经成为公司股东，这种观念是错误的。公司成立后，投资人欲投资入股的，有股权转让和增资扩股两种方式。这两种方式都应按照《公司法》和公司章程规定的程序，需要公司股东表决或放弃优先购买权，因此，如果仅是公司的一个股东与投资人签订相关协议，该协议可能无效。另外，股权转让中的投资款应支付给股东个人，增资扩股中的投资款应向公司支付。

投资后，其他股东存在损害公司利益或其他股东利益的行为，投资人能否退回投资款？这是很多投资人常问的问题。如在本案中，投资人未获得股东资格可要求退还投资款。如投资人已合法登记为股东，则无法退回投资款，其他股东的违法违规行为只能通过其他途径予以追究。此时投资人退出公司需有其他股东或者第三人愿意购买其股权，或者公司符合法定解散条件被解散等《公司法》规定的情形，否则别无他法。

法律规定

《中华人民共和国民法典》

第69条 有下列情形之一的，法人解散：

（一）法人章程规定的存续期间届满或者法人章程规定的其他解散事由出现；

（二）法人的权力机构决议解散；

（三）因法人合并或者分立需要解散；

（四）法人依法被吊销营业执照、登记证书，被责令关闭或者被撤销；

（五）法律规定的其他情形。

第563条 有下列情形之一的，当事人可以解除合同：

（一）因不可抗力致使不能实现合同目的；

（二）在履行期限届满前，当事人一方明确表示或者以自己的行为表明不履行主要债务；

（三）当事人一方迟延履行主要债务，经催告后在合理期限内仍未履行；

（四）当事人一方迟延履行债务或者有其他违约行为致使不能实现合同目的；

（五）法律规定的其他情形。

以持续履行的债务为内容的不定期合同，当事人可以随时解除合同，但是应当在合理期限之前通知对方。

第566条 合同解除后，尚未履行的，终止履行；已经履行的，根据履行情况和合同性质，当事人可以请求恢复原状或者采取其他补救措施，并有权请求赔偿损失。

合同因违约解除的，解除权人可以请求违约方承担违约责任，但是当事人另有约定的除外。

主合同解除后，担保人对债务人应当承担的民事责任仍应当承担担保责任，但是担保合同另有约定的除外。

《最高人民法院关于适用〈中华人民共和国公司法〉若干问题的规定（三）》

第2条 发起人为设立公司以自己名义对外签订合同，合同相对人请求该发起人承担合同责任的，人民法院应予支持；公司成立后合同相对人请求公司承担合同责任的，人民法院应予支持。

2 公务员投资入股是否合法?

案情简介

某商务咨询公司于2010年10月登记成立，注册资本为100万元，股东甲出资80万元，持股比例为80%，股东乙出资20万元，持股比例为20%。甲与张某（公务员）签订《股权代持协议》，约定甲实为挂名股东，其股权均为替张某代持。2012年12月，甲与张某发生矛盾，张某向法院起诉要求公司确认股东资格并享受相关权利。甲和某商务咨询公司以张某为公务员，《股权代持协议》无效为由，否认张某的股东资格。

法院经审理认为，《股权代持协议》是双方真实意思的表示，应为有效合同。《公务员法》第53条第14项关于公务员不得“从事或者参与营利性活动，在企业或者其他营利性组织中兼任职务”的规定，属管理性禁止性规范，不构成合同无效的情形，确认张某享有某商务咨询公司80%股权，但对张某要求工商登记的请求不予支持。

律师提示

公务员有广泛的社会资源，部分公务员也有闲置资金进行投资的需求，中小企业自然欢迎这样的股东加入。

一般认为，《公务员法》第59条第16项的规定属管理性禁止性规范，不是效力性强制性规范，公务员若违反了该规范，应由其管理机关追究其相应责任，但《股权代持协议》并不因违反《公务员法》而无效。作为隐名股东的公务员可享受股权代持协议中约定的分红等权利，但市场监督管理部门不会将其登记为显名股东。如公务员隐瞒身份骗取登记，市场监督管理部门将取消登记并给予相应行政处罚。

在民事层面，公务员投资入股行为合法有效；但在行政层面，公务员的投资行为极有可能遭受撤职等行政处罚。因此，笔者不建议公务员投资入股，从事营利性活动。

对于已经通过股权代持成为隐名股东的公务员，一方面，应保持好与显名股东的关系，防范道德风险；另一方面，通过股权代持协议的设计，让公司及各股东确认隐名股东的股东资格，在发生争议时，隐名股东可越过显名股东，直接向公司主张股东权利。

法律规定

《中华人民共和国民法典》

第143条 具备下列条件的民事法律行为有效：

（一）行为人具有相应的民事行为能力；

（二）意思表示真实；

（三）不违反法律、行政法规的强制性规定，不违背公序良俗。

第153条 违反法律、行政法规的强制性规定的民事法律行为无效。但是，该强制性规定不导致该民事法律行为无效的除外。

违背公序良俗的民事法律行为无效。

第154条 行为人与相对人恶意串通，损害他人合法权益的民事法律行为无效。

第156条 民事法律行为部分无效，不影响其他部分效力的，其他部分仍然有效。

《最高人民法院关于适用〈中华人民共和国公司法〉若干问题的规定（三）》

第24条 有限责任公司的实际出资人与名义出资人订立合同，约定由实际出资人出资并享有投资权益，以名义出资人为名义股东，实际出资人与名义股东对该合同效力发生争议的，如无法律规定的无效情形，人民法院应当认定该合同有效。

前款规定的实际出资人与名义股东因投资权益的归属发生争议，实际出资人以其实际履行了出资义务为由向名义股东主张权利的，人民法院应予支持。名义股东以公司股东名册记载、公司登记机关登记为由否认实际出资人权利的，人民法院不予支持。

实际出资人未经公司其他股东半数以上同意，请求公司变更股东、签发出资证明书、记载于股东名册、记载于公司章程并办理公司登记机关登记的，人民法院不予支持。

《中华人民共和国公务员法》

第59条 公务员应当遵纪守法，不得有下列行为：

（一）散布有损宪法权威、中国共产党和国家声誉的言论，组织或者参加旨在反对宪法、中国共产党领导和国家的集会、游行、示威等活动；

（二）组织或者参加非法组织，组织或者参加罢工；

（三）挑拨、破坏民族关系，参加民族分裂活动或者组织、利用宗教活动破坏民族团结和社会稳定；

（四）不担当，不作为，玩忽职守，贻误工作；

（五）拒绝执行上级依法作出的决定和命令；

（六）对批评、申诉、控告、检举进行压制或者打击报复；

（七）弄虚作假，误导、欺骗领导和公众；

（八）贪污贿赂，利用职务之便为自己或者他人谋取私利；

（九）违反财经纪律，浪费国家资财；

（十）滥用职权，侵害公民、法人或者其他组织的合法权益；

（十一）泄露国家秘密或者工作秘密；

（十二）在对外交往中损害国家荣誉和利益；

（十三）参与或者支持色情、吸毒、赌博、迷信等活动；

（十四）违反职业道德、社会公德和家庭美德；

（十五）违反有关规定参与禁止的网络传播行为或者网络活动；

（十六）违反有关规定从事或者参与营利性活动，在企业或者其他营利性组织中兼任职务；

（十七）旷工或者因公外出、请假期满无正当理由逾期不归；

（十八）违纪违法的其他行为。

3 个人承包经营公司是否合法？

案情简介

某公司注册资本1000万元，张某和贾某两人为公司股东。2015年6月，张某和贾某签订《公司承包经营合同》，约定将公司由贾某全权承包经营，承包期限为5年，每年承包费为200万元，贾某于每年7月31日前支付给张某。2016年12月，由于贾某经营不善，公司停产停业。张某起诉至法院，请求贾某支付欠付的承包费并承担违约责任。贾某辩称，《公司承包经营合同》无效，其无需承担责任。

法院经审理认为，公司承包经营是当事人选择的一种公司经营方式，是当事人意思自治的体现。公司在承包期间将原本应由公司股东会、董事会行使的权利交给承包人行使，这在法律上可视为股东会、董事会对承包人的概括性授权行为，这与《公司法》并不相悖。张某与贾某签订的《公司承包经营合同》系双方真实意思表示且不违反《合同法》第52条之规定，应为有效。贾某不按合同约定履行义务属违约行为。法院遂支持了张某的诉讼请求。

律师提示

公司承包经营，是指由承包人承担公司的经营管理工作和经营风险，发包人依约定收取相对固定投资收益的行为。承包经营是股东或者公司关于公司运营所作出的制度选择和安排，在不存在损害第三人利益、出借资质等违反强制性法律规定的情形下，应为合法有效。签订公司承包经营合同时，需注意以下问题：

1. 承包经营的主体问题

公司承包经营的发包人通常是公司，如全体股东与承包人签订承包经营合同，其实质符合股东会一致表决的方式，一般认定为有效。如股东会决议或者承包经营合同并非全体股东一致同意，承包经营合同的效力会有争议。承包人既可以是自然人，也可以是法人或者其他组织，既可以是公司股东，也可以是股东之外的第三人。

2. 承包经营期间债权债务的承担主体问题

在承包经营期间，承包人以发包人名义对外签订合同或产生债权债务，原则上由发包人对外承担责任，发包人与承包人按照双方签订的承包经营合同对内分配责任。特别注意的是，行政处罚的行政相对人是公司，因此，发包人与承包人对行政处罚的追偿问题也应作出约定。

3. 承包经营期间的员工新招用问题

在承包经营期间，难免需要增加新员工，新招员工一般与公司签订劳动合同，与公司建立劳动关系。发包人和承包人应对员工人力成本和工伤风险等作出约定，同时，对经营期限届满后员工的去留问题作出安排，以免产生争议。

4. 承包经营期间的资产区分

公司承包经营合同中，往往仅约定股东会和董事会对承包人概括性授权，但并未对资产进行盘点和交接。资产盘点可区分新旧资产归属问题，资产交接可区分资产的实际占有问题，对于避免争议有重要意义。

法律规定

《中华人民共和国民法典》

第143条 具备下列条件的民事法律行为有效：

（一）行为人具有相应的民事行为能力；

（二）意思表示真实；

（三）不违反法律、行政法规的强制性规定，不违背公序良俗。

第146条 行为人与相对人以虚假的意思表示实施的民事法律行为无效。

以虚假的意思表示隐藏的民事法律行为的效力，依照有关法律规定处理。

第153条 违反法律、行政法规的强制性规定的民事法律行为无效。但是，该强制性规定不导致该民事法律行为无效的除外。

违背公序良俗的民事法律行为无效。

第154条 行为人与相对人恶意串通，损害他人合法权益的民事法律行为无效。

第156条 民事法律行为部分无效，不影响其他部分效力的，其他部分仍然有效。

4 企业营业执照被吊销有什么后果？

案情简介

某法院收到起诉人某娱乐城诉被起诉人某公司的起诉书，某娱乐城诉称：被起诉人于2008年11月30日向某银行借款1000万元，起诉人与银行签订保证合同为上述借款提供保证担保。上述借款到期后，被起诉人未按约定还本付息，银行要求起诉人承担还款责任。起诉人认为，起诉人履行保证责任后，有权向被起诉人进行追偿，被起诉人虽经工商局某分局注销，但注销行为是工商行政管理部门对违法的企业法人作出的一种行政处罚。根据相关法律规定，被吊销营业执照后，应当依法进行清算，清算程序结束并办理工商注销登记后，该企业法人才归于消灭。被起诉人未经清算且未办理工商注销登记，其法人资格未消灭，应当赔偿起诉人承担保证责任清偿的款项。因此，请求法院判令某公司归还某娱乐城1000万元及利息。

法院经审理认为，根据起诉人提交的《内资企业登记基本情况表》，被起诉人某公司的企业状态为“吊销已注销”，也就是说被起诉人现已被工商行政管理部门注销，法人资格灭失，被起诉人不是本案适格的诉讼主体。根据《中华人民共和国民事诉讼法》第119条第2款：“起诉必须符合下列条件：……（二）有明确的被告；……”之规定，起诉人的起诉不符合受理条件，据此，裁定不予受理。

律师提示

创业难，每年有很多中小企业经营失败，但是由于正常的注销程序繁琐，成本高昂，大部分企业主选择“闲置”中小企业，不按要求报送年度经营报告，也不报税，使其成为“僵尸”企业。符合处罚条件的，市场监督管理部门将吊销中小企业的营业执照。

吊销营业执照，是市场监督管理部门依法对违法企业作出的一种行政处罚。

企业营业执照被吊销后，应停止除清算范围外的一切经营活动。被吊销营业执照后，企业应根据《公司法》规定解散，在15日内成立清算组开始清算，清算程序结束并办理注销登记后，该企业法人才归于消灭。在本案中，企业状态为“吊销已注销”，说明企业（诉讼）主体资格已经消灭，不能作为被告进行起诉（如认为市场监督管理部门注销不合法，应通过其他途径解决）。

法律法规规定的吊销营业执照情形主要有以下几种：

1. 提交虚假文件或采取其他欺骗手段，取得公司登记，情节严重的。
2. 不按照规定办理注销登记、变更登记，情节严重的。
3. 涂改、出租、转让营业执照，情节严重的。
4. 虚报注册资本或者抽逃转移资金，情节严重的。
5. 法律法规规定的各类越权经营和非法经营行为。

企业被吊销营业执照的不良后果有：

1. 被吊销营业执照的企业名称3年之内不予核准，不得使用。
2. 担任因违法被吊销营业执照、责令关闭的公司、企业的法定代表人，并负有个人责任的，自该公司、企业被吊销营业执照之日起未逾3年，不得担任公司的董事、监事、经理、法定代表人。
3. 被吊销营业执照后企业违法办理清算注销的，承担民事赔偿责任。

但是，吊销营业执照是行政处罚，法定代表人、股东或高级管理人员并不会被法院列入失信被执行人名单（黑名单），也不会被限制高消费。

法律规定

《中华人民共和国民事诉讼法》

第119条 起诉必须符合下列条件：

（一）原告是与本案有直接利害关系的公民、法人和其他组织；

（二）有明确的被告；

（三）有具体的诉讼请求和事实、理由；

（四）属于人民法院受理民事诉讼的范围和受诉人民法院管辖。

《中华人民共和国公司法》

第146条 有下列情形之一的，不得担任公司的董事、监事、高级管理人员：

（一）无民事行为能力或者限制民事行为能力；

（二）因贪污、贿赂、侵占财产、挪用财产或者破坏社会主义市场经济秩序，被判处刑罚，执行期满未逾五年，或者因犯罪被剥夺政治权利，执行期满未逾五年；

（三）担任破产清算的公司、企业的董事或者厂长、经理，对该公司、企业的破产负有个人责任的，自该公司、企业破产清算完结之日起未逾三年；

（四）担任因违法被吊销营业执照、责令关闭的公司、企业的法定代表人，并负有个人责任的，自该公司、企业被吊销营业执照之日起未逾三年；

（五）个人所负数额较大的债务到期未清偿。

公司违反前款规定选举、委派董事、监事或者聘任高级管理人员的，该选举、委派或者聘任无效。

董事、监事、高级管理人员在任职期间出现本条第一款所列情形的，公司应当解除其职务。

第188条 公司清算结束后，清算组应当制作清算报告，报股东会、股东大会或者人民法院确认，并报送公司登记机关，申请注销公司登记，公告公司终止。

第211条 公司成立后无正当理由超过六个月未开业的，或者开业后自行停业连续六个月以上的，可以由公司登记机关吊销营业执照。

公司登记事项发生变更时，未依照本法规定办理有关变更登记的，由公司登记机关责令限期登记；逾期不登记的，处以一万元以上十万元以下的罚款。

《最高人民法院关于企业法人营业执照被吊销后，其民事诉讼地位如何确定的复函》

辽宁省高级人民法院：

你院《关于企业法人营业执照被吊销后，其民事诉讼地位如何确定的请示》收悉。经研究，答复如下：

吊销企业法人营业执照，是工商行政管理机关依据国家工商行政法规对违法的企业法人作出的一种行政处罚。企业法人被吊销营业执照后，应当依法进行清算，清算程序结束并办理工商注销登记后，该企业法人才归于消灭。因此，企业法人被吊销营业执照后至被注销登记前，该企业法人仍应视为存续，可以自己的名义进行诉讼活动。如果该企业法人组成人员下落不明，无法通知参加诉讼，债权人以被吊销营业执照企业的开办单位为被告起诉的，人民法院也应予以准许。该开办单位对被吊销营业执照的企业法人，如果不存在投资不足或者转移资产逃避债务情形的，仅应作为企业清算人参加诉讼，承担清算责任。你院请示中涉及的问题，可参照上述精神办理。

此复

5 身份信息被冒用注册公司如何处理？

案情简介

张某为经营淘宝店欲设立一家公司，但在向工商部门申请注册时，却被告知其已于2013年4月注册了某公司，并担任法定代表人，由于该公司目前处于吊销未注销的状态，张某无法另行注册公司。张某对于被登记为某公司的股东和法定代表人并不知情。张某向人民法院起诉要求确认其不是某公司的股东和法定代表人。

法院经审理认为，经笔迹鉴定，工商登记资料中的签字并非张某所签；另外，张某从未参加该公司的经营管理等事实，足以证明张某对其身份信息被冒用不知情。法院遂确认张某不是某公司的股东和法定代表人。

律师提示

由于市场监督管理部门在公司设立登记时，一般仅对申请材料作形式审查，不对其真实性负责，公民身份信息被冒用注册公司的情况并不鲜见。

公民身份信息经常被冒用登记为公司法定代表人和股东。被冒用登记为法定代表人时，被冒用人可能会被信用惩戒，单位犯罪的则可能会被追究刑事责任；被冒用登记为股东时，未履行出资责任的，被冒用人可能会被行政处罚，还可能对外承担民事赔偿责任。因此，如发现身份信息被冒用时，应及时进行处理。

如果发现身份信息被冒用注册公司，笔者认为可以从以下三个途径进行维权：

1. 行政途径。公民可选择向市场监督管理部门投诉或者提起行政诉讼，要求撤销公司设立登记。市场监督管理部门调查确认当事人以欺骗手段，冒用他人身份信息方式提交虚假材料取得公司登记的，应予以撤销。

昆明市原工商行政管理局发布的《关于撤销冒用他人身份信息骗取公司登记的若干规定（暂行）》对撤销冒用他人身份信息骗取公司登记的适用范围、管辖、线索来源、登记核查、受理、调查取证和终结、告知、听证、决定、送达、执行等进行了详细的规定。

2. 民事途径。公民可选择向法院提起消极确认诉讼，请求法院确认当事人不具有股东和法定代表人资格，也可依据《民法典》的规定，以实际侵权人即投资人、注册代理机构、被注册的公司为被告提起民事诉讼，要求停止侵犯姓名权、消除影响和赔偿损失。

3. 刑事途径。公民可选择向公安机关报案，如经公安机关侦查发现有违反国家有关规定，向他人出售或者提供公民个人信息，伪造、变造、盗用公民身份证的行为，情节严重的，将依法追究刑事责任。

根据笔者经验，三种途径首选应为民事途径。通过法院确认公民被冒名，不具有法定代表人和股东资格后，据此再向市场监督管理部门投诉或报案，可为其提供强有力的执法依据，降低其作出行政行为或追究刑事责任的风险，以顺利解决问题。

法律规定

《中华人民共和国居民身份证法》

第 17 条 有下列行为之一的，由公安机关处二百元以上一千元以下罚款，或者处十日以下拘留，有违法所得的，没收违法所得：

（一）冒用他人居民身份证或者使用骗领的居民身份证的；

（二）购买、出售、使用伪造、变造的居民身份证的。

伪造、变造的居民身份证和骗领的居民身份证，由公安机关予以收缴。

《中华人民共和国民法典》

第 120 条 民事权益受到侵害的，被侵权人有权请求侵权人承担侵权责任。

第 1012 条 自然人享有姓名权，有权依法决定、使用、变更或者许可他人使用自己的姓名，但是不得违背公序良俗。

第 1013 条 法人、非法人组织享有名称权，有权依法决定、使用、变更、转让或者许可他人使用自己的名称。

第 1014 条 任何组织或者个人不得以干涉、盗用、假冒等方式侵害他人的姓名权或者名称权。

《中华人民共和国公司法》

第 198 条 违反本法规定，虚报注册资本、提交虚假材料或者采取其他欺诈手段隐瞒重要事实取得公司登记的，由公司登记机关责令改正，对虚报注册资本的公司，处以虚报注册资本金额百分之五以上百分之十五以下的罚款；对提交虚假材料或者采取其他欺诈手段隐瞒重要事实的公司，处以五万元以上五十万元以下的罚款；情节严重的，撤销公司登记或者吊销营业执照。

《中华人民共和国行政许可法》

第 69 条 有下列情形之一的，作出行政许可决定的行政机关或者其上级行政机关，根据利害关系人的请求或者依据职权，可以撤销行政许可：

（一）行政机关工作人员滥用职权、玩忽职守作出准予行政许可决定的；

（二）超越法定职权作出准予行政许可决定的；

（三）违反法定程序作出准予行政许可决定的；

（四）对不具备申请资格或者不符合法定条件的申请人准予行政许可的；

（五）依法可以撤销行政许可的其他情形。

被许可人以欺骗、贿赂等不正当手段取得行政许可的，应当予以撤销。

依照前两款的规定撤销行政许可，可能对公共利益造成重大损害的，不予撤销。

依照本条第一款的规定撤销行政许可，被许可人的合法权益受到损害的，行政机关应当依法给予赔偿。依照本条第二款的规定撤销行政许可的，被许可人基于行政许可取得的利益不受保护。

《中华人民共和国刑法》

第 280 条 伪造、变造、买卖或者盗窃、抢夺、毁灭国家机关的公文、证件、印章的，处三年以下有期徒刑、拘役、管制或者剥夺政治权利，并处罚金；情节严重的，处三年以上十年以下有期徒刑，并处罚金。

伪造公司、企业、事业单位、人民团体的印章的，处三年以下有期徒刑、拘役、管制或者剥夺政治权利，并处罚金。

伪造、变造、买卖居民身份证、护照、社会保障卡、驾驶证等依法可以用于证明身份的证件的，处三年以下有期徒刑、拘役、管制或者剥夺政治权利，并处罚金；情节严重的，处三年以上七年以下有期徒刑，并处罚金。

《关于撤销冒用他人身份信息骗取公司登记的若干规定（暂行）》（昆府登197号）

第2条 当事人以欺骗手段，冒用他人身份信息方式提交虚假材料取得有限责任公司（股份有限公司）及其分公司（以下简称“公司”）设立、变更登记，作出核准登记的登记机关，依据职权或者利害关系人的投诉、举报，经调查核实情节严重的，应当予以撤销的。

存在以下情况的，不适用本规定：

（一）公司资产（含股权、商标权）已被质押、抵押的；

（二）公司资产（含股权）被人民法院冻结的；

（三）公司资产（含股权）被法院判决、裁定划转到第三方的；

（四）已办理动产抵押的；

（五）公司正处于行政或民事案件诉讼期间的；

（六）因涉嫌其他违法行为正在被有关机关立案调查的。

6 股东设立一人有限责任公司是否需要承担无限责任?

案情简介

2015 年 5 月 12 日，张某与昆明某公司签订《供货合同》，约定张某向某公司出售混凝土建筑模板。2016 年 4 月 10 日，经双方结算确认某公司尚欠张某 102 万元。某公司注册资本为 100 万元，贾某系某公司的唯一股东，认缴期限为 2038 年 5 月 25 日。因某公司未依约还款，张某起诉至法院，要求某公司支付货款 102 万元，贾某对某公司的上述债务承担连带清偿责任。

法院经审理认为，《合同法》第 130 条规定，买卖合同是出卖人转移标的物的所有权于买受人，买受人支付价款的合同。某公司应依法履行支付货款的义务。同时，《公司法》第 63 条规定："一人有限责任公司的股东不能证明公司财产独立于股东自己的财产的，应当对公司债务承担连带责任。"本案中，涉案货款发生时，某公司系贾某一人投资设立的一人有限责任公司，根据上述法律规定，在贾某未提供证据证明公司财产独立于股东自己的财产的情况下，可认定某公司生产经营的收益归贾某所有。因此，法院对张某要求贾某承担连带清偿责任的主张予以支持。

律师提示

有限责任公司核心在于股东只以其出资额为限对公司承担责任，债权人无权要求股东对公司债务承担责任。公司债务与股东个人财产隔离的制度，有效阻断了创业风险。很多中小企业主为避免创业风险，又想在公司成本、决策及执行效率上拥有绝对的控制权，于是就想到了设立一人有限责任公司。

一人有限责任公司是有限责任公司的一种特别组织形式，规范运行的一人有限责任公司具有规避创业风险的作用，但中小企业主如枉顾法律规定，不规范经营，则有可能被否认"法人人格"，而对公司债务承担无限连带责任。

中小企业主在运营一人有限责任公司时，应注意以下事项：

1. 公司“人”“财”“物”要与股东独立。公司人员、住所、财产等不要与股东个人相混同，避免股东和公司之间存在不合理的资金流水，分红应依法纳税。股东依据《公司法》作出决议时，应当采用书面形式，并由股东签名后置备于公司。

2. 财务审计报告是法律强制性规定。公司应聘请专业的财务人员，制作、保留完整的财务账册资料，并在每一会计年度终了时，聘请第三方对年度财务报告进行审计，出具审计报告。

3. 公司财产独立的举证责任在于股东。《公司法》第 63 条规定：“一人有限责任公司的股东不能证明公司财产独立于股东自己的财产的，应当对公司债务承担连带责任。”股东无法证明公司财产独立于自己的财产时，由股东承担不利的后果。

中小企业本身法律意识淡薄，财务规范能力有限，笔者建议，尽量不要设立一人有限责任公司，是对股东最大的保护。否则，股东在证明公司财产独立时，常常还会牵扯出更多、更大的财务和法律风险。

法律规定

《中华人民共和国民法典》

第 595 条 买卖合同是出卖人转移标的物的所有权于买受人，买受人支付价款的合同。

《中华人民共和国公司法》

第 62 条 一人有限责任公司应当在每一会计年度终了时编制财务会计报告，并经会计师事务所审计。

第 63 条 一人有限责任公司的股东不能证明公司财产独立于股东自己的财产的，应当对公司债务承担连带责任。

7 夫妻共同出资设立“夫妻店”公司有什么风险？

案情简介

2015年5月12日，贾某（男）与其配偶王某（女）共同出资设立昆明某公司，该公司注册资本100万元，贾某出资90万元，王某出资10万元，贾某为公司法定代表人，王某担任公司监事。2017年5月5日，昆明某公司与张某签订《借款合同》，约定张某借给某公司100万元，借款期限1年，借款利息为年利率15%。因某公司未依约还本付息，张某起诉至法院，要求某公司还本付息，贾某和王某承担连带清偿责任。

法院经审理认为，本案中某公司出资人的财产为夫妻共同财产，出资主体单一，实质上为一人有限责任公司。贾某与王某在设立公司时，以夫妻共同财产出资，未向工商部门提交分割财产的证明，亦未提供证据证明公司财产独立于股东自己的财产，按照《公司法》关于一人有限责任公司的相关规定，一人有限责任公司的股东不能证明公司财产独立于股东自己的财产的，应当对公司债务承担连带责任。法院遂支持了张某的诉讼请求。

律师提示

由于人才缺乏及对合作伙伴缺乏信任等原因，中小企业主常常由夫妻共同出资设立公司，由一方担任公司法定代表人，另一方担任监事等职务。这种“夫妻店”公司，在经营过程中因滥用公司独立法人资格，公司独立人格及股东有限责任被否定，夫妻股东需对外承担连带责任，以保护公司债权人及社会公共利益。

为避免此类法律风险发生，笔者建议从三个层面进行预防：

1. 公司设立阶段。笔者仍建议，在设立公司时应对夫妻财产分割的书面证明或协议进行公证，并向市场监督管理部门提交，才能避免被认定为以家庭财产出资，被视为一人有限责任公司。

2. 公司治理阶段。夫妻不宜分别出任所设公司的法定代表人、总经理、董事、监事及其他公司职务，否则，基于公司意思表示的一致性，容易被否认法人独立人格。另外，建议对公司章程进行完善，制定完备且独立的决策机制并在实际操作中落实。

3. 公司运行阶段。特别注意公司财产独立，避免股东财产与公司财产混同的情形发生。每年应编制财务会计报告并审计，以证明公司财产独立于股东自己的财产。坚决避免股东收取公司账款，股东账户和公司账户不明资金来往，股东分红应依法决议并缴纳税款，也要避免把股东个人财产、场地用于公司经营。

夫妻作为“法定财产共同体”，夫妻双方在婚姻有效存续期间的财产推定为夫妻共有，因此，夫妻设立公司的法律风险不容忽视。

法律规定

《中华人民共和国公司法》

第20条 公司股东应当遵守法律、行政法规和公司章程，依法行使股东权利，不得滥用股东权利损害公司或者其他股东的利益；不得滥用公司法人独立地位和股东有限责任损害公司债权人的利益。

公司股东滥用股东权利给公司或者其他股东造成损失的，应当依法承担赔偿责任。

公司股东滥用公司法人独立地位和股东有限责任，逃避债务，严重损害公司债权人利益的，应当对公司债务承担连带责任。

第62条 一人有限责任公司应当在每一会计年度终了时编制财务会计报告，并经会计师事务所审计。

第63条 一人有限责任公司的股东不能证明公司财产独立于股东自己的财产的，应当对公司债务承担连带责任。

8 未经市场监督管理部门备案的公司章程有效吗?

案情简介

某投资公司注册资本为1000万元，股东为张某和贾某。2016年8月1日，两股东与王某协商增资扩股事宜，由王某出资500万元，占某投资公司30%股权。2016年8月3日，王某将500万元打入了某投资公司账户，某投资公司会计凭证记载为“实收资本”。2008年8月8日，某投资公司全体股东签署《公司章程》，其中载明王某出资500万元，占公司注册资本的30%，但某投资公司一直未将该《公司章程》在工商登记部门备案，也未进行股权变更登记。《公司章程》未对生效时间进行约定。

王某向法院起诉，请求判令确认其系某投资公司股东。法院认为，虽然《公司章程》未在工商部门登记，但是《公司章程》已生效，可以作为确认王某具有股东身份的依据之一，判决确认王某为某投资公司的股东。

律师提示

公司章程是规定公司运行的纲领性文件，公司章程对公司、股东、董事、监事、高级管理人员具有约束力。但在实践中，公司章程经股东会决议修改后未在市场监督管理部门登记备案的情形并不鲜见，其效力如何呢?

1. 《公司法》等相关法律法规对于公司章程效力问题均无规定，约定不明或者无约定时，一般参照适用《民法典》的相关规定来认定公司章程的效力问题。

2. 经法定程序修改的章程，自股东达成修改章程的合意后即发生法律效力，市场监督管理部门登记备案仅有证权效力，并非章程的生效要件。

3. 依据《公司法》第11条“设立公司必须依法制定公司章程”的规定，一般认为，公司设立时制定的初始章程必须依法登记备案才发生法律效力。

实际上，公司章程的效力应区分对内和对外两种情况。在章程修改时，股东之间的效力（对内效力）判断标准是是否达成合意；而对于股东之外的第三人来说（对外效力），仍应以登记备案为效力判断标准。

法律规定

《中华人民共和国公司法》

第11条 设立公司必须依法制定公司章程。公司章程对公司、股东、董事、监事、高级管理人员具有约束力。

第25条 有限责任公司章程应当载明下列事项：

（一）公司名称和住所；

（二）公司经营范围；

（三）公司注册资本；

（四）股东的姓名或者名称；

（五）股东的出资方式、出资额和出资时间；

（六）公司的机构及其产生办法、职权、议事规则；

（七）公司法定代表人；

（八）股东会会议认为需要规定的其他事项。

股东应当在公司章程上签名、盖章。

第43条 股东会的议事方式和表决程序，除本法有规定的外，由公司章程规定。

股东会会议作出修改公司章程、增加或者减少注册资本的决议，以及公司合并、分立、解散或者变更公司形式的决议，必须经代表三分之二以上表决权的股东通过。

9 股东会决议被冒名代签怎么办？

案情简介

张某、李某系某公司登记股东，持股比例均为50%，张某系某公司原法定代表人。2018 年 6 月 6 日，张某至银行办理相关业务时发现某公司法定代表人已经变更，经张某至市场监督管理局查询得知，2018 年 5 月 8 日，某公司持股东会决议等文件对相关登记信息进行了变更。该份《股东会决议》决议事项为：免除张某原职务，变更法定代表人为李某，修改公司章程并通过章程修正案等。但张某实际上未参加股东会，也未在股东会决议上签字。张某诉至法院，请求确认某公司作出的股东会决议不成立，由某公司向市场监督管理局撤销依据股东会决议所进行的变更。

法院经审理认为，依照《最高人民法院关于适用〈中华人民共和国公司法〉若干问题的规定（四）》第 5 条规定，公司未召开股东会会议，公司决议不成立；且某公司章程第 12 条规定，股东会会议应对所议事项作出决议，决议应由代表 2/3 以上表决权的股东通过。本案中，经本院委托司法鉴定机构鉴定得出结论，《股东会决议》上所签的“李某”并非本人所书写。因此，该《股东会决议》违反公司章程规定，作出的该股东会决议不成立，张某请求某公司办理撤销登记的主张本院予以支持。法院遂支持了张某的诉讼请求。

律师提示

股东会决议被冒名代签涉及的是股东会决议的效力瑕疵问题。股东会决议效力瑕疵分为不成立、无效、可撤销三种类型。

根据《最高人民法院关于适用〈中华人民共和国公司法〉若干问题的规定（四）》第 5 条规定，未召开股东会会议、会议的表决结果未达到公司法或者公司章程规定的通过比例等情形均属于决议不成立。根据《公司法》第 22 条规定，公司股东会或者股东大会决议内容违反法律、行政法规的无效。股东会或者股东大会召集程序、表决方式违反法律、行政法规或者公司章程，或者决议内容违反公司章程的可撤销。

股东会决议被冒名代签情形下，可能同时存在未召开股东会会议、会议的表决结果未达到《公司法》或者公司章程规定的通过比例、决议内容违反法律规定、决议内容违反公司章程等多种情形，被冒名代签股东着实难以选择究竟是要确认决议不成立、无效还是可撤销。笔者倾向性建议：因股东被冒名代签，而股东会决议也没有召开，可选择决议不成立；因股东被冒名代签，而召集程序存在违法行为，可选择决议可撤销；因股东被冒名代签，股东法定权利受损（如降低股权比例、剥夺分红权等），可选择决议无效。

从程序上考量，股东会决议应自决议作出之日起60日内请求人民法院撤销，该期限不存在中断、中止或延长，并且从决议作出之日起计算。由于撤销权期限极短，如果错失撤销权，可以主张股东会决议无效或不成立，该请求权不仅不受60日的限制，也不受诉讼时效的限制，更有利于保护被冒名股东的权益。

综上，股东会决议被冒名代签时，被冒名股东应根据本地司法实践，选择性要求确认股东会决议不成立、无效或撤销股东会决议，才能更好地维护自身合法权益。

法律规定

《中华人民共和国公司法》

第22条 公司股东会或者股东大会、董事会的决议内容违反法律、行政法规的无效。

股东会或者股东大会、董事会的会议召集程序、表决方式违反法律、行政法规或者公司章程，或者决议内容违反公司章程的，股东可以自决议作出之日起六十日内，请求人民法院撤销。

股东依照前款规定提起诉讼的，人民法院可以应公司的请求，要求股东提供相应担保。

公司根据股东会或者股东大会、董事会决议已办理变更登记的，人民法院宣告该决议无效或者撤销该决议后，公司应当向公司登记机关申请撤销变更登记。

《最高人民法院关于适用〈中华人民共和国公司法〉若干问题的规定（四)》

第3条 原告请求确认股东会或者股东大会、董事会决议不成立、无效或者撤销决议的案件，应当列公司为被告。对决议涉及的其他利害关系人，可以依法列为第三人。

一审法庭辩论终结前，其他有原告资格的人以相同的诉讼请求申请参加前款规定诉讼的，可以列为共同原告。

第5条 股东会或者股东大会、董事会决议存在下列情形之一，当事人主张决议不成立的，人民法院应当予以支持：

（一）公司未召开会议的，但依据公司法第三十七条第二款或者公司章程规定可以不召开股东会或者股东大会而直接作出决定，并由全体股东在决定文件上签名、盖章的除外；

（二）会议未对决议事项进行表决的；

（三）出席会议的人数或者股东所持表决权不符合公司法或者公司章程规定的；

（四）会议的表决结果未达到公司法或者公司章程规定的通过比例的；

（五）导致决议不成立的其他情形。

10 公司一直不分红怎么办?

案情简介

某公司于2016年5月13日设立，登记注册资本为100万元，股东张某认缴出资40万元，持股比例为40%，贾某出资60万元，持股比例为60%，法定代表人为贾某。张某诉称，经公司财务部门统计，股东会讨论通过了公司2017年7月至2017年12月应分红明细，但因公司实际由贾某控制，公司仅通过贾某的个人账号向张某发放了2017年7月至2017年9月的分红款，但一直未发放其他分红款。张某遂向法院起诉，要求某公司支付2017年10月至2017年12月的分红款31万元。诉讼过程中，张某向法院提交了2017年7月至12月应分红明细表，但该明细上无公司盖章和贾某签字。某公司辩称：我公司没有分红的分配方案，具体方案由股东大会决议；公司至今处于亏损状态，没有利润进行分配，从公司现账目看没有可用的3个月流动利润资金。

法院经审理认为，公司股东依法享有资产收益的权利。张某系某公司的股东，依法享有请求公司分配盈余利润的权利。《最高人民法院关于适用〈中华人民共和国公司法〉若干问题的规定（四）》第14条规定："股东提交载明具体分配方案的股东会或者股东大会的有效决议，请求公司分配利润，公司拒绝分配利润且其关于无法执行决议的抗辩理由不成立的，人民法院应当判决公司按照决议载明的具体分配方案向股东分配利润。"根据上述法律规定，张某请求公司分配利润应承担相应的举证责任，提交载明具体分配方案的股东会或者股东大会的有效决议。但原告未提交相应证据，某公司的公司章程也没有记载盈余分配方案，法院遂驳回了张某的诉讼请求。

律师提示

在实践中，中小企业经常出现大股东和小股东因分红问题闹得不可开交的情况，大股东主导着股东会，也掌握了分红的权利。公司常年盈利，却一直不分红

（分配利润），小股东该如何维护自己的权益？

根据《最高人民法院关于适用〈中华人民共和国公司法〉若干问题的规定（四）》第 14 条规定，分红是公司内部治理的范畴，如股东要求分红，需有具体分配方案的股东会或者股东大会的有效决议，分红决议形成后，分红股东与公司之间就分红金额确立债权债务法律关系，股东有权要求公司分红。但如果小股东持股比例无法达到形成有效股东决议的要求，就意味着股东无权要求分红。

公司长期不分红势必会损害小股东利益，因此，《公司法》第 74 条规定了公司连续 5 年盈利，但连续 5 年不分红的，小股东有要求对分红股东会决议投反对票的股东按照合理价格回购股权的权利。但是，行使该权利的前提是，小股东要证明公司连续 5 年盈利，且已召开股东会不能形成分红决议，如果小股东未要求召开股东会而直接起诉要求分红，将无法得到法院的支持。

分红的给付主体是公司，若公司的应分配资金因被部分股东变相分配利润、隐瞒或转移公司利润而不足以现实支付时，不仅直接损害公司的利益，也损害其他股东的利益。利益受损的小股东可依据《最高人民法院关于适用〈中华人民共和国公司法〉若干问题的规定（四）》第 14 条之规定，要求公司分红，并要求损害公司利益的股东在公司无法履行支付分红款时承担赔偿责任。

但是，小股东采用以上维权方式举证责任很重且耗时费力。因此，维护小股东分红权最好的方式是在公司章程或决议中提前确定分红权，包括分红的条件、频率、方式、程序等具体事宜，做到有备无患，使分红权落到实处。

法律规定

《中华人民共和国公司法》

第 4 条 公司股东依法享有资产收益、参与重大决策和选择管理者等权利。

第 20 条 公司股东应当遵守法律、行政法规和公司章程，依法行使股东权利，不得滥用股东权利损害公司或者其他股东的利益；不得滥用公司法人独立地位和股东有限责任损害公司债权人的利益。

公司股东滥用股东权利给公司或者其他股东造成损失的，应当依法承担赔偿责任。

公司股东滥用公司法人独立地位和股东有限责任，逃避债务，严重损害公司债权人利益的，应当对公司债务承担连带责任。

第21条 公司的控股股东、实际控制人、董事、监事、高级管理人员不得利用其关联关系损害公司利益。

违反前款规定，给公司造成损失的，应当承担赔偿责任。

第34条 股东按照实缴的出资比例分取红利；公司新增资本时，股东有权优先按照实缴的出资比例认缴出资。但是，全体股东约定不按照出资比例分取红利或者不按照出资比例优先认缴出资的除外。

第74条 有下列情形之一的，对股东会该项决议投反对票的股东可以请求公司按照合理的价格收购其股权：

（一）公司连续五年不向股东分配利润，而公司该五年连续盈利，并且符合本法规定的分配利润条件的；

（二）公司合并、分立、转让主要财产的；

（三）公司章程规定的营业期限届满或者章程规定的其他解散事由出现，股东会会议通过决议修改章程使公司存续的。

自股东会会议决议通过之日起六十日内，股东与公司不能达成股权收购协议的，股东可以自股东会会议决议通过之日起九十日内向人民法院提起诉讼。

《最高人民法院关于适用〈中华人民共和国公司法〉若干问题的规定（四）》

第13条 股东请求公司分配利润案件，应当列公司为被告。

一审法庭辩论终结前，其他股东基于同一分配方案请求分配利润并申请参加诉讼的，应当列为共同原告。

第14条 股东提交载明具体分配方案的股东会或者股东大会的有效决议，请求公司分配利润，公司拒绝分配利润且其关于无法执行决议的抗辩理由不成立的，人民法院应当判决公司按照决议载明的具体分配方案向股东分配利润。

第15条 股东未提交载明具体分配方案的股东会或者股东大会决议，请求公司分配利润的，人民法院应当驳回其诉讼请求，但违反法律规定滥用股东权利导致公司不分配利润，给其他股东造成损失的除外。

11 “挂名”法定代表人有什么风险？

案情简介

张某为某公司普通员工，贾某为公司实际控制人。贾某与张某约定，贾某每月向张某支付2000元报酬，张某挂名公司法定代表人并进行工商登记，张某无需参与公司实际经营管理，不承担法律责任，并向张某出具了承诺书。2015年10月，因某公司经营需要，向某银行申请贷款800万元。按照银行要求，某公司提供抵押担保后，张某和贾某签署了《连带责任担保书》。贷款到期后，某公司无法依约偿还债务，某银行向人民法院起诉，要求某公司偿还借款本息，张某和贾某承担连带保证责任。张某以其为挂名法定代表人抗辩。

法院经审理认为，虽贾某向张某出具的承诺书载明“张某为公司挂名法定代表人，不参与公司经营管理，公司相关纠纷及责任由贾某负责，与张某无关”等内容，但该约定系贾某和张某之间的内部约定，不能对抗外部第三人，对某银行不产生法律效力。张某当庭认可《连带责任担保书》为其本人所签，张某作为完全民事行为能力人，应知晓签字的法律效力并应承担相应法律责任。法院遂支持了某银行的诉讼请求。

律师提示

挂名法定代表人是中小企业经营中的常见现象，在融资担保等高风险行业尤为突出。“挂名”法定代表人在市场监督管理上登记为法定代表人，在公司中担任总经理或执行董事（董事长）职务，但实际上并无公司经营管理的权利。由于把控不了公司经营状况，法律风险陡增。

笔者对挂名法定代表人的法律风险进行初步梳理，以警示读者：

1. 民事责任

（1）如果实际控制人操纵公司，存在虚假出资、抽逃出资行为，非法经营行为，或者在诉讼过程中有隐匿、转移资产，未经清算擅自处分财产等行为，“挂名”法定代表人将承担相应的民事赔偿责任。

（2）挂名法定代表人执行公司职务时违反法律、行政法规或者公司章程的规定，给公司造成损失的，应当对公司承担赔偿责任。

2. 行政责任

根据《民法典》和《公司法》等相关法律法规规定，企业法人有下列情形之一的，除法人承担责任外，法定代表人也应承担行政处分、罚款等行政责任。

（1）超出登记机关核准登记的经营范围从事非法经营的。

（2）向登记机关、税务机关隐瞒真实情况、弄虚作假的。

（3）抽逃资金、隐匿财产逃避债务的。

（4）解散、被撤销、被宣告破产后，擅自处理财产的。

（5）变更、终止时不及时申请办理登记和公告，使利害关系人遭受重大损失的。

（6）从事法律禁止的其他活动，损害国家利益或者社会公共利益的。

3. 刑事责任

（1）我国《刑法》规定的某些单位犯罪中，除了对单位进行处罚外，还可追究“直接负责的主管人员和其他直接责任人”的刑事责任。如在生产、销售伪劣产品罪、逃税罪、非法经营罪等犯罪中，法定代表人一般会被认定为“直接负责的主管人员和其他直接责任人”，而被追究刑事责任。

（2）犯罪构成以行为人有故意或过失为基本要件，尽管“挂名”法定代表人不参与企业经营管理，但其明知实际控制人利用公司实施犯罪行为却不加阻止或放任的，“挂名”法定代表人也将承担相应的刑事责任。

4. 信用惩戒措施

根据相关法律法规之规定，在公司因不履行法律文书确定的义务而被申请强制执行时，公司及其法定代表人将被采取相应限制措施，如限制出境，列入失信被执行人名单，限制高消费及有关消费，不能坐飞机、动车，限制子女就读高收费私立学校，限制在金融机构贷款，等等。

法律规定

《中华人民共和国民法典》

第61条 依照法律或者法人章程的规定，代表法人从事民事活动的负责人，为法人的法定代表人。

法定代表人以法人名义从事的民事活动，其法律后果由法人承受。

法人章程或者法人权力机构对法定代表人代表权的限制，不得对抗善意相对人。

第62条 法定代表人因执行职务造成他人损害的，由法人承担民事责任。

法人承担民事责任后，依照法律或者法人章程的规定，可以向有过错的法定代表人追偿。

《中华人民共和国公司法》

第13条 公司法定代表人依照公司章程的规定，由董事长、执行董事或者经理担任，并依法登记。公司法定代表人变更，应当办理变更登记。

第149条 董事、监事、高级管理人员执行公司职务时违反法律、行政法规或者公司章程的规定，给公司造成损失的，应当承担赔偿责任。

《最高人民法院关于限制被执行人高消费及有关消费的若干规定》

第3条 被执行人为自然人的，被采取限制消费措施后，不得有以下高消费及非生活和工作必需的消费行为：

（一）乘坐交通工具时，选择飞机、列车软卧、轮船二等以上舱位；

（二）在星级以上宾馆、酒店、夜总会、高尔夫球场等场所进行高消费；

（三）购买不动产或者新建、扩建、高档装修房屋；

（四）租赁高档写字楼、宾馆、公寓等场所办公；

（五）购买非经营必需车辆；

（六）旅游、度假；

（七）子女就读高收费私立学校；

（八）支付高额保费购买保险理财产品；

（九）乘坐G字头动车组列车全部座位、其他动车组列车一等以上座位等其他非生活和工作必需的消费行为。

被执行人为单位的，被采取限制消费措施后，被执行人及其法定代表人、主要负责人、影响债务履行的直接责任人员、实际控制人不得实施前款规定的行为。因私消费以个人财产实施前款规定行为的，可以向执行法院提出申请。执行法院审查属实的，应予准许。

《“构建诚信　惩戒失信”合作备忘录》

一、信用惩戒的对象

信用惩戒对象为最高人民法院失信被执行人名单库中所有失信被执行人，以及被人民法院发出限制高消费令的其他被执行人（以下统称失信被执行人）。失信被执行人为自然人时，即为被执行人本人；失信被执行人为单位时，还包括其法定代表人、主要负责人、影响债务履行的直接责任人。

12 法定代表人无法辞职怎么办？

案情简介

某投资公司成立于2016年8月1日，注册资本100万元，股东为沈某和贾某。张某作为挂名法定代表人，未参与公司的实际经营和管理，亦未从公司处领取报酬。因意识到挂名法定代表人的法律风险，张某与沈某、贾某协商辞去执行董事职务和变更法定代表人等事宜未果。张某遂向法院起诉，要求将公司的法定代表人由张某变更登记为贾某。

法院经审理认为，法人性质上属于法律拟制人格，其对外开展民事活动主要是通过其法定代表人进行，这就要求法定代表人与其所代表的法人之间存在实质关联性。张某没有参与过公司的日常经营管理，且公司实际由股东贾某控制，这种情况下由张某担任公司名义上的法定代表人，显然背离了我国《公司法》第13条的立法宗旨。同时，民事主体从事民事活动，应当遵循公平原则，张某不参与公司实际经营管理，也未从公司领取任何报酬，但却作为公司名义上的法定代表人，承担其作为法定代表人的相应责任，显然有失公允。

从法律关系上分析，张某与公司之间构成委托合同关系，内容为张某受公司的委托担任法定代表人。依据我国《合同法》第410条之规定，张某有权要求解除其与公司之间的委托合同关系。合同既然解除，公司理应涤除张某在登记机关登记的法定代表人事项。但是，关于张某要求将公司的法定代表人由张某变更登记为贾某的诉请，鉴于公司股东之间尚未就是否应由贾某担任法定代表人形成决议，且该事项属于公司内部治理事项，法院不予支持。法院遂判决公司应于判决生效之日起10日内到工商部门涤除张某作为公司法定代表人的登记事项。

律师提示

中小企业业务停滞名存实亡，或者股东之间发生矛盾欲退出公司的情形经常发生，此时，法定代表人成了“烫手的山芋”，均欲避之而不及。那么，法定代表人欲辞去职务，是否可行呢?

根据《公司法》规定，法定代表人依照公司章程的规定，由董事长、执行董事或者经理担任。原法定代表人欲辞去职务，应由公司召开股东会或者董事会，免去原法定代表人的董事长、执行董事或者经理职务，同时确认新的法定代表人，然后根据公司决议办理变更登记。

但在实务中存在以下情形，需要引起注意：

1. 原法定代表人仅为挂名法定代表人，如股东不愿意配合，其无法召开股东会或者董事会，并对变更法定代表人形成决议。此时，挂名法定代表人如能证明未参与公司实际经营管理，根据公平原则，法院一般会支持涤除法定代表人登记的请求。

2. 原法定代表人为公司股东，如其他股东不愿意配合，其无法召开股东会或者董事会，或虽能启动会议，但无法形成合法有效的变更法定代表人的公司决议。此时，法院一般会以法定代表人变更属于公司内部自治的问题，在公司尚未作出决议的情况下，司法不宜过度介入干预为由驳回其诉请。

3. 已召开股东会或者董事会，形成变更法定代表人的公司决议，但公司和股东不配合办理变更登记。此时，原法定代表人要求公司和股东办理变更的，法院一般均会支持其诉请。

总之，作为公司法定代表人，在享受权利的同时，也应承担相应的义务。更重要的是，要记住公司的管理权和控制权属于股东，不属于法定代表人，要想真正在公司经营中“说了算”，就应该成为公司的大股东。

法律规定

《中华人民共和国公司法》

第13条　公司法定代表人依照公司章程的规定，由董事长、执行董事或者经理担任，并依法登记。公司法定代表人变更，应当办理变更登记。

第42条　股东会会议由股东按照出资比例行使表决权；但是，公司章程另有规定的除外。

《中华人民共和国民法典》

第933条 委托人或者受托人可以随时解除委托合同。因解除合同造成对方损失的，除不可归责于该当事人的事由外，无偿委托合同的解除方应当赔偿因解除时间不当造成的直接损失，有偿委托合同的解除方应当赔偿对方的直接损失和合同履行后可以获得的利益。

13 更换法定代表人需要代表多少表决权的股东通过?

案情简介

某商贸公司有3个自然人股东，贾某持股60%、张某持股25%、王某持股15%。张某是公司的法定代表人。公司章程第13条规定：“股东会对修改公司章程，对公司增加或减少注册资本、分立、合并、解散或者变更公司形式须经代表2/3以上表决权的股东通过。其他事项，须经代表二分之一以上表决权的股东通过。”第16条规定：“张某担任公司执行董事兼总经理，为公司法定代表人。”2018年4月24日，公司形成股东会决议：免去张某总经理和法定代表人职务，由贾某担任总经理和法定代表人。贾某赞成该决议内容，张某和王某反对该决议。张某认为其系公司章程记载的法定代表人，股东会决议解除其职务属于修改章程，依照公司章程第13条规定，应经2/3以上表决权股东同意方可通过，但赞成比例仅有60%。张某遂向人民法院起诉要求确认股东会决议不成立。

法院经审理认为，根据《公司法》第43条规定，股东会会议作出修改公司章程、增加或者减少注册资本的决议，以及公司合并、分立、解散或者变更公司形式的决议，必须经代表2/3以上表决权的股东通过。《公司法》及公司章程均没有规定变更法定代表人需要经代表2/3以上表决权的股东通过，因此，变更法定代表人仅需要经代表过半数表决权的股东通过即可。案涉股东会决议已经60%表决权的股东通过，且不违背法律法规的禁止性规定应认定有效。公司法定代表人虽属公司章程中载明的事项，但对法定代表人名称的变更在章程中体现出的仅是一种形式记载的修改，该修改无需经2/3以上表决权股东通过。法院遂驳回了张某的诉讼请求。

律师提示

法定代表人对外具有代表公司的效力，是决定公司控制权的关键性职位。法定代表人以公司名义对外进行签订合同等民事法律行为，法律文书上无需加盖公司印章即告成立。对于法定代表人的任免，笔者认为应注意以下几点：

1. 通过将法定代表人名字直接记载在章程条文中，以期达到更换法定代表人需代表2/3以上表决权的股东通过的方式不可行，本案即为反面教训。法定代表人作为公司章程中的记载事项，变更仅是一种记载方面的修改，形式多于实质。如无特别约定，法定代表人变更仅需符合普通表决要求即可。

2. 在公司设立时，可将变更法定代表人约定为特别表决事项，须经代表2/3以上表决权的股东通过，可保障股东公司控制的目的。当然，如果有特别需求，特别表决事项的表决权比例还可以约定高于2/3，比如4/5或者需全体股东通过，法律均予以认可。

3. 公司法定代表人依照公司章程的规定，由董事长、执行董事或者经理担任。因此，有限责任公司股东想提前锁定法定代表人的任免权，有必要在公司章程中规定，股东对董事（董事长或执行董事）提名权，董事会（董事长或执行董事）对经理的提名权。

另外，不少中小企业在公司设立时，直接将市场监督管理部门的章程范本作为公司章程的行为不可取。中小企业股东应将股东意志体现在章程中，对章程条款进行个性化的设计，否则，发生争议时将无法保障自己的权益。

法律规定

《中华人民共和国公司法》

第13条 公司法定代表人依照公司章程的规定，由董事长、执行董事或者经理担任，并依法登记。公司法定代表人变更，应当办理变更登记。

第22条 公司股东会或者股东大会、董事会的决议内容违反法律、行政法规的无效。

股东会或者股东大会、董事会的会议召集程序、表决方式违反法律、行政法规或者公司章程，或者决议内容违反公司章程的，股东可以自决议作出之日起六十日内，请求人民法院撤销。

股东依照前款规定提起诉讼的，人民法院可以应公司的请求，要求股东提供相应担保。

公司根据股东会或者股东大会、董事会决议已办理变更登记的，人民法院宣告该决议无效或者撤销该决议后，公司应当向公司登记机关申请撤销变更登记。

第42条 股东会会议由股东按照出资比例行使表决权；但是，公司章程另有规定的除外。

第43条 股东会的议事方式和表决程序，除本法有规定的外，由公司章程规定。

股东会会议作出修改公司章程、增加或者减少注册资本的决议，以及公司合并、分立、解散或者变更公司形式的决议，必须经代表三分之二以上表决权的股东通过。

《最高人民法院关于适用〈中华人民共和国公司法〉若干问题的规定（四）》

第5条 股东会或者股东大会、董事会决议存在下列情形之一，当事人主张决议不成立的，人民法院应当予以支持：

（一）公司未召开会议的，但依据公司法第三十七条第二款或者公司章程规定可以不召开股东会或者股东大会而直接作出决定，并由全体股东在决定文件上签名、盖章的除外；

（二）会议未对决议事项进行表决的；

（三）出席会议的人数或者股东所持表决权不符合公司法或者公司章程规定的；

（四）会议的表决结果未达到公司法或者公司章程规定的通过比例的；

（五）导致决议不成立的其他情形。

14 公司可随意解除董事职务吗?

案情简介

某公司成立于2008年5月22日，注册资本500万元，肖某担任公司董事长及法定代表人。股东及参股比例为：肖某出资额为165.47万元，参股比例33.094%；李某出资额为49万元，参股比例19.8%；范某出资额为122.4万元，参股比例24.48%；刘某出资额为43.13万元，参股比例8.626%；于某出资额为50万元，参股比例10%；王某出资额70万元，参股比例14%。

2019年1月7日，因公司董事会、监事不履行召集和主持会议的职责，股东范某、李某、刘某决定在公司办公室召开股东会临时会议，并向其他股东履行了通知义务。2019年1月24日14时，在公证处公证下，股东范某、李某、刘某出席会议，其他股东未出席，占公司股权52.906%，临时股东会会议审议通过了将董事肖某改选为范某等议案。2019年1月24日15时，公司召开董事会，一致推选范某为新一届法定代表人、董事长。

因其他股东、董事认为股东范某、李某、刘某强行召开董事会、临时股东会并通过有关决议，系滥用“资本多数决”，且无故解除董事职务，属于侵害其权益的行为，遂不配合办理变更登记。范某、李某、刘某将某公司及原董事起诉至人民法院，要求其向市场监督管理局办理变更手续。

法院经审理认为，本院确认本案中关于临时股东会和董事会的召集、召开和表决符合公司章程约定，也不违反公司法的相关规定，所形成的决议内容合法有效。另外,《最高人民法院关于适用〈中华人民共和国公司法〉若干问题的规定(五)》第3条第1款规定:“董事任期届满前被股东会或者股东大会有效决议解除职务，其主张解除不发生法律效力的，人民法院不予支持。”前述规定廓清了公司与董事的关系，明确了公司可以随时解除董事职务，即公司董事和董事长职务可以无因解除。故对于李某、范某、刘某主张办理公司董事、法定代表人变更登记的诉讼请求，予以支持。

律师提示

董事是公司的重要职务，如果想要控制公司，就必须牢牢占据这些重要职务。根据公司法规定，董事每届任期为3年，那么任期届满前，董事无过错的，公司能解除其职务吗？

从法律规定来看，1993年《公司法》第47条第2款规定："董事在任期届满前，股东会不得无故解除其职务。"2005年修订公司法时删除了前述规定，但能否无因解除董事并无直接规定。《最高人民法院关于适用〈中华人民共和国公司法〉若干问题的规定（五）》第3条第1款规定："董事任期届满前被股东会或者股东大会有效决议解除职务，其主张解除不发生法律效力的，人民法院不予支持。"该规定明确无因解除董事职务合法。

从法律关系来看，理论界与司法实务界已基本达成共识，认为公司与董事之间依股东（大）会的选任决议成立委托合同，双方为委托关系。根据《民法典》第933条的规定，委托人或者受托人可以随时解除委托合同，即公司可以随时解除董事职务，无论任期是否届满，董事也可以随时辞职。《最高人民法院关于适用〈中华人民共和国公司法〉若干问题的规定（五）》第3条规定也是延续了委托关系的理念。

既然司法解释规定了董事任期届满前可被解除职务，那么能否在公司章程或者协议中约定排除呢？笔者认为，不能通过公司章程或者协议约定排除无因解除。

首先，除非公司法明确规定"公司章程另有规定"，才允许另行规定，否则应视为公司法的强制性规定。

其次，股东（大）会是公司权力机构，其在内部治理上应有最高权力，股东会决议应得到尊重。

最后，国际通行做法是"金色降落伞"条款，而不是无因解除排除。《最高人民法院关于适用〈中华人民共和国公司法〉若干问题的规定（五）》第3条第2款也明确规定："董事职务被解除后，因补偿与公司发生纠纷提起诉讼的，人民法院应当依据法律、行政法规、公司章程的规定或者合同的约定，综合考虑解除的原因、剩余任期、董事薪酬等因素，确定是否补偿以及补偿的合理数额。""金色降落伞"条款的核心目的就是提高解除董事等高级管理人员的成本，以达到利益平衡。

值得注意的是，董事一般都与公司存在劳动关系，董事被无因解除职务时，并不影响劳动关系的存续，劳动关系的处理应按照劳动合同法等相关法律法规规定办理。董事同时是公司股东的，也不会影响解除职务后原董事与公司的所有权关系。

法律规定

《中华人民共和国公司法》

第 37 条 股东会行使下列职权：

（一）决定公司的经营方针和投资计划；

（二）选举和更换非由职工代表担任的董事、监事，决定有关董事、监事的报酬事项；

（三）审议批准董事会的报告；

（四）审议批准监事会或者监事的报告；

（五）审议批准公司的年度财务预算方案、决算方案；

（六）审议批准公司的利润分配方案和弥补亏损方案；

（七）对公司增加或者减少注册资本作出决议；

（八）对发行公司债券作出决议；

（九）对公司合并、分立、解散、清算或者变更公司形式作出决议；

（十）修改公司章程；

（十一）公司章程规定的其他职权。

对前款所列事项股东以书面形式一致表示同意的，可以不召开股东会会议，直接作出决定，并由全体股东在决定文件上签名、盖章。

第 39 条 股东会会议分为定期会议和临时会议。

定期会议应当依照公司章程的规定按时召开。代表十分之一以上表决权的股东，三分之一以上的董事，监事会或者不设监事会的公司的监事提议召开临时会议的，应当召开临时会议。

第 40 条 有限责任公司设立董事会的，股东会会议由董事会召集，董事长主持；董事长不能履行职务或者不履行职务的，由副董事长主持；副董事长不能履行职务或者不履行职务的，由半数以上董事共同推举一名董事主持。

有限责任公司不设董事会的，股东会会议由执行董事召集和主持。

董事会或者执行董事不能履行或者不履行召集股东会会议职责的，由监事会或者不设监事会的公司的监事召集和主持；监事会或者监事不召集和主持的，代表十分之一以上表决权的股东可以自行召集和主持。

《中华人民共和国民法典》

第919条 委托合同是委托人和受托人约定，由受托人处理委托人事务的合同。

第933条 委托人或者受托人可以随时解除委托合同。因解除合同造成对方损失的，除不可归责于该当事人的事由外，无偿委托合同的解除方应当赔偿因解除时间不当造成的直接损失，有偿委托合同的解除方应当赔偿对方的直接损失和合同履行后可以获得的利益。

《最高人民法院关于适用〈中华人民共和国公司法〉若干问题的规定（五）》

第3条 董事任期届满前被股东会或者股东大会有效决议解除职务，其主张解除不发生法律效力的，人民法院不予支持。

董事职务被解除后，因补偿与公司发生纠纷提起诉讼的，人民法院应当依据法律、行政法规、公司章程的规定或者合同的约定，综合考虑解除的原因、剩余任期、董事薪酬等因素，确定是否补偿以及补偿的合理数额。

15 管理人员持有公司证照拒不归还怎么办？

案情简介

某公司成立于2017年11月6日，注册资本100万元，股东为张某、贾某和罗某3人，3股东持股比例分别为40%、30%、30%。张某为公司执行董事、法定代表人，贾某为公司监事。为形成制衡关系，公司印章、营业执照及银行U盾由贾某持有。后股东之间发生矛盾，某公司诉至法院，要求贾某返还公司印章、证照和U盾。由于证照由贾某持有，诉讼材料无法盖章，由张某作为法定代表人签字。

贾某辩称：贾某是公司股东和监事，公司并未对证照持有人作出规定，2018年前公司证照系由法定代表人张某持有，后全体股东同意由我持有公司相关证照，因此，我持有证照印鉴系股东合意的结果。另外，我持有证照期间并未损害公司利益，相反张某持有证照期间存在擅自转款损害公司利益的行为。

法院经审理认为，根据《公司法》第147条的规定，证照、印章等资料属于公司的财产，由公司享有所有权，在公司证照等资料失去控制时，法定代表人有权代表公司提起返还之诉。贾某虽系公司股东和监事，但公司章程并未规定股东和监事有权占有公司证照、印章等资料，贾某占有公司财产的行为缺乏相应的法律依据。根据《物权法》第34条之规定，贾某对公司证照、印章等资料的占有缺乏正当权源，公司作为权利人请求贾某返还原物的诉请应予支持。

律师提示

公司对外经营活动离不开印章、证照及网银等财务工具（以下简称“证照”），前述物品的保管或掌控是股东或实际控制人控制公司的重要手段。特别是在公司股东之间出现矛盾时，证照必将是股东争夺公司控制权的核心。

公司证照依法属于公司所有，因此，请求非法持有人返还证照的诉讼主体应是公司。在起诉时，法院一般要求在起诉状上加盖公司公章，但在公章失控时，法定代表人有权代表公司提起返还之诉。证照不返还致使公司权益受损时，监事或者股东可直接向法院起诉，股东起诉应遵循股东代表诉讼的法定前置程序。

请求返还证照的前提是证照持有人无合法占有权或者失去合法占有权。公司是一个拟制的法人，其本身无法保管证照，必须由具体的人来实施，但此事项为公司内部自治事项，公司法并无明确规定。

1. 公司章程、决议或协议对于公司证照保管无规定或约定时，一般认定法定代表人有权保管公司证照。因此，请求法定代表人返还证照一般得不到法院的支持。

2. 公司章程、决议或协议对于公司证照保管有规定或约定时，当保管人员的身份发生变化后，如股东转让全部股权，或者作为证照保管人的董事、经理辞去职务或被罢免时，应当将其保管持有的证照返还给公司。

3. 证照管理是公司内部管理事项，董事会和股东会都有权确定或变更。股东会或董事会通过变更公司证照管理人决议，原证照管理人将失去的继续占有证照的权利基础，应向公司返还证照。在实务中，如果证照管理人无明确规定，笔者建议应先形成确定或者变更证照管理人的决议，再起诉要求返还证照，以免被法院认定证照管理属于内部事务而驳回起诉。

从证据角度来看，有时被告是否持有证照是不明确的，原告应举证证明被告客观持有证照，否则将承担败诉的法律后果，这一点不应被忽视。

法律规定

《中华人民共和国公司法》

第147条 董事、监事、高级管理人员应当遵守法律、行政法规和公司章程，对公司负有忠实义务和勤勉义务。

董事、监事、高级管理人员不得利用职权收受贿赂或者其他非法收入，不得侵占公司的财产。

第151条 董事、高级管理人员有本法第一百四十九条规定的情形的，有限责任公司的股东、股份有限公司连续一百八十日以上单独或者合计持有公司百分之一以上股份的股东，可以书面请求监事会或者不设监事会的有限责任公司的监事向人民法院提起诉讼；监事有本法第一百四十九条规定的情形的，前述股东可以书面请求董事会或者不设董事会的有限责任公司的执行董事向人民法院提起诉讼。

监事会、不设监事会的有限责任公司的监事，或者董事会、执行董事收到前款规定的股东书面请求后拒绝提起诉讼，或者自收到请求之日起三十日内未提起诉讼，或者情况紧急、不立即提起诉讼将会使公司利益受到难以弥补的损害的，前款规定的股东有权为了公司的利益以自己的名义直接向人民法院提起诉讼。

他人侵犯公司合法权益，给公司造成损失的，本条第一款规定的股东可以依照前两款的规定向人民法院提起诉讼。

《中华人民共和国民法典》

第235条 无权占有不动产或者动产的，权利人可以请求返还原物。

16 高管擅自经营与任职公司同类型业务合法吗？

案情简介

2017年1月1日，杨某入职某工程公司并担任财务负责人。2018年8月17日，杨某提出辞职并与某工程公司解除劳动关系。杨某离职后，某工程公司发现，杨某与张某于2017年3月23日投资设立某路桥公司，杨某占股40%，并担任法定代表人。某工程公司与某路桥公司经营范围基本一致。某工程公司认为，杨某违反竞业禁止义务谋取不正当利益，遂向人民法院起诉，请求杨某和某路桥公司共同赔偿经济损失30万元。

法院经审理认为，《公司法》第148条规定："董事、高级管理人员不得有下列行为：……（五）未经股东会或者股东大会同意，利用职务便利为自己或者他人谋取属于公司的商业机会，自营或者为他人经营与所任职公司同类的业务；……董事、高级管理人员违反前款规定所得的收入应当归公司所有。"杨某在担任某工程公司财务负责人期间与他人共同出资设立经营范围与某工程公司高度相同的公司，持股40%，并担任法定代表人，显然已经违反竞业禁止义务。某路桥公司基本账户流水显示收入13.5万元，本院根据杨某持股比例、某路桥公司经营情况等各种因素，酌情确定杨某违反竞业禁止义务收入为5万元，应当归某工程公司所有。法院遂判决由杨某向某工程公司支付5万元。

律师提示

根据《公司法》第148条的规定，竞业禁止是指公司的董事、高级管理人员，未经股东会或者股东大会同意，不得自营或者为他人经营与所任职公司同类业务的行为。需要注意的是，竞业禁止是公司法规定的法定义务，董事、高管无论是否与公司签订竞业禁止协议均应遵守。

竞业禁止的责任主体是董事和高管。根据《公司法》第216条的规定，高级管理人员，是指公司的经理、副经理、财务负责人，上市公司董事会秘书和公司章程规定的其他人员。因此，董事和高管以外的人（如亲属）自营或者为他人经营与公司同类的业务，不构成竞业禁止；董事和高管违反竞业禁止的，其另行就职的公司也不是赔偿责任主体。

董事和高管是否违反竞业禁止，即其另营业务是否与所任职公司业务属于同类业务是董事和高管承担责任的前提。竞业禁止范围如以实际经营范围为限，则限制了原公司开展业务的机会，同时因举证困难容易让董事和高管逃脱法律责任。因此，实务中，一般以公司营业执照登记经营范围为判断依据，如果两家公司登记的经营范围高度重合，就足以认定董事和高管存在竞业禁止行为。

违反竞业禁止义务，董事和高管取得的收入应该归原公司所有，给原公司造成损失的，应该赔偿公司损失。如果董事和高管在其他公司也仅担任董事或高管，那么其在其他公司取得的工资薪金收入应归原公司所有；如果董事和高管是其他公司的股东，则可以根据该公司资产负债表、银行流水、持股比例等因素综合确定其收入，该收入也应归原公司所有。如果还造成了其他损失，董事和高管仍应进行赔偿。

综上，公司董事和高管自营或者为他人经营与所任职公司同类的业务，应征得股东会或者股东大会同意。公司则应争取与董事和高管签订竞业禁止协议，才能将董事和高管的亲属等纳入竞业禁止范围，也可约定竞业禁止损害赔偿的计算方式，以达到高效维权的效果。

法律规定

《中华人民共和国公司法》

第147条 董事、监事、高级管理人员应当遵守法律、行政法规和公司章程，对公司负有忠实义务和勤勉义务。

董事、监事、高级管理人员不得利用职权收受贿赂或者其他非法收入，不得侵占公司的财产。

第148条 董事、高级管理人员不得有下列行为：

（一）挪用公司资金；

（二）将公司资金以其个人名义或者以其他个人名义开立账户存储；

（三）违反公司章程的规定，未经股东会、股东大会或者董事会同意，将公司资金借贷给他人或者以公司财产为他人提供担保；

（四）违反公司章程的规定或者未经股东会、股东大会同意，与本公司订立合同或者进行交易；

（五）未经股东会或者股东大会同意，利用职务便利为自己或者他人谋取属于公司的商业机会，自营或者为他人经营与所任职公司同类的业务；

（六）接受他人与公司交易的佣金归为己有；

（七）擅自披露公司秘密；

（八）违反对公司忠实义务的其他行为。

董事、高级管理人员违反前款规定所得的收入应当归公司所有。

第149条 董事、监事、高级管理人员执行公司职务时违反法律、行政法规或者公司章程的规定，给公司造成损失的，应当承担赔偿责任。

第216条 本法下列用语的含义：

（一）高级管理人员，是指公司的经理、副经理、财务负责人，上市公司董事会秘书和公司章程规定的其他人员。

（二）控股股东，是指其出资额占有限责任公司资本总额百分之五十以上或者其持有的股份占股份有限公司股本总额百分之五十以上的股东；出资额或者持有股份的比例虽然不足百分之五十，但依其出资额或者持有的股份所享有的表决权已足以对股东会、股东大会的决议产生重大影响的股东。

（三）实际控制人，是指虽不是公司的股东，但通过投资关系、协议或者其他安排，能够实际支配公司行为的人。

（四）关联关系，是指公司控股股东、实际控制人、董事、监事、高级管理人员与其直接或者间接控制的企业之间的关系，以及可能导致公司利益转移的其他关系。但是，国家控股的企业之间不仅因为同受国家控股而具有关联关系。

17 公司可以开除股东吗?

案情简介

某公司成立于2015年6月8日，注册资本100万元，张某认缴出资20万元，持股比例为20%，王某认缴出资80万元，持股比例为80%，认缴出资日期均为2018年6月8日。认缴出资期限届满后，张某实缴了20万到公司，但王某经公司多次书面催告均不履行出资义务。2018年10月15日，某公司向王某邮寄“临时股东会会议通知”，通知其召开临时股东会，审议关于解除王某股东资格的事项。2018年10月31日，某公司召开临时股东会，决定解除王某的股东资格，于决议作出后30日内向登记机关申请办理股东变更登记及减资手续，王某未参加会议。由于王某对决议效力不认可，张某诉至法院，要求确认某公司作出的股东会决议合法有效。

法院经审理认为，《最高人民法院关于适用〈中华人民共和国公司法〉若干问题的规定（三）》第17条第1款规定，有限责任公司的股东未履行出资义务或者抽逃全部出资，经公司催告缴纳或者返还，其在合理期间内仍未缴纳或者返还出资，公司以股东会决议解除该股东的股东资格，该股东请求确认该解除行为无效的，人民法院不予支持。本案中王某未履行出资义务，经公司催告仍未缴纳，且王某作为被除名股东在该事项表决时无表决权，公司召开股东会程序合法，法院遂支持了张某的诉讼请求。

律师提示

中小企业如何才能将某个不履职股东除名，将其开除出公司？公司法对于股东除名其实是非常严格的，但如果股东不履行出资义务或者抽逃全部出资，不论其股权比例多少，公司均可决议将此股东除名。除名股东涉及以下问题：

1. 什么情况下可以将股东除名?

根据司法实践，对股东未履行出资义务或者抽逃全部出资应作严格解释，只有在有限责任公司股东没有任何出资或抽逃全部出资的情况下才能被除名。如股东履行了一部分出资，其他股东仅可要求其承担出资违约责任或限制其利润分配请求权、新股优先认购权等实体权利，但公司不能将其除名；股东抽逃部分出资亦不能被除名，《最高人民法院关于适用〈中华人民共和国公司法〉若干问题的规定（三）》第12条规定了可认定为抽逃出资的情形。

2. 除名股东有什么程序性要求吗？

有限责任公司的股东出现未履行出资义务或者抽逃全部出资情形时，公司应给该股东补正的机会，即应当催告该股东在合理期间内缴纳或者返还出资，而不能直接将其除名。笔者建议催告内容应包括适用除名的具体情形、消除除名事由的期限、不消除除名事由的后果、向公司申辩的权利等。如拟除名股东在催告后仍未消除除名事由，公司可召开股东会将其除名，在该公司决议中拟除名股东无表决权，因此，可达到小股东“驱逐”大股东的法律效果。

3. 能否自由约定股东除名事由？

公司章程中能否约定未履行出资义务或者抽逃全部出资情形之外的其他除名事由，在实务中存在争议，有的法院认为该约定已经全体股东通过，未侵害股东的固有权利，应为有效；有的法院认为除名事由仅限未履行出资义务或者抽逃全部出资情形，否则属于违反《最高人民法院关于适用〈中华人民共和国公司法〉若干问题的规定（三）》第17条的强制性规定，应为无效。为防止法律风险，笔者建议可在公司章程中约定出现某类事由时，由公司其他股东对该股东股权按照一定价格进行回购，此类约定可完全得到法院的认可，亦可达到除名股东的效果。

法律规定

《最高人民法院关于适用〈中华人民共和国公司法〉若干问题的规定（三）》

第12条 公司成立后，公司、股东或者公司债权人以相关股东的行为符合下列情形之一且损害公司权益为由，请求认定该股东抽逃出资的，人民法院应予支持：

（一）制作虚假财务会计报表虚增利润进行分配；

（二）通过虚构债权债务关系将其出资转出；

（三）利用关联交易将出资转出；

（四）其他未经法定程序将出资抽回的行为。

第17条 有限责任公司的股东未履行出资义务或者抽逃全部出资，经公司催告缴纳或者返还，其在合理期间内仍未缴纳或者返还出资，公司以股东会决议解除该股东的股东资格，该股东请求确认该解除行为无效的，人民法院不予支持。

在前款规定的情形下，人民法院在判决时应当释明，公司应当及时办理法定减资程序或者由其他股东或者第三人缴纳相应的出资。在办理法定减资程序或者其他股东或者第三人缴纳相应的出资之前，公司债权人依照本规定第十三条或者第十四条请求相关当事人承担相应责任的，人民法院应予支持。

18 股东不想干了，可以要求退股退钱吗？

案情简介

2015年12月18日，某公司依法登记成立，注册资本100万元，股东分别为李某（出资50万元，占股50%）、杨某（出资20万元，占股20%）、张某（出资30万元，占股30%）。因张某与其他股东对公司管理及工作安排等事项发生争执，张某意欲退出公司，与公司签订《退股协议》。《退股协议》中约定，公司股东一致同意张某退出其在某公司的全部股权，某公司在协议签订后10日内向张某支付股权款30万元。2018年10月，张某诉至法院，请求某公司支付股权转让款30万元。

法院经审理认为，股东出资后，出资的财产即成为公司资产。为保护债权人利益，法律禁止股东抽逃出资，也不允许股东撤回出资。只有符合《公司法》第74条规定的三种情形，为保护中小股东合法权益，股东方能请求公司按照合理的对价回购股权。张某退股并不具备《公司法》规定的法定情形，退股行为明显违反了公司资本维持原则，也会损害公司债权人的利益，因此双方之间的《退股协议》应认定无效，张某的诉请无请求权基础。法院遂驳回了张某的诉讼请求。

律师提示

中小企业股东出资后，因为经营理念不合等原因产生矛盾，导致其中的一个或几个股东想退出公司，并要求退股退款。这里的“退股”仅是老百姓的习惯性叫法，并不是一个法律概念，他们关心的实际上是能否退回出资。

《公司法》采用法定资本制，股东只要出资即转化为公司资产，该出资不再属于股东个人，也不属于邀约其合资成立公司的其他股东。公司资本维持是《公司法》的重要原则，非经法定情形或法定程序不得减少注册资本。《公司法》第74条规定了三种特殊情形，股东可以请求公司按照合理的价格收购其股权，除了前述法定情形外，公司回购股东个人股权因违反法律强制性规定而无效。

根据《公司法》第177条等规定，股东可以通过定向减资的方式退出公司，但该方式必须经代表2/3以上表决权的股东通过决议，严格按照《公司法》规定编制资产负债表及财产清单，并通知债权人，债权人有权要求公司清偿债务或者提供相应的担保。从实质上讲，股东通过定向减资退出股东身份的行为，是公司收购股东出资额（股权）的行为，但履行的是法定减资程序。

《公司法》第182条规定，发生公司僵局时，股东可以通过要求解散公司的方式间接退出公司，即公司经营管理发生严重困难，继续存续会使股东利益受到重大损失，通过其他途径不能解决的，持有公司全部股东表决权10%以上的股东，可以请求人民法院解散公司。公司结算后，将剩余财产分配给股东，公司注销。

实务中最常见的股东退出方式是股权转让。股东将其持有的股权以一定价格转让给其他股东，或者经半数以上的股东同意，转让给公司股东之外的第三人，其他股东半数以上不同意转让的，不同意的股东应当购买该转让的股权；不购买的，视为同意转让。但是，此种退股方式的前提是有股权受让方，无人购买股权股东就无法退出。

综上，出资成为公司股东后，任何人不得强制要求股东退股，而股东要求退股则需要符合法律规定。如果没有事先的股权退出安排，股东退股几乎是不可能实现的。

法律规定

《中华人民共和国公司法》

第35条 公司成立后，股东不得抽逃出资。

第71条 有限责任公司的股东之间可以相互转让其全部或者部分股权。

股东向股东以外的人转让股权，应当经其他股东过半数同意。股东应就其股权转让事项书面通知其他股东征求同意，其他股东自接到书面通知之日起满三十日未答复的，视为同意转让。其他股东半数以上不同意转让的，不同意的股东应当购买该转让的股权；不购买的，视为同意转让。

经股东同意转让的股权，在同等条件下，其他股东有优先购买权。两个以上股东主张行使优先购买权的，协商确定各自的购买比例；协商不成的，按照转让时各自的出资比例行使优先购买权。

公司章程对股权转让另有规定的，从其规定。

第74条 有下列情形之一的，对股东会该项决议投反对票的股东可以请求公司按照合理的价格收购其股权：

（一）公司连续五年不向股东分配利润，而公司该五年连续盈利，并且符合本法规定的分配利润条件的；

（二）公司合并、分立、转让主要财产的；

（三）公司章程规定的营业期限届满或者章程规定的其他解散事由出现，股东会会议通过决议修改章程使公司存续的。

自股东会会议决议通过之日起六十日内，股东与公司不能达成股权收购协议的，股东可以自股东会会议决议通过之日起九十日内向人民法院提起诉讼。

第177条 公司需要减少注册资本时，必须编制资产负债表及财产清单。

公司应当自作出减少注册资本决议之日起十日内通知债权人，并于三十日内在报纸上公告。债权人自接到通知书之日起三十日内，未接到通知书的自公告之日起四十五日内，有权要求公司清偿债务或者提供相应的担保。

《最高人民法院关于适用〈中华人民共和国公司法〉若干问题的规定（二）》

第5条 人民法院审理解散公司诉讼案件，应当注重调解。当事人协商同意由公司或者股东收购股份，或者以减资等方式使公司存续，且不违反法律、行政法规强制性规定的，人民法院应予支持。当事人不能协商一致使公司存续的，人民法院应当及时判决。

经人民法院调解公司收购原告股份的，公司应当自调解书生效之日起六个月内将股份转让或者注销。股份转让或者注销之前，原告不得以公司收购其股份为由对抗公司债权人。

19 股东突然死亡，股权该怎么处理？

案情简介

昆明某公司成立于1998年1月3日，注册资本为50万元，其中，张某出资30万元，享有60%的股权；贾某出资20万元，享有40%的股权。2017年7月18日，张某因意外事故突然去世。因某公司不配合股权过户，也不分配利润，张某之妻程某、张某之子张某一、张某之女张某二、张某之母金某作为张某的合法继承人向法院起诉：（1）请求确认程某、张某一、张某二、金某为某公司股东；（2）请求判令某公司按照相应股权继承比例依法进行股权变更登记。

法院经审理认为，根据《继承法》第10条之规定，程某、张某一、张某二、金某为张某合法的第一顺位继承人。《公司法》第75条规定："自然人股东死亡后，其合法继承人可以继承股东资格；但是，公司章程另有规定的除外。"本案中，某公司的公司章程中并未对股东资格作出限制性、禁止性约定，该股权应作为张某遗产由上述第一顺序继承人继承。《公司登记管理条例》第34条第2款规定："有限责任公司的自然人股东死亡后，其合法继承人继承股东资格的，公司应当依照前款规定申请变更登记。"因此，法院支持了程某、张某一、张某二、金某的诉讼请求。

律师提示

99%的中小企业未对股东死亡后的股权继承问题进行特别规定，股东死亡后，其股权继承争议不断，甚至导致公司无法作出有效决议，运转陷入停滞。

《公司法》第75条规定，自然人股东死亡后，其合法继承人可以继承股东资格。股东资格既包括被继承股东的财产权，也包括其身份权。股东死亡后的股权继承是自然继承和当然继承，继承人可依法成为公司的注册股东，如公司章程中无特别规定，其他股东无权直接购买，也无优先购买权。

由于股权继承为自然继承，如果死亡股东继承人众多，股东人数激增，可能造成公司决策效率低下。另外，有限公司的股东人数最多不能超过 50 人，当多个继承人分别取得股东资格，可能突破有限公司股东人数上限，各继承人无法协商转让继承份额时，也会造成不必要的纠纷。

因此，笔者建议，依据《公司法》第 75 条之规定，在公司章程中对股权继承作出特别规定。一般规定由某个股东或者其他股东按比例对死亡股东股权按照事先约定的价格进行受让，死亡股东继承人只能继承股权的财产权利，以保证有限公司的人合性，保障公司持续稳定运行。

法律规定

《中华人民共和国民法典》

第 1127 条 遗产按照下列顺序继承：

（一）第一顺序：配偶、子女、父母；

（二）第二顺序：兄弟姐妹、祖父母、外祖父母。

继承开始后，由第一顺序继承人继承，第二顺序继承人不继承；没有第一顺序继承人继承的，由第二顺序继承人继承。

本编所称子女，包括婚生子女、非婚生子女、养子女和有扶养关系的继子女。

本编所称父母，包括生父母、养父母和有扶养关系的继父母。

本编所称兄弟姐妹，包括同父母的兄弟姐妹、同父异母或者同母异父的兄弟姐妹、养兄弟姐妹、有扶养关系的继兄弟姐妹。

《中华人民共和国公司法》

第 75 条 自然人股东死亡后，其合法继承人可以继承股东资格；但是，公司章程另有规定的除外。

《中华人民共和国市场主体登记管理条例》

第 24 条 市场主体变更登记事项，应当自作出变更决议、决定或者法定变更事项发生之日起 30 日内向登记机关申请变更登记。

市场主体变更登记事项属于依法须经批准的，申请人应当在批准文件有效期内向登记机关申请变更登记。

《最高人民法院关于适用〈中华人民共和国公司法〉若干问题的规定（三）》

第23条 当事人依法履行出资义务或者依法继受取得股权后，公司未根据公司法第三十一条、第三十二条的规定签发出资证明书、记载于股东名册并办理公司登记机关登记，当事人请求公司履行上述义务的，人民法院应予支持。

20 股东以个人账户收取公司款项有什么法律风险？

案情简介

2017年1月5日，某经营部与某公司签订仓储租赁合同，约定某公司将某仓库出租给某经营部使用，租赁期为3年，即2017年1月5日至2020年1月4日。合同签订后，某经营部依约支付了租金110万元，其中86万元租金转款至某公司股东贾某的个人账户。2019年1月8日，因政府规划拆迁，导致仓储租赁合同终止。因协商退还租金未果，某经营部诉至法院，请求判令某公司和贾某连带返还多收取的租金及利息。

法院经审理认为，根据《最高人民法院关于适用〈中华人民共和国合同法〉若干问题的解释（二）》第26条的规定，本案涉案仓库在政府拆迁范围内且已拆迁，仓储租赁合同无法继续履行，尚未履行期间的租金应当予以返还。另外，根据《公司法》第20条的规定，公司股东滥用公司法人独立地位和股东有限责任，逃避债务，严重损害公司债权人利益的，应当对公司债务承担连带责任。贾某是某公司的股东，某经营部租用的是公司的资产，但交付的租金打入贾某个人账户，却又由某公司出具租金收据，上述行为导致公司财产和股东个人财产混同，无法区分，贾某应承担连带支付责任。法院遂支持了某经营部的诉讼请求。

律师提示

在中小企业经营过程中，为了规避税收或便利等其他目的，股东以个人账户收取公司经营款项的情况非常普遍，此种行为存在什么样的法律风险呢？

1. 民事责任层面。很多中小企业未建立完善的财务制度，股东没有将个人财产和公司财产相区别的意识或能力。股东把个人账户当成公司账户使用，收取公司款项后，并不会移交给公司或用于公司经营，造成公司财产由股东占有、使用的局面。根据《公司法》第20条第3款“公司股东滥用公司法人独立地位和股东有限责任，逃避债务，严重损害公司债权人利益的，应当对公司债务承担连带责任”的规定，应否认公司独立人格，由滥用公司法人独立地位和股东有限责任的股东对公司债务承担连带责任。

2. 刑事责任层面。如果中小企业股东之间发生冲突，股东收取货款但未转交给公司的行为，如被认定为股东利用职务上的便利，将本单位财物非法占为己有或挪归个人使用，则可能构成职务侵占罪或挪用资金罪。

3. 税收征管层面。根据税收征管相关规定，税务机关不仅可以检查公司的账户，更会重点稽查公司法定代表人、实际控制人、主要负责人、股东等的个人账户。如发现前述个人账户用于收取公司经营款项，存在偷税漏税行为，不仅需要补缴税款和缴纳滞纳金，还可能面临税务行政罚款，甚至追究刑事责任。

综上，中小企业应尽量避免用股东个人账户收取公司经营款项，如公司在特殊情况下授权股东代收款项，则应由公司及时收回款项，并做好相应的证据保留和财税安排。

法律规定

《中华人民共和国公司法》

第 20 条 公司股东应当遵守法律、行政法规和公司章程，依法行使股东权利，不得滥用股东权利损害公司或者其他股东的利益；不得滥用公司法人独立地位和股东有限责任损害公司债权人的利益。

公司股东滥用股东权利给公司或者其他股东造成损失的，应当依法承担赔偿责任。

公司股东滥用公司法人独立地位和股东有限责任，逃避债务，严重损害公司债权人利益的，应当对公司债务承担连带责任。

《中华人民共和国民法典》

第 533 条 合同成立后，合同的基础条件发生了当事人在订立合同时无法预见的、不属于商业风险的重大变化，继续履行合同对于当事人一方明显不公平的，受不利影响的当事人可以与对方重新协商；在合理期限内协商不成的，当事人可以请求人民法院或者仲裁机构变更或者解除合同。

人民法院或者仲裁机构应当结合案件的实际情况，根据公平原则变更或者解除合同。

《全国法院民商事审判工作会议纪要》

10.【人格混同】认定公司人格与股东人格是否存在混同，最根本的判断标准是公司是否具有独立意思和独立财产，最主要的表现是公司的财产与股东的财产是否混同且无法区分。在认定是否构成人格混同时，应当综合考虑以下因素：

（1）股东无偿使用公司资金或者财产，不作财务记载的；

（2）股东用公司的资金偿还股东的债务，或者将公司的资金供关联公司无偿使用，不作财务记载的；

（3）公司账簿与股东账簿不分，致使公司财产与股东财产无法区分的；

（4）股东自身收益与公司盈利不加区分，致使双方利益不清的；

（5）公司的财产记载于股东名下，由股东占有、使用的；

（6）人格混同的其他情形。

在出现人格混同的情况下，往往同时出现以下混同：公司业务和股东业务混同；公司员工与股东员工混同，特别是财务人员混同；公司住所与股东住所混同。人民法院在审理案件时，关键要审查是否构成人格混同，而不要求同时具备其他方面的混同，其他方面的混同往往只是人格混同的补强。

21 股东怠于清算是否要对公司债务承担责任?

案情简介

云南某房地产公司成立于2010年10月26日，公司股东罗某实缴出资510万，持股比例51%，股东贾某实缴出资490万，持股比例49%。2014年6月，某建筑公司与某房地产公司建设工程合同纠纷一案诉至法院，法院判决某房地产公司向某建筑公司支付工程款160万元。2014年12月，某建筑公司向法院申请强制执行，执行过程中因被执行人下落不明且无财产可供执行，法院裁定终结本次执行程序。2017年8月8日，该公司因未参加年检被工商局吊销营业执照。某建筑公司以某房地产公司吊销营业执照之后15日内公司股东没有成立清算组组织清算，导致某建筑公司无法得偿债权为由诉至法院，请求股东罗某与贾某连带向原告支付工程款160万元及相应利息。

法院经审理认为，按照《公司法》第180条的规定，公司章程规定的营业期限届满、依法被吊销营业执照等均属公司的解散事由。按照《公司法》第183条的规定，公司应当在解散事由出现之日起15日内成立清算组，开始清算，有限责任公司的清算组由股东组成。《最高人民法院关于适用〈中华人民共和国公司法〉若干问题的规定（二）》第18条规定，有限责任公司的股东未在法定期限内成立清算组开始清算，导致公司财产贬值、流失、毁损或者灭失，债权人主张其在造成损失范围内对公司债务承担赔偿责任的，人民法院应依法予以支持。依照上述规定，在股东未履行清算义务导致公司财产贬值、流失、毁损或者灭失的情况下，才能认定不履行清算义务与债权人利益受损的结果二者具有因果关系。本案中无证据表明是因为未及时清算给公司财产造成损失从而无法清偿某建筑公司的债权，某建筑公司所提交的证据也无法证明股东滥用公司法人独立地位和股东有限责任，故某建筑公司要求两股东作为股东为某房地产公司的对外债务承担连带偿还责任的请求不能成立。

律师提示

中小企业在经营过程中时常遭遇这样的情况：欠债企业股东或者实际控制人为逃避债务，让欠债企业成为无人经营管理的“僵尸”企业，老板逃之夭夭，债权人无可奈何。欠债企业被吊销营业执照后，股东怠于承担清算责任时，债权人能否要求公司股东承担赔偿责任呢？

经笔者对实务案例的研究，各地法院对此裁判标准不一，也即对《最高人民法院关于适用〈中华人民共和国公司法〉若干问题的规定（二）》第18条规定的理解不一致。

一方面，某房地产公司因未参加年检被吊销营业执照的解散事由出现后，依据《公司法》第183条的规定，有限责任公司股东应在15天内组织清算，然而两股东至今未组织清算，其怠于清算的事实清楚。

另一方面，股东怠于清算，使得债务人公司处于“人去楼空”的下落不明状态，公司主要财产、账册、重要文件等也不知去向，从而无法依照法律规定的程序对债务人公司的债权债务进行正常清理，导致公司的财产和负债范围无法确定，债权人的债权无法得以实现。笔者认为，应当认定股东不履行清算义务与债权人利益受损结果二者具有因果关系。

退一步说，法院应合理分配举证责任，以惩戒恶意逃避债务的行为。股东在怠于履行清算义务情况下，其应对怠于履行未对公司的财产造成贬值、毁损或者灭失的事实承担举证责任，如股东未能举证债务人公司的财产在被吊销营业执照后一直处于稳定状态，亦未证明公司财产有无贬值、毁损或者灭失的，应当承担举证不能的后果。

对于债权人来讲，在直接通过前述方式无法获得法院支持情况下，应积极搜集债务人公司财产贬值、流失、毁损或者灭失的证据，也可选择向法院申请债务人破产清算。

法律规定

《中华人民共和国公司法》

第180条 公司因下列原因解散：

（一）公司章程规定的营业期限届满或者公司章程规定的其他解散事由出现；

（二）股东会或者股东大会决议解散；

（三）因公司合并或者分立需要解散；

（四）依法被吊销营业执照、责令关闭或者被撤销；

（五）人民法院依照本法第一百八十二条的规定予以解散。

第183条 公司因本法第一百八十条第（一）项、第（二）项、第（四）项、第（五）项规定而解散的，应当在解散事由出现之日起十五日内成立清算组，开始清算。有限责任公司的清算组由股东组成，股份有限公司的清算组由董事或者股东大会确定的人员组成。逾期不成立清算组进行清算的，债权人可以申请人民法院指定有关人员组成清算组进行清算。人民法院应当受理该申请，并及时组织清算组进行清算。

第188条 公司清算结束后，清算组应当制作清算报告，报股东会、股东大会或者人民法院确认，并报送公司登记机关，申请注销公司登记，公告公司终止。

第211条 公司成立后无正当理由超过六个月未开业的，或者开业后自行停业连续六个月以上的，可以由公司登记机关吊销营业执照。

公司登记事项发生变更时，未依照本法规定办理有关变更登记的，由公司登记机关责令限期登记；逾期不登记的，处以一万元以上十万元以下的罚款。

《最高人民法院关于适用〈中华人民共和国公司法〉若干问题的规定（二）》

第18条 有限责任公司的股东、股份有限公司的董事和控股股东未在法定期限内成立清算组开始清算，导致公司财产贬值、流失、毁损或者灭失，债权人主张其在造成损失范围内对公司债务承担赔偿责任的，人民法院应依法予以支持。

有限责任公司的股东、股份有限公司的董事和控股股东因怠于履行义务，导致公司主要财产、账册、重要文件等灭失，无法进行清算，债权人主张其对公司债务承担连带清偿责任的，人民法院应依法予以支持。

上述情形系实际控制人原因造成，债权人主张实际控制人对公司债务承担相应民事责任的，人民法院应依法予以支持。

22 股权转让需要公司股东会决议吗？

案情简介

2015年3月7日，某公司注册成立，登记股东为王某、刘某、杜某、贾某，分别占公司注册资本金20%、14%、15%、51%。某公司章程对于股权转让的规定与公司法规定一致。2018年12月5日，王某与张某签订股权转让合同，约定王某将其持有的20%股权转让给张某，刘某和杜某在合同上签注“同意该股权转让行为，放弃优先购买权”，贾某经询问股权转让意见未在30日内给予答复。2019年1月5日，贾某向法院起诉，以公司未出具关于股权转让的有效股东会决议为由，要求确认股权转让合同无效。

法院经审理认为，《公司法》第71条第2款规定：“股东向股东以外的人转让股权，应当经其他股东过半数同意。股东应就其股权转让事项书面通知其他股东征求同意，其他股东自接到书面通知之日起满三十日未答复的，视为同意转让。其他股东半数以上不同意转让的，不同意的股东应当购买该转让的股权，不购买的，视为同意转让。”本案中，王某将其持有的20%股权转让给股东以外的张某，刘某和杜某同意此次股权转让，符合“经其他股东过半数同意”的要求，且贾某对于股权转让事项在30日内未给予答复，亦视为同意股权转让。另外，公司法未规定股权转让事项需进行股东会决议。因此，股权转让合同是合同当事方真实意思表示，没有违反法律强制性规定，应为有效合同，法院据此驳回了贾某的诉讼请求。

律师提示

股权转让需要股东会决议是很多中小企业，长期以来的误解。

有限公司股东之间转让股权无需股东会决议。《公司法》第71条第1款规定：“有限责任公司的股东之间可以相互转让其全部或者部分股权。”股权是股东私人的财产性权利，根据前述规定，股东之间相互转让股权既无需取得其他股东的同意，也无需公司股东会决议，可完全自由转让。

有限公司股东向股东之外的人转让股权无需股东会决议。《公司法》第 71 条第 2 款规定，股东向股东以外的人转让股权，应当经其他股东过半数同意。根据该规定，股东向股东以外的人转让股权，仅需要经其他股东过半数同意，这里的“过半数”指的是人数，不是表决权（或股权比例）。基于公司人合性，对于股东以外人员成为股东需要过半数的股东人数同意，而基于公司资合性，如章程无特别规定，股东会一般按照表决权进行表决。因此，过半人数通过不等于过半表决权通过，如果要求股权转让由股东会决议的话，股权转让将可能因为无法召开股东会或者无法形成有效决议而搁浅，这样显然与立法是相悖的。

因转让股权导致的公司章程变更也无需股东会决议。股权转让变更登记是股权转让的重要一环，经股权变更登记后股权转让行为才具备对抗第三方的效力。根据《公司法》第 73 条“依照本法第七十一条、第七十二条转让股权后，公司应当注销原股东的出资证明书，向新股东签发出资证明书，并相应修改公司章程和股东名册中有关股东及其出资额的记载。对公司章程的该项修改不需再由股东会表决”的规定，修改公司章程中有关股东及其出资额的记载无需由股东会表决。但根据《公司法》第 43 条规定，修改公司章程的股东会决议需要代表 2/3 以上表决权的股东通过，如市场监督管理部门要求提供股东会决议，股权变更也将无法完成。

实践中，部分地方市场监督管理部门已不再要求在股东变更登记时提交关于修改公司章程的决议，如当事方因此无法完成股权变更登记，可通过诉讼途径取得具有股权变更内容的判决书，据此办理股权变更登记。

法律规定

《中华人民共和国公司法》

第 43 条 股东会的议事方式和表决程序，除本法有规定的外，由公司章程规定。

股东会会议作出修改公司章程、增加或者减少注册资本的决议，以及公司合并、分立、解散或者变更公司形式的决议，必须经代表三分之二以上表决权的股东通过。

第 71 条 有限责任公司的股东之间可以相互转让其全部或者部分股权。

股东向股东以外的人转让股权，应当经其他股东过半数同意。股东应就其股权转让事项书面通知其他股东征求同意，其他股东自接到书面通知之日起满三十日未答复的，视为同意转让。其他股东半数以上不同意转让的，不同意的股东应当购买该转让的股权；不购买的，视为同意转让。

经股东同意转让的股权，在同等条件下，其他股东有优先购买权。两个以上股东主张行使优先购买权的，协商确定各自的购买比例；协商不成的，按照转让时各自的出资比例行使优先购买权。

公司章程对股权转让另有规定的，从其规定。

第73条 依照本法第七十一条、第七十二条转让股权后，公司应当注销原股东的出资证明书，向新股东签发出资证明书，并相应修改公司章程和股东名册中有关股东及其出资额的记载。对公司章程的该项修改不需再由股东会表决。

23 公司章程中约定“人走股留”是否有效？

案情简介

昆明某公司成立于2012年6月1日，张某、贾某等4人为昆明某公司的股东。2014年8月2日，某公司股东会决议修改公司章程，增加“股东不论因何种原因离开公司的，其持有股权应由公司股东贾某按照对应净资产价值进行回购”条款。章程修正案由公司全体股东签字确认，并向工商行政管理部门进行备案登记。后张某与某公司于2015年12月20日解除劳动合同，但张某拒绝将其持有的股权转让给贾某。贾某诉至人民法院，请求判令张某将其所持有的股权以300万元转让给贾某。

法院经审理认为，公司章程是公司组织及行为的基本规则，订立公司章程是股东的共同行为。有限公司的性质兼有资合性与人合性特征，由公司章程对公司股东转让股权作出某些限制性规定，系公司自治的体现，未侵犯张某自由转让股权的权利。公司章程条款内容不违反《公司法》的强制性规定，应当认定有效。因此，法院支持了贾某的诉讼请求。

律师提示

人才是企业最重要的资产。中小企业往往采用股权赠与等手段将人才留在企业，但人才的价值体现在其劳动和资源上，如人才离开企业，不再为企业贡献力量，却仍享受企业分红等经营成果，对于中小企业发展是非常不利的。因此，在用股权激励员工的同时，中小企业应注意设置好“人走股留”的回购条款。

在股权回购实务操作中，应注意以下问题：

1. 尽量不约定由公司进行回购。对于有限公司来讲，只有《公司法》第74条规定了异议股东的回购请求权。实务中，有的司法机关认为，公司法没有禁止公司与股东之间进行股权回购，公司回购股东股权合法；有的则认为回购行为违反资本维持原则，公司回购股东股权违法。因此，笔者建议约定由公司的大股东进行回购，以规避风险。

2. 股权回购条款应由全体股东通过，并规定在公司章程中。股权回购条款设置在初始章程中，效力一般不存在争议。但是，股权回购条款是以章程修正案形式确定，而股东会决议并非全体股东通过，那么股权回购条款对于持反对票的股东是否有拘束力是有争议的。同时，若司法机关认定大股东修改公司章程是出于恶意或压迫小股东的目的，则股权回购条款将被认定为无效。

3. 股权回购价格应公平、合理。股权回购价格约定应当公平、合理。若股权转让价格、方式不合理，该条款将被视为对股东财产权的恶意侵犯，进而被认定为无效。实务中，一般按照公司上一年财务报告的股权净额进行定价。

法律规定

《中华人民共和国公司法》

第74条 有下列情形之一的，对股东会该项决议投反对票的股东可以请求公司按照合理的价格收购其股权：

（一）公司连续五年不向股东分配利润，而公司该五年连续盈利，并且符合本法规定的分配利润条件的；

（二）公司合并、分立、转让主要财产的；

（三）公司章程规定的营业期限届满或者章程规定的其他解散事由出现，股东会会议通过决议修改章程使公司存续的。

自股东会会议决议通过之日起六十日内，股东与公司不能达成股权收购协议的，股东可以自股东会会议决议通过之日起九十日内向人民法院提起诉讼。

24 出资额与股权比例必须一致吗？

案情简介

2016 年 6 月 6 日，张某和贾某共同出资设立某教育咨询公司，公司注册资本 1000 万元。因张某在幼儿教育行业有丰富的资源和经验，公司章程规定张某认缴出资 200 万，持股比例为 67%，贾某认缴出资 800 万，持股比例为 33%，认缴出资日期为 2036 年 12 月 31 日，各股东按持股比例行使表决权和分红。公司成立后生源旺盛，贾某对持股比例约定心生不满。2019 年 8 月 18 日，贾某向法院起诉，要求按认缴出资额确定持股比例，即确认贾某持股比例为 80%。

法院经审理认为，我国公司法等法律未禁止股东对出资额和持股比例做出自由约定，在注册资本符合法定要求的情况下，该约定并不影响公司资本对公司债权等对外基本功能实现，因此，经有限公司股东一致同意的，出资比例和股权比例不一致的约定有效。法院遂驳回了贾某的诉讼请求。

律师提示

公司法对于出资额与股权比例之间的关系未作出明确规定，根据意思自治原则，在有限责任公司中，公司法无强制规定的事项，股东可自由约定。实践中，中小企业股东普遍认为出资额大小应与持股比例相一致是错误的，应予以纠正。

出资额与股权比例的问题，实质上是表决权和分红权等股东权利分配的问题。根据公司法有关规定，有限公司股东会会议由股东按照出资比例行使表决权，但是公司章程可另行约定，前述出资比例为认缴出资比例，但公司章程也可以约定按照实缴出资比例行使表决权。公司法还规定，有限公司股东按照实缴的出资比例分取红利；公司新增资本时，股东有权优先按照实缴的出资比例认缴出资。但是，全体股东约定不按照出资比例分取红利或者不按照出资比例优先认缴出资的除外。

实务中，股东通过对各方经营资源、投入成本及预期收入等的判断，约定由部分股东代为出资，甚至部分股东不出资但持有股权的情形，一般认为因不违反法律行政法规强制性规定，也不损害公司债权人的利益，应为有效约定。

出资比例与持股比例不一致等特别安排，一般应在公司设立时的股东协议中进行明确约定，规定在公司章程并在市场监督管理局备案。但是，很多地方的市场监督管理局要求使用统一的章程范本，特殊约定事项可能无法备案。此时，可采用备案章程修正案的方式处理，如仍无法备案，全体股东作出相应决议对于股东内部仍然有效。

最后需要说明的是，出资比例与持股比例、分红比例或认缴出资比例等不同的约定应仅适用于有限公司，且应取得全体股东一致同意，否则不发生法律效力。

法律规定

《中华人民共和国公司法》

第34条 股东按照实缴的出资比例分取红利；公司新增资本时，股东有权优先按照实缴的出资比例认缴出资。但是，全体股东约定不按照出资比例分取红利或者不按照出资比例优先认缴出资的除外。

第42条 股东会会议由股东按照出资比例行使表决权；但是，公司章程另有规定的除外。

第71条 有限责任公司的股东之间可以相互转让其全部或者部分股权。

股东向股东以外的人转让股权，应当经其他股东过半数同意。股东应就其股权转让事项书面通知其他股东征求同意，其他股东自接到书面通知之日起满三十日未答复的，视为同意转让。其他股东半数以上不同意转让的，不同意的股东应当购买该转让的股权；不购买的，视为同意转让。

经股东同意转让的股权，在同等条件下，其他股东有优先购买权。两个以上股东主张行使优先购买权的，协商确定各自的购买比例；协商不成的，按照转让时各自的出资比例行使优先购买权。

公司章程对股权转让另有规定的，从其规定。

25 隐瞒未实缴出资事实，股权转让协议会被撤销吗？

案情简介

昆明某信息技术有限公司成立于2015年8月1日，注册资本1000万元，股东实缴出资为200万元，公司章程规定股东于2025年8月1日前履行剩余出资义务。2015年9月18日，公司控股股东张某（持有公司51%的股权）与贾某签订股权转让协议，约定以350万元的价格将其全部股权转让给贾某，贾某依约支付股权转让款并办理了股权变更手续。

贾某认为张某隐瞒未实缴出资的事实，造成其以350万元不合理的价格购买了张某股权，于2016年12月12日向法院起诉，要求撤销股权转让协议并由张某返还350万元股权转让款。

法院经审理认为，昆明某信息技术有限公司的工商登记信息系公示信息，公众均可通过正常公开的途径进行查询；股权转让协议中股权转让的价款系双方协商一致达成，该价款的形成基于多种因素，并非完全取决于股东的实际出资额，亦无证据显示股权转让协议约定的价款显失公平。综上，驳回了贾某的诉讼请求。

律师提示

2014年3月1日起，我国开始施行注册资本认缴制，股东常常在注册资本未充实或缴足的情形下就有股权出让的需求。在注册资本未实缴时，出让人是否存在欺诈或者协议显失公平而导致股权转让协议被撤销呢？

1. 出让人无证据表明其向受让人履行了告知义务，注册资本是否已缴纳是目标公司估值重要因素之一，受让人基于错误判断进行交易，构成重大误解或者欺诈，股权转让协议应予以撤销。

2. 目标公司的登记信息和公司章程等文件均记载了认缴内容，公众均可通过正常公开的途径进行查询，受让人应当知晓注册资本认缴问题，不存在重大误解或欺诈情形，股权转让协议合法有效。

3. 股权转让协议中股权转让价款系双方协商一致达成，该价款的形成基于多种因素，并非完全取决于股东的实际出资额，亦无证据显示股权转让协议约定的价款显失公平，股权转让协议合法有效。

4. 出让人在协议中明确其已完全履行了公司注册资本的出资义务，受让人在不知情的情况下产生了受让人已出资到位的错误认识，构成欺诈，股权转让协议应予以撤销。

笔者建议，在注册资本认缴制度下，股权转让时应对认缴出资的出资状况和出资义务分配进行明确，否则将产生法律风险。另外，根据《民法典》的规定，当事人自知道或者应当知道撤销事由之日起 1 年内、重大误解的当事人自知道或者应当知道撤销事由之日起 90 日内没有行使撤销权时，撤销权将消灭。

法律规定

《中华人民共和国民法典》

第 147 条 基于重大误解实施的民事法律行为，行为人有权请求人民法院或者仲裁机构予以撤销。

第 148 条 一方以欺诈手段，使对方在违背真实意思的情况下实施的民事法律行为，受欺诈方有权请求人民法院或者仲裁机构予以撤销。

第 152 条 有下列情形之一的，撤销权消灭：

（一）当事人自知道或者应当知道撤销事由之日起一年内、重大误解的当事人自知道或者应当知道撤销事由之日起九十日内没有行使撤销权；

（二）当事人受胁迫，自胁迫行为终止之日起一年内没有行使撤销权；

（三）当事人知道撤销事由后明确表示或者以自己的行为表明放弃撤销权。

当事人自民事法律行为发生之日起五年内没有行使撤销权的，撤销权消灭。

26 认缴股东需对公司债务承担法律责任吗?

案情简介

2015 年 5 月 12 日，张某与昆明某公司签订借款合同，约定张某借给某公司 100 万元，借款期限 1 年，借款利息为年利率 15%。某公司注册资本为 1000 万元，贾某和王某系某公司的股东，贾某认缴出资额为 800 万元，王某认缴出资额为 200 万元，认缴期限为 2038 年 5 月 25 日。至今贾某和王某未实缴出资。因某公司未依约还本付息，张某起诉至法院，要求某公司还本付息，贾某和王某在未履行出资义务范围内对某公司的上述债务承担补充清偿责任。

法院经审理认为，张某与某公司签订的借款合同系双方当事人真实意思表示一致的结果，不违反我国有关法律法规和社会公共利益，依法成立并生效，某公司应依约履行并承担还本付息义务。另外，根据《最高人民法院关于适用〈中华人民共和国公司法〉若干问题的规定（三)》第 13 条第 2 款的规定，公司债权人请求未履行或者未全面履行出资义务的股东在未出资本息范围内对公司债务不能清偿的部分承担补充赔偿责任的，人民法院应予支持。虽贾某和王某的出资时间尚未到期，但迄今未实缴出资的行为可能导致某公司不能清偿上述债务，故其应对某公司不能清偿上述债务的部分承担补充赔偿责任。

律师提示

2013 年，修订后的公司法从法律层面取消注册资本实际缴纳的最低要求（特殊情况除外），创业者理论上不用出一分钱，就可以成立公司，然后在公司盈利过程中慢慢缴足注册资本，给中小企业带来了极大的便利。然而，注册资本认缴制也催生了很多“皮包”公司，损害了公司交易相对方的利益。

《最高人民法院关于适用〈中华人民共和国公司法〉若干问题的规定（三)》第 13 条第 2 款给出了债权人追索未实缴出资股东的民事赔偿责任明确的法律依据。但个别法院认为，认缴制作为公司法明文规定的制度创新，加速到期无疑是对认缴制的突破，股东认缴的金额、期限都明确记载于公司章程，作为一种公示文件，债权人应当知道这一事实，在交易过程中对此风险也应予以预见，且如允许单个债权人通过诉讼直接向股东主张清偿责任，那么很可能会造成对其他债权人的不公平，无法平等地保护债权人的利益。另，债权人并不是只有通过诉讼来直接判定加速到期才能对债权人利益予以救济，如通过适用《企业破产法》也可以实现股东出资义务加速到期。

《最高人民法院关于民事执行中变更、追加当事人若干问题的规定》第 17 条规定："作为被执行人的营业法人，财产不足以清偿生效法律文书确定的债务，申请执行人申请变更、追加未缴纳或未足额缴纳出资的股东、出资人或依公司法规定对该出资承担连带责任的发起人为被执行人，在尚未缴纳出资的范围内依法承担责任的，人民法院应予支持。"据此规定，要求未实缴出资股东承担民事责任无需再通过破产程序，可以通过执行程序直接追加。

从笔者观察来看，《最高人民法院关于民事执行中变更、追加当事人若干问题的规定》可以间接对抗股东出资义务"加速到期"突破认缴制的理由，而需要通过破产实现股东出资义务加速到期则是加重债权人义务，浪费司法资源。因此，越来越多的法院已支持未实缴出资股东的民事赔偿责任。

法律规定

《最高人民法院关于适用〈中华人民共和国公司法〉若干问题的规定（三）》

第 13 条 股东未履行或者未全面履行出资义务，公司或者其他股东请求其向公司依法全面履行出资义务的，人民法院应予支持。

公司债权人请求未履行或者未全面履行出资义务的股东在未出资本息范围内对公司债务不能清偿的部分承担补充赔偿责任的，人民法院应予支持；未履行或者未全面履行出资义务的股东已经承担上述责任，其他债权人提出相同请求的，人民法院不予支持。

股东在公司设立时未履行或者未全面履行出资义务，依照本条第一款或者第二款提起诉讼的原告，请求公司的发起人与被告股东承担连带责任的，人民法院应予支持；公司的发起人承担责任后，可以向被告股东追偿。

股东在公司增资时未履行或者未全面履行出资义务，依照本条第一款或者第二款提起诉讼的原告，请求未尽公司法第一百四十七条第一款规定的义务而使出资未缴足的董事、高级管理人员承担相应责任的，人民法院应予支持；董事、高级管理人员承担责任后，可以向被告股东追偿。

《最高人民法院关于民事执行中变更、追加当事人若干问题的规定》

第17条 作为被执行人的营利法人，财产不足以清偿生效法律文书确定的债务，申请执行人申请变更、追加未缴纳或未足额缴纳出资的股东、出资人或依公司法规定对该出资承担连带责任的发起人为被执行人，在尚未缴纳出资的范围内依法承担责任的，人民法院应予支持。

27 侵犯股东优先购买权的股权转让合同效力如何？

案情简介

2016年3月8日，经人介绍，张某和某公司、某公司股东贾某签订股权转让协议，约定张某出资24万元购买贾某持有某公司的10%股权，张某当天将24万元支付至指定账户。某公司承诺已经获得其他股东放弃优先购买权并同意本次转让，保证30天内完成工商登记。张某支付股权转让款后，某公司和贾某一直未为张某办理股东变更登记。2016年5月底，张某发现某公司唯一经营的项目“音乐餐厅”已停止营业。张某遂提起诉讼，请求解除2016年3月8日签订的股权转让协议；由贾某返还24万元和该款自2016年3月8日起至款付清之日止的银行同期贷款利息。

法院经审理认为，依据《公司法》第71条的规定，有限责任公司的股东之间可以相互转让其全部或者部分股权。股东向股东以外的人转让股权，应当经其他股东过半数同意。股东应就其转让事项书面通知其他股东征求同意，其他股东自接到书面通知之日起满30日未答复的，视为同意转让。其他股东半数以上不同意转让的，不同意的股东应当购买该转让的股权；不购买的，视为同意转让。经股东同意转让的，在同等条件下，其他股东有优先购买权。本案中，贾某没有书面通知并征求某公司其他股东是否同意转让或行使优先购买权，未取得过半数股东同意，该股权转让协议不符合法定转让条件，转让不发生法律效力。张某请求解除股权转让协议的诉讼请求，法院不予支持。

股权转让协议尚未生效，不具有履行效力。张某按照协议约定支付了24万元转让款，参照《合同法》第58条的规定，因股权转让协议取得的财产应当返还。张某订立股权转让协议时未尽必要的注意义务，未审查某公司其他股东意见的情况下签署协议，轻易付款，亦负有一定过错。张某主张24万元被占用期间的利息损失，法院不予支持。

律师提示

有限责任公司除具有资合的特征外兼有一定人合性质，为维持股东间的人身信任关系，保持公司稳定，股东将股权转让给股东以外的人应当经公司过半数股东同意，同时应保证其他股东的优先购买权。中小企业股东在转让股权时，往往忽视其他股东的优先购买权，造成股权交易的极大风险。

《最高人民法院关于适用〈中华人民共和国公司法〉若干问题的规定（四）》（征求意见稿）第27条曾列举了损害优先购买权合同无效的情形，但正式公布的《最高人民法院关于适用〈中华人民共和国公司法〉若干问题的规定（四）》仅在第21条中规定，其他股东仅提出确认股权转让合同及股权变动效力等请求，未同时主张按照同等条件购买转让股权的，人民法院不予支持。法院强调保护其他股东优先购买权，但对于侵犯优先购买权的股权转让合同效力也未作明确。

笔者认为，股权转让合同与股权变动是两个概念，股权转让合同产生的是股权转让方办理股权变更的合同义务，是债权行为，并不当然导致股权变动的物权效果。股东优先购买权的行使只阻碍或者否定股权变动的效果发生，而不否定股权转让合同的效力。股东以外的股权受让人，因股东行使优先购买权而不能实现合同目的的，可以依法请求转让股东承担相应民事责任（如违约责任）。

那么，被侵犯优先购买权的股东如何维权呢？

1. 如果第三人受让股权时存在恶意，该股东可以恶意串通为由主张合同无效。

2. 如果第三人受让股权时为善意，股权未变更的，该股东可基于优先购买权要求出让方配合完成股权变动。

3. 如果第三人受让股权时为善意，股权已变更的，该股东可基于优先购买权要求第三人配合完成股权变动。

特别值得注意的是，根据《最高人民法院关于适用〈中华人民共和国公司法〉若干问题的规定（四）》第21条的规定，优先购买权的行使期限是股东自知道或者应当知道行使优先购买权的同等条件之日起30日内，或者自股权变更登记之日起1年。如未在期限内主张权利，股东的优先购买权将无法得到保障。

法律规定

《中华人民共和国公司法》

第71条 有限责任公司的股东之间可以相互转让其全部或者部分股权。

股东向股东以外的人转让股权，应当经其他股东过半数同意。股东应就其股权转让事项书面通知其他股东征求同意，其他股东自接到书面通知之日起满三十日未答复的，视为同意转让。其他股东半数以上不同意转让的，不同意的股东应当购买该转让的股权；不购买的，视为同意转让。

经股东同意转让的股权，在同等条件下，其他股东有优先购买权。两个以上股东主张行使优先购买权的，协商确定各自的购买比例；协商不成的，按照转让时各自的出资比例行使优先购买权。

公司章程对股权转让另有规定的，从其规定。

第72条 人民法院依照法律规定的强制执行程序转让股东的股权时，应当通知公司及全体股东，其他股东在同等条件下有优先购买权。其他股东自人民法院通知之日起满二十日不行使优先购买权的，视为放弃优先购买权。

《最高人民法院关于适用〈中华人民共和国公司法〉若干问题的规定（四）》

第19条 有限责任公司的股东主张优先购买转让股权的，应当在收到通知后，在公司章程规定的行使期间内提出购买请求。公司章程没有规定行使期间或者规定不明确的，以通知确定的期间为准，通知确定的期间短于三十日或者未明确行使期间的，行使期间为三十日。

第20条 有限责任公司的转让股东，在其他股东主张优先购买后又不同意转让股权的，对其他股东优先购买的主张，人民法院不予支持，但公司章程另有规定或者全体股东另有约定的除外。其他股东主张转让股东赔偿其损失合理的，人民法院应当予以支持。

第21条 有限责任公司的股东向股东以外的人转让股权，未就其股权转让事项征求其他股东意见，或者以欺诈、恶意串通等手段，损害其他股东优先购买权，其他股东主张按照同等条件购买该转让股权的，人民法院应当予以支持，但其他股东自知道或者应当知道行使优先购买权的同等条件之日起三十日内没有主张，或者自股权变更登记之日起超过一年的除外。

前款规定的其他股东仅提出确认股权转让合同及股权变动效力等请求，未同时主张按照同等条件购买转让股权的，人民法院不予支持，但其他股东非因自身原因导致无法行使优先购买权，请求损害赔偿的除外。

股东以外的股权受让人，因股东行使优先购买权而不能实现合同目的的，可以依法请求转让股东承担相应民事责任。

28 未实缴出资股东转让股权后，是否还要承担法律责任？

案情简介

某公司成立于2012年8月8日，注册资本100万元，张某认缴出资51万元，持股比例为51%，王某认缴出资49万元，持股比例为49%，出资时间均为2017年8月8日。2016年9月18日，张某与贾某签订股权转让协议，约定以51万元的价格将其全部股权转让给贾某，贾某依约支付股权转让款并办理了股权变更手续。2017年10月，因某公司欠付孙某货款，孙某诉至法院，要求某公司偿还货款180万元，并要求张某、王某和贾某在未出资的范围内承担补充赔偿责任。

法院经审理认为，张某于2016年9月18日将其持有股权全部转让时，其认缴出资时间尚未届满，张某未缴纳剩余出资不违反公司章程及法律规定。张某将股权转让给贾某后，其出资义务亦相应转移。因此，孙某要求张某在未出资的范围内对某公司承担补充赔偿责任无法律依据，法院不予支持。

律师提示

在注册资本认缴制下，公司股东常常在注册资本未充实或缴足的情形下就有股权出让的需求。那么，未实缴出资股东转让股权后，是否还要承担出资责任呢？

公司法及相关司法解释规定，股东应当按期足额缴纳公司章程中规定的各自所认缴的出资额。股东未履行或者未全面履行出资义务，公司或者其他股东请求其向公司依法全面履行出资义务的，或者公司债权人请求未履行或者未全面履行出资义务的股东在未出资本息范围内对公司债务不能清偿的部分承担补充赔偿责任的，人民法院应予支持。因此，原股东在股权出让时认缴出资时间尚未届满，则其不缴纳出资符合法律和公司章程规定，无需承担责任；如认缴时间届满仍未依法足额缴纳出资，原股东应承担相应责任。

在实务操作中，笔者建议应注意以下问题：

1. 在出资认缴期限届满时，股权出让方应确保已依法足额缴纳出资，通过间接出资或者非货币出资的，应确保有证据证明已出资到位，否则，即使其已经转让股权，其仍应当对未出资或出资不实的部分承担责任。

2. 股权受让方应进行尽职调查，核查股权转让方是否已经足额缴纳了出资。如出资认缴期限未届满，双方在议定股权转让款时应将出资款考虑在内。为避免争议，尽量在股权转让协议中明确股权出资义务的归属问题。

3. 对于公司和债权人来讲，若发现股东认缴期限已届满但仍未完成出资义务的情况，公司有权要求原股东对公司承担出资义务，债权人有权要求原股东对公司的债务不能清偿部分承担补充赔偿责任，还有权要求新股东承担连带责任。

法律规定

《中华人民共和国公司法》

第 28 条 股东应当按期足额缴纳公司章程中规定的各自所认缴的出资额。股东以货币出资的，应当将货币出资足额存入有限责任公司在银行开设的账户；以非货币财产出资的，应当依法办理其财产权的转移手续。

股东不按照前款规定缴纳出资的，除应当向公司足额缴纳外，还应当向已按期足额缴纳出资的股东承担违约责任。

《最高人民法院关于适用〈中华人民共和国公司法〉若干问题的规定（三）》

第 13 条 股东未履行或者未全面履行出资义务，公司或者其他股东请求其向公司依法全面履行出资义务的，人民法院应予支持。

公司债权人请求未履行或者未全面履行出资义务的股东在未出资本息范围内对公司债务不能清偿的部分承担补充赔偿责任的，人民法院应予支持；未履行或者未全面履行出资义务的股东已经承担上述责任，其他债权人提出相同请求的，人民法院不予支持。

股东在公司设立时未履行或者未全面履行出资义务，依照本条第一款或者第二款提起诉讼的原告，请求公司的发起人与被告股东承担连带责任的，人民法院应予支持；公司的发起人承担责任后，可以向被告股东追偿。

股东在公司增资时未履行或者未全面履行出资义务，依照本条第一款或者第二款提起诉讼的原告，请求未尽公司法第一百四十七条第一款规定的义务而使出资未缴足的董事、高级管理人员承担相应责任的，人民法院应予支持；董事、高级管理人员承担责任后，可以向被告股东追偿。

第18条 有限责任公司的股东未履行或者未全面履行出资义务即转让股权，受让人对此知道或者应当知道，公司请求该股东履行出资义务、受让人对此承担连带责任的，人民法院应予支持；公司债权人依照本规定第十三条第二款向该股东提起诉讼，同时请求前述受让人对此承担连带责任的，人民法院应予支持。

受让人根据前款规定承担责任后，向该未履行或者未全面履行出资义务的股东追偿的，人民法院应予支持。但是，当事人另有约定的除外。

29 分公司签订合同，总公司需承担责任吗？

案情简介

2016年7月，某设备公司与某消防公司云南分公司签订产品购销合同，某设备公司依约向某消防公司云南分公司供应了价值125万元的消防器材，但某消防公司云南分公司仅支付了25万元货款，经某设备公司多次催要均不予支付。某设备公司起诉至法院，请求判令某消防公司云南分公司和某消防公司连带支付拖欠的货款100万元和利息。

法院经审理认为，某消防公司云南分公司对欠付货款100万元的事实无异议，本院予以确认并支持。对于逾期利息，因某消防公司云南分公司存在逾期付款的违约行为，给某设备公司造成了资金占用损失，故予以支持。关于某消防公司责任问题，《公司法》第14条规定："公司可以设立分公司。设立分公司，应当向公司登记机关申请登记，领取营业执照。分公司不具有法人资格，其民事责任由公司承担。"本案中，某消防公司作为某消防公司云南分公司的总公司，在分公司不能支付货款范围内承担补充支付责任。法院遂判决：（1）某消防公司云南分公司于本判决生效之日起10日内支付某设备公司货款100万元及利息；（2）某消防公司对上述货款及利息承担补充支付责任。

律师提示

分公司本身不具备法人资格，仅仅是总公司的分支机构。但在实务中，分公司经登记并领取营业执照，可开设银行账户，有自己相对独立的财产，在营业范围内对外从事经营活动。分公司以自身名义签订合同，若分公司违约，总公司需要承担法律责任吗？

根据《民法典》第74条第2款规定，分支机构可以自己的名义从事民事活动。《民事诉讼法》第48条规定，公民、法人和其他组织可以作为民事诉讼的当事人。《关于适用〈中华人民共和国民事诉讼法〉的解释》第52条规定，其他组织包括依法设立并领取营业执照的法人的分支机构。因此，分公司可以自身名义从事签订合同等民事活动。

对于分公司和总公司的责任承担问题，存在以下三种观点：

第一种观点认为，根据《公司法》第14条“分公司不具有法人资格，其民事责任由公司承担”的规定，分公司不能自行承担民事责任，分公司经营所产生的民事责任只能由总公司承担。

第二种观点认为，分公司虽不具有法人资格，但不能否认存在有自己财产的分公司，在分公司财产情况尚不明确的前提下，为保障债权人权益，应判决分公司和总公司承担连带清偿责任，或者共同支付责任。

第三种观点认为，分公司虽不具有法人资格，但如果分公司系依法设立，有一定的组织机构和财产，由其经营所产生的债权债务原则上由自己承担，在分公司无法承担时，债权人也可以要求总公司承担补充清偿责任。

《民法典》第14条第2款规定：“分支机构以自己的名义从事民事活动，产生的民事责任由法人承担；也可以先以该分支机构管理的财产承担，不足以承担的，由法人承担。”因此，在实务中，已基本达成先由分公司承担，不足部分由总公司补充清偿的责任承担共识。

综上，发生类似争议时，应将分公司和总公司列为共同被告，并明确由总公司承担补充清偿责任，不宜仅起诉分公司或总公司。当然，被告为保险公司或银行等金融机构分支机构的除外。

法律规定

《中华人民共和国公司法》

第14条 公司可以设立分公司。设立分公司，应当向公司登记机关申请登记，领取营业执照。分公司不具有法人资格，其民事责任由公司承担。

公司可以设立子公司，子公司具有法人资格，依法独立承担民事责任。

《中华人民共和国民法典》

第74条 法人可以依法设立分支机构。法律、行政法规规定分支机构应当登记的，依照其规定。

分支机构以自己的名义从事民事活动，产生的民事责任由法人承担；也可以先以该分支机构管理的财产承担，不足以承担的，由法人承担。

《中华人民共和国民事诉讼法》

第48条 公民、法人和其他组织可以作为民事诉讼的当事人。

法人由其法定代表人进行诉讼。其他组织由其主要负责人进行诉讼。

《最高人民法院关于适用〈中华人民共和国民事诉讼法〉的解释》

第52条 民事诉讼法第四十八条规定的其他组织是指合法成立、有一定的组织机构和财产，但又不具备法人资格的组织，包括：

（一）依法登记领取营业执照的个人独资企业；

（二）依法登记领取营业执照的合伙企业；

（三）依法登记领取我国营业执照的中外合作经营企业、外资企业；

（四）依法成立的社会团体的分支机构、代表机构；

（五）依法设立并领取营业执照的法人的分支机构；

（六）依法设立并领取营业执照的商业银行、政策性银行和非银行金融机构的分支机构；

（七）经依法登记领取营业执照的乡镇企业、街道企业；

（八）其他符合本条规定条件的组织。

30 注销公司能逃避债务吗？

案情简介

2013年5月21日，张某与某公司签订购销合同，合同约定某公司向张某购买变压器等43万元货物。张某按约交付货物并调试完毕，某公司仅支付了10万元，剩余尾款33万元至今未付。某公司经股东会决议解散后，由公司股东王某和徐某组成清算组，向某工商局提交了清算报告，在报纸上刊登了注销公告。2016年3月16日，某工商局准予某公司注销登记。张某诉至法院，请求王某和徐某支付货物尾款33万元及利息。

王某和徐某辩称，清算组已依法刊登注销公告，公司注销程序合法，某工商局已准予注销登记。某公司注销后，公司和股东都不应再承担责任。

法院经审理认为，《公司法》第185条第1款规定，清算组应当自成立之日起10日内通知债权人，并于60日内在报纸上公告。《最高人民法院关于适用〈中华人民共和国公司法〉若干问题的规定（二）》第19条规定："有限责任公司的股东、股份有限公司的董事和控股股东，以及公司的实际控制人在公司解散后，恶意处置公司财产给债权人造成损失，或者未经依法清算，以虚假的清算报告骗取公司登记机关办理法人注销登记，债权人主张其对公司债务承担相应赔偿责任的，人民法院应依法予以支持。"某公司清算报告载明的公司"负债总额为0"的内容与事实不符，且王某和徐某作为公司股东对欠付货款知道且应当知道。同时，某公司清算组在清算过程中，未按法律规定通知已知债权人张某，导致其未能在清算过程中得到清偿，王某和徐某作为公司股东及清算组成员，应承担相应的赔偿责任。法院遂支持了张某的诉讼请求。

律师提示

中小企业经营不善导致对外负债，股东通过不通知债权人、提供虚假清算报告等方式，企图悄无声息地"合法"注销公司。这种操作能否达到逃避法律责任的目的呢？

根据《公司法》第180条和第183条的规定，股东会可以决议解散公司，解散公司应成立清算组，有限责任公司的清算组由股东组成。公司清算结束后，清算组应当制作清算报告，报股东会确认，报送公司登记机关后可申请注销公司。可见，公司股东意图注销公司，从程序和形式上是没有任何障碍的。

根据《公司法》第185条的规定，清算组应当自成立之日起10日内将公司解散清算事宜书面通知全体已知债权人，并于60日内在报纸上公告，以使债权人能够向清算组申报债权。作为清算组成员的股东为逃避责任，一般不会书面通知债权人，而是选择直接公告。债权人实际上很难知晓公告事宜，未能申报债权公司即被注销。根据《最高人民法院关于适用〈中华人民共和国公司法〉若干问题的规定（二）》第11条的规定，由于未通知导致债权人未及时申报债权而未获清偿，债权人主张清算组成员对因此造成的损失承担赔偿责任的，人民法院应依法予以支持。

公司清算结束后，清算组制作清算报告并报送市场监督管理部门，清算报告应如实记载债权债务情况。如股东欲逃避债务，清算报告中的负债一般均虚假表述为零。根据《最高人民法院关于适用〈中华人民共和国公司法〉若干问题的规定（二）》第19条的规定，有限责任公司的股东、股份有限公司的董事和控股股东，以及公司的实际控制人在公司解散后，以虚假的清算报告骗取公司登记机关办理法人注销登记，债权人主张其对公司债务承担相应赔偿责任的，人民法院应依法予以支持。

另外，《关于全面推进企业简易注销登记改革的指导意见》明确了企业简易注销政策，领取营业执照后未开展经营活动、申请注销登记前未发生债权债务或已将债权债务清算完结的有限责任公司可采用简易注销程序。在办理简易注销程序时，一般需股东作出公司注销登记前未发生债权债务或已将债权债务清算完结的承诺书。如股东作出虚假承诺，根据《最高人民法院关于适用〈中华人民共和国公司法〉若干问题的规定（二）》第20条的规定，股东在公司登记机关办理注销登记时承诺对公司债务承担责任，债权人主张其对公司债务承担相应民事责任的，人民法院应依法予以支持。

综上，采用虚假或非法手段取得公司注销，并不能使股东逃避债务。根据法律规定，投资实缴到位的股东对公司债务不承担法律责任，因此，股东不必“自作聪明”，反而招致法律责任。

法律规定

《中华人民共和国公司法》

第183条 公司因本法第一百八十条第（一）项、第（二）项、第（四）项、第（五）项规定而解散的，应当在解散事由出现之日起十五日内成立清算组，开始清算。有限责任公司的清算组由股东组成，股份有限公司的清算组由董事或者股东大会确定的人员组成。逾期不成立清算组进行清算的，债权人可以申请人民法院指定有关人员组成清算组进行清算。人民法院应当受理该申请，并及时组织清算组进行清算。

第185条 清算组应当自成立之日起十日内通知债权人，并于六十日内在报纸上公告。债权人应当自接到通知书之日起三十日内，未接到通知书的自公告之日起四十五日内，向清算组申报其债权。

债权人申报债权，应当说明债权的有关事项，并提供证明材料。清算组应当对债权进行登记。

在申报债权期间，清算组不得对债权人进行清偿。

《最高人民法院关于适用〈中华人民共和国公司法〉若干问题的规定（二）》

第11条 公司清算时，清算组应当按照公司法第一百八十五条的规定，将公司解散清算事宜书面通知全体已知债权人，并根据公司规模和营业地域范围在全国或者公司注册登记地省级有影响的报纸上进行公告。

清算组未按照前款规定履行通知和公告义务，导致债权人未及时申报债权而未获清偿，债权人主张清算组成员对因此造成的损失承担赔偿责任的，人民法院应依法予以支持。

第15条 公司自行清算的，清算方案应当报股东会或者股东大会决议确认；人民法院组织清算的，清算方案应当报人民法院确认。未经确认的清算方案，清算组不得执行。

执行未经确认的清算方案给公司或者债权人造成损失，公司、股东、董事、公司其他利害关系人或者债权人主张清算组成员承担赔偿责任的，人民法院应依法予以支持。

第19条 有限责任公司的股东、股份有限公司的董事和控股股东，以及公司的实际控制人在公司解散后，恶意处置公司财产给债权人造成损失，或者未经依法清算，以虚假的清算报告骗取公司登记机关办理法人注销登记，债权人主张其对公司债务承担相应赔偿责任的，人民法院应依法予以支持。

第 20 条 公司解散应当在依法清算完毕后，申请办理注销登记。公司未经清算即办理注销登记，导致公司无法进行清算，债权人主张有限责任公司的股东、股份有限公司的董事和控股股东，以及公司的实际控制人对公司债务承担清偿责任的，人民法院应依法予以支持。

公司未经依法清算即办理注销登记，股东或者第三人在公司登记机关办理注销登记时承诺对公司债务承担责任，债权人主张其对公司债务承担相应民事责任的，人民法院应依法予以支持。

合同管理篇

31 民事合同中约定罚款是否有效?

案情简介

2016 年 10 月，某工程公司（乙方）与某房地产公司（甲方）签订了酒店机电安装工程施工合同，双方在合同中就工期、质量标准、承包方式及工程款支付的方式、违约等事项进行了约定。其中 8.1 条约定：“甲方不按时支付乙方工程进度款，甲方按该分项工程进度款每天 1‰的罚款给乙方。”因某房地产公司未依约支付工程款，某工程公司向法院起诉，请求支付工程款项 705 万元及自逾期之日起按每天 1‰的标准计算至付清之日止的罚款。

某房地产公司答辩称，我公司认可欠付工程款，但罚款属于行政处罚的种类，依照《行政处罚法》第 15 条规定，行政处罚的主体只能是行政机关或者受委托的单位。双方签订罚款类合同条款违反法律的强制性规定和禁止性规定，属于无效合同条款，我公司不应支付罚款，且该罚款计算标准过高。

法院经审理认为，双方约定的罚款属于违约金性质，且是双方真实意思的表示，应属合法有效。在审查合同时，应充分尊重当事人意思自治，维护交易秩序稳定，倡导诚实守信的价值，公平合理的原则。某房地产公司未按合同约定支付工程款，按合同 8.1 条约定，应按每天 1‰的标准计算罚款。某房地产公司认为罚款标准过高，对此应承担举证责任。本案是建设工程施工合同纠纷，而非借贷纠纷，不能简单比对同期银行贷款利率计算标准来衡量违约金的高低，本院对某房地产公司主张罚款无效、标准过高的意见，不予采纳。法院遂支持了某工程公司的诉讼请求。

律师提示

在民事合同中，特别是在建设工程施工合同中约定“罚款”条款的现象非常普遍，这样的约定是否有法律效力呢?

一般认为，根据《行政处罚法》第 9 条的规定，罚款是行政处罚种类之一。

行政处罚由具有行政处罚权的行政机关在法定职权范围内实施，平等的民事主体之间无权进行罚款。因此，民事合同中的属于行政管理性质的罚款或一方滥用优势地位进行的罚款应属无效。

在民事合同中还有违约金性质的罚款，即约定一方违约给另一方造成了相应经济损失应支付罚款，如迟延支付合同价款、延误工期、工程质量问题等情形，尽管表述为“罚款”，但其实质上是违约金，属合法有效。当事人要求对罚款数额进行调整的，司法机关可按照《民法典》第585条的规定予以处理。

综上，民事合同中违约责任应一律表述为“违约金”，避免出现“罚款”等行政领域的词汇，以免产生不必要的纠纷。如约定了“罚款”，则应根据其性质来判断其法律效力。

法律规定

《中华人民共和国行政处罚法》

第9条 行政处罚的种类：

（一）警告、通报批评；

（二）罚款、没收违法所得、没收非法财物；

（三）暂扣许可证件、降低资质等级、吊销许可证件；

（四）限制开展生产经营活动、责令停产停业、责令关闭、限制从业；

（五）行政拘留；

（六）法律、行政法规规定的其他行政处罚。

《中华人民共和国民法典》

第285条 物业服务企业或者其他管理人根据业主的委托，依照本法第三编有关物业服务合同的规定管理建筑区划内的建筑物及其附属设施，接受业主的监督，并及时答复业主对物业服务情况提出的询问。

物业服务企业或者其他管理人应当执行政府依法实施的应急处置措施和其他管理措施，积极配合开展相关工作。

32 为偷逃税款签订的“阴阳合同”效力如何？

案情简介

2016年6月6日，某投资公司为整体收购某销售公司，与某销售公司及其股东张某和王某签订股权转让协议，约定张某和王某将持有某销售公司的100%股权转让给某投资公司，转让价款为200万元。协议签订后，某投资公司依约支付了转让价款200万元，各方办理了股权变更登记手续。但是，各方为了规避税收，在办理股权变更登记时，向登记机关提供了股权转让价款记载为50万元的股权转让合同。2017年5月，某投资公司以股权转让协议内容偷逃税款违法、损害国家利益为由向法院起诉，请求确认股权转让协议无效，由张某和王某向某投资公司退还股权转让价款200万元及相应利息。

法院经审理认为，股权转让协议由双方平等自愿签订，是双方真实意思的表示，未违反法律法规的禁止性规定，应属合法有效。张某、王某与某投资公司在转让过程中应当依法缴纳各种税收，若存在逃税行为，税务机关可以依法追缴或进行相关处罚，但并不导致合同无效。法院遂驳回了某投资公司的诉讼请求。

律师提示

“阴阳合同”是合同当事人就同一事项订立的两个合同，阴合同是当事人实际履行的合同，但仅是当事人私下的“抽屉协议”，不对外公布；阳合同是当事人为了备案、报批等目的签订的合同，但当事人不实际履行的合同。

“阴阳合同”效力的认定一般以双方真实意思表示为判断标准。“阳合同”不是当事人的真实意思表示而不发生效力，“阴合同”是当事人的真实意思表示，受法律保护。根据原合同法的规定，阳合同的价格条款以合法形式掩盖逃税的非法目的，损害了国家税收利益，违反法律、行政法规的强制性规定而无效。《民法典》删除了该规定，但根据《民法典》第132条和153条的规定，民事主体不得滥用民事权利损害国家利益、社会公共利益或者他人合法权益，该行为属于违背公序良俗的民事法律行为而无效。

当然，认可“阴合同”之法律效力并非对违法行为的纵容，而是司法机关为维护市场交易秩序而作出的理性裁判。司法机关在肯定了“阴合同”法律效力的同时，实际上也否定了“阳合同”的法律效力，当事人的偷逃税款等违法行为将受到罚款、拘留等行政处罚，甚至将被追究刑事责任。

法律规定

《中华人民共和国民法典》

第132条 民事主体不得滥用民事权利损害国家利益、社会公共利益或者他人合法权益。

第143条 具备下列条件的民事法律行为有效：

（一）行为人具有相应的民事行为能力；

（二）意思表示真实；

（三）不违反法律、行政法规的强制性规定，不违背公序良俗。

第153条 违反法律、行政法规的强制性规定的民事法律行为无效。但是，该强制性规定不导致该民事法律行为无效的除外。

违背公序良俗的民事法律行为无效。

第154条 行为人与相对人恶意串通，损害他人合法权益的民事法律行为无效。

第534条 对当事人利用合同实施危害国家利益、社会公共利益行为的，市场监督管理和其他有关行政主管部门依照法律、行政法规的规定负责监督处理。

《中华人民共和国税收征收管理法》

第63条 纳税人伪造、变造、隐匿、擅自销毁账簿、记账凭证，或者在账簿上多列支出或者不列、少列收入，或者经税务机关通知申报而拒不申报或者进行虚假的纳税申报，不缴或者少缴应纳税款的，是偷税。对纳税人偷税的，由税务机关追缴其不缴或者少缴的税款、滞纳金，并处不缴或者少缴的税款百分之五十以上五倍以下的罚款；构成犯罪的，依法追究刑事责任。

扣缴义务人采取前款所列手段，不缴或者少缴已扣、已收税款，由税务机关追缴其不缴或者少缴的税款、滞纳金，并处不缴或者少缴的税款百分之五十以上五倍以下的罚款；构成犯罪的，依法追究刑事责任。

33 “私刻”企业公章有法律效力吗?

案情简介

2015年6月6日，梁某与张某协商，将某二级公路段施工分包给张某进行施工，张某按比例向梁某支付管理费，梁某向张某出具盖有某工程建设公司编号为B的印章后，双方以个人名义签订了工程施工协议。张某在工程完工后未收到工程款项，遂向法院起诉要求梁某和某工程建设公司支付工程款3000万元。某工程建设公司辩称其备案公章为编号为A的印章，编号为B的印章系伪造，工程施工协议非其真实意思表示，对其没有约束力，其不应承担法律责任。

经法院另行查明，某工程建设公司参加另案诉讼时，提供的企业法人营业执照、组织机构代码证复印件均盖有编号为B的印章，其对该公章的使用亦未提出异议。

法院经审理认为，公司对外使用的公章只要在某一交易或诉讼中承认其效力，则不论该公章是否经公司授权、是否系他人私刻甚至伪造、是否进行工商备案，均不得在另一交易或诉讼中否定其效力。法院据此支持了张某的诉讼请求。

律师提示

在建筑施工领域，非法转包方或挂靠方为便于操作，常常会私刻公章进行使用，而在发生纠纷时，又想要“小聪明”以非备案公章为由推卸责任，但却无法得到司法机关的支持。

根据《国务院关于国家行政机关和企业事业单位社会团体印章管理的规定》的规定，印章应到当地公安机关指定的刻章单位刻制，但其无权否定企业使用未经批准备案的“私刻公章”的法律效力。企业使用或者认可使用非备案公章效力后，再无权对其非备案公章的使用效力作出选择性认可。

根据《全国法院民商事审判工作会议纪要》的相关规定，在判断加盖假公章民事行为的效力时，应以签约人是否有授权或代表权为准，签约人有权签订合同，则不论公章真假，合同都应该有效成立，即“认人不认章”的裁判规则。

对于私刻印章的行为，人民法院在审理案件时，应当主要审查签约人于盖章之时有无代表权或者代理权，从而根据代表或者代理的相关规则来确定合同的效力。法定代表人或者其授权之人在合同上加盖法人公章的行为，表明其是以企业名义签订合同，除《公司法》第16条等法律对其职权有特别规定的情形外，应当由企业承担相应的法律后果。企业以法定代表人事后已无代表权、加盖的是假章、所盖之章与备案公章不一致等为由否定合同效力的，人民法院不予支持。

代理人以被代理人名义签订合同，要取得合法授权。代理人取得合法授权后，以被代理企业名义签订的合同，应当由被代理企业承担责任。被代理企业以代理人事后已无代理权、加盖的是假章、所盖之章与备案公章不一致等为由否定合同效力的，人民法院不予支持。

因此，在讨论私刻公章效力时，可参考适用表见代理的规定，更重要的是，要对签约人代表权和代理权的确认。

法律规定

《中华人民共和国民法典》

第171条 行为人没有代理权、超越代理权或者代理权终止后，仍然实施代理行为，未经被代理人追认的，对被代理人不发生效力。

相对人可以催告被代理人自收到通知之日起三十日内予以追认。被代理人未作表示的，视为拒绝追认。行为人实施的行为被追认前，善意相对人有撤销的权利。撤销应当以通知的方式作出。

行为人实施的行为未被追认的，善意相对人有权请求行为人履行债务或者就其受到的损害请求行为人赔偿。但是，赔偿的范围不得超过被代理人追认时相对人所能获得的利益。

相对人知道或者应当知道行为人无权代理的，相对人和行为人按照各自的过错承担责任。

第172条 行为人没有代理权、超越代理权或者代理权终止后，仍然实施代理行为，相对人有理由相信行为人有代理权的，代理行为有效。

《国务院关于国家行政机关和企业事业单位社会团体印章管理的规定》

23. 印章制发机关应规范和加强印章制发的管理，严格办理程序和审批手续。国家行政机关和企业事业单位、社会团体刻制印章，应到当地公安机关指定的刻章单位刻制。

25. 国家行政机关和企业事业单位、社会团体必须建立健全印章管理制度，加强用印管理，严格审批手续。未经本单位领导批准，不得擅自使用单位印章。

26. 对伪造印章或使用伪造印章者，要依照国家有关法规查处。如发现伪造印章或使用伪造印章者，应及时向公安机关或印章所刊名称单位举报。具体的印章社会治安管理办法，由公安部会同有关部门制定。

《全国法院民商事审判工作会议纪要》

41.【盖章行为的法律效力】司法实践中，有些公司有意刻制两套甚至多套公章，有的法定代表人或者代理人甚至私刻公章，订立合同时恶意加盖非备案的公章或者假公章，发生纠纷后法人以加盖的是假公章为由否定合同效力的情形并不鲜见。人民法院在审理案件时，应当主要审查签约人于盖章之时有无代表权或者代理权，从而根据代表或者代理的相关规则来确定合同的效力。

法定代表人或者其授权之人在合同上加盖法人公章的行为，表明其是以法人名义签订合同，除《公司法》第16条等法律对其职权有特别规定的情形外，应当由法人承担相应的法律后果。法人以法定代表人事后已无代表权、加盖的是假章、所盖之章与备案公章不一致等为由否定合同效力的，人民法院不予支持。

代理人以被代理人名义签订合同，要取得合法授权。代理人取得合法授权后，以被代理人名义签订的合同，应当由被代理人承担责任。被代理人以代理人事后已无代理权、加盖的是假章、所盖之章与备案公章不一致等为由否定合同效力的，人民法院不予支持。

34 合同生效条件应为“签名盖章”还是“签名、盖章”？

案情简介

2016年6月6日，张某与A公司签订股权转让协议，约定A公司将其持有的B公司100%股权转让给张某，转让价款为1000万元，其中第9条约定：“本协议自双方签字、盖章时生效”。协议签订时有张某和A公司法定代表人签字，但无A公司盖章。协议签订后，张某依约支付了转让价款1000万元，但因B公司的业务发展得红红火火，股权价值大幅上升（至起诉之日已价值5000万元），A公司拒绝进行股权变更。

2018年4月，张某向法院起诉，要求A公司继续履行合同并办理股权变更手续。法院经审理认为，股权转让协议中的“签字、盖章”中的顿号，表示签字和盖章之间是并列关系，只有在签字和盖章同时具备的情形下，协议才生效。本案中只有法定代表人签字但没有公司盖章，股权转让协议并未生效，遂驳回了张某的诉讼请求。

律师提示

“签名”和“盖章”作为合同生效条件是合同条款的常见方式，但中小企业在签订合同时并不理解其真正含义，由此带来很大法律风险。

《民法典》第190条第1款规定，当事人采用合同书形式订立合同的，自当事人均签名、盖章或者按指印时合同成立。

经笔者分析研究，“签名”和“盖章”不同表述时，存在以下不同含义：

1. 未作约定时，合同自签名或盖章时生效

合同条款对于生效条件未作约定时，依据《民法典》第490条第1款“当事人采用合同书形式订立合同的，自当事人均签名、盖章或者按指印时合同成立”的规定，第502条“依法成立的合同，自成立时生效”的规定，合同自签名或盖

章时成立并生效。

2. “签名盖章”一般指签名或盖章时生效

根据最高人民法院的相关判例，“签名盖章”一般指签字或盖章时生效。为避免争议，笔者建议应直接书写为“合同自签名或盖章之日起生效”。

3. “签名、盖章”一般指签名并盖章时生效

“签名、盖章”表示签名和盖章之间是并列关系，只有在签名和盖章同时具备的情形下，协议才生效。为避免争议，笔者建议应直接书写为“合同自签名并盖章之日起生效”。

当然，依据《民法典》第490条第1款“在签名、盖章或者按指印之前，当事人一方已经履行主要义务，对方接受时，该合同成立”的规定，如合同当事人以实际行动履行了合同权利和义务，则一般应视为合同成立并生效，而不能以书面约定为由否认合同的效力。

综上，中小企业应根据实际情况和目的设定合同生效条件。同时，笔者建议直接使用“签名或盖章”或“签名并盖章”的表述，以免合同当事人对合同生效条件有不同理解，产生不必要的风险。

法律规定

《中华人民共和国民法典》

第490条 当事人采用合同书形式订立合同的，自当事人均签名、盖章或者按指印时合同成立。在签名、盖章或者按指印之前，当事人一方已经履行主要义务，对方接受时，该合同成立。

法律、行政法规规定或者当事人约定合同应当采用书面形式订立，当事人未采用书面形式但是一方已经履行主要义务，对方接受时，该合同成立。

第491条 当事人采用信件、数据电文等形式订立合同要求签订确认书的，签订确认书时合同成立。

当事人一方通过互联网等信息网络发布的商品或者服务信息符合要约条件的，对方选择该商品或者服务并提交订单成功时合同成立，但是当事人另有约定的除外。

第493条 当事人采用合同书形式订立合同的，最后签名、盖章或者按指印的地点为合同成立的地点，但是当事人另有约定的除外。

第502条 依法成立的合同，自成立时生效，但是法律另有规定或者当事人另有约定的除外。

依照法律、行政法规的规定，合同应当办理批准等手续的，依照其规定。未办理批准等手续影响合同生效的，不影响合同中履行报批等义务条款以及相关条款的效力。应当办理申请批准等手续的当事人未履行义务的，对方可以请求其承担违反该义务的责任。

依照法律、行政法规的规定，合同的变更、转让、解除等情形应当办理批准等手续的，适用前款规定。

35 生效法律文书必然产生物权变动效力吗？

案情简介

2016年8月，某工程公司承建某汽车销售公司4S店工程，工程完工后某汽车销售公司无法依约支付工程款，某工程公司起诉至法院。诉讼过程中，双方自愿达成协议，某汽车销售公司以4S店折价1000万元抵偿所欠某工程公司工程款，并经法院出具《调解书》。另外，因该4S店建在集体土地上，无法办理房屋登记手续。

2017年5月，某经贸公司擅自进入4S店进行经营。某工程公司起诉至法院要求某经贸公司搬离4S店，并支付侵占期间的租金损失。

法院经审理认为，《调解书》只是当事人之间用协议折价方式实现建筑物优先受偿权的确认，当事人双方没有办理相应的物权登记手续，4S店所有权没有发生转移。本案中，某工程公司要求排除妨碍的前提是其享有对该4S店的物权，但因其不享有4S店物权，法院遂不支持其诉求。

律师提示

《民法典》第229条规定："因人民法院、仲裁机构的法律文书或者人民政府的征收决定等，导致物权设立、变更、转让或者消灭的，自法律文书或者征收决定等生效时发生效力。"因此，很多专业人士认为生效法律文书即可引起物权的变动，据此设计诉讼策略或交易结构，但风险随之而来。

由于对能引起物权变动的法律文书理解存在差异，《最高人民法院关于适用〈中华人民共和国民法典〉物权编的解释（一）》第7条对能引起物权变动的法律文书作出限缩性规定，只有人民法院、仲裁机构在分割共有不动产或者动产等案件中作出并依法生效的改变原有物权关系的判决书、裁决书、调解书，以及人民法院在执行程序中作出的拍卖成交裁定书、以物抵债裁定书，才能被认定为"导致物权设立、变更、转让或者消灭的人民法院、仲裁委员会的法律文书"。

从司法实践来看，法院对于生效法律文书引起物权变动的认定愈加审慎，以物抵债、非分割财产案件、执行和解等形成判决书、裁决书、调解书一般很难认定引起物权变动。当事人不享有物权，则无法主张基于物权的排除妨碍、返还原物、占有等权利。

法律规定

《中华人民共和国民法典》

第229条 因人民法院、仲裁机构的法律文书或者人民政府的征收决定等，导致物权设立、变更、转让或者消灭的，自法律文书或者征收决定等生效时发生效力。

《最高人民法院关于适用〈中华人民共和国民法典〉物权编的解释（一）》

第7条 人民法院、仲裁机构在分割共有不动产或者动产等案件中作出并依法生效的改变原有物权关系的判决书、裁决书、调解书，以及人民法院在执行程序中作出的拍卖成交裁定书、变卖成交裁定书、以物抵债裁定书，应当认定为民法典第二百二十九条所称导致物权设立、变更、转让或者消灭的人民法院、仲裁机构的法律文书。

第8条 依据民法典第二百二十九条至第二百三十一条规定享有物权，但尚未完成动产交付或者不动产登记的权利人，依据民法典第二百三十五条至第二百三十八条的规定，请求保护其物权的，应予支持。

36 解除合同应注意哪些问题？

案情简介

2014年5月1日，昆明某商贸公司、贾某（甲方）与张某（乙方）签订股权转让合同，其中约定：甲方将其持有的昆明某商贸公司的全部股权转让给乙方，转让价款为500万元，乙方应于2014年5月31日前一次性支付股权转让款，乙方如逾期支付前述价款超过3个月以上，甲方有权终止本合同。至2014年10月，乙方未依约付款，甲方起诉至法院要求解除股权转让合同，退款并承担违约责任。2014年10月20日，张某收到法院起诉状。

庭审中，甲乙双方均同意合同解除，但对合同解除的时间节点发生了争议。张某认为合同于2014年6月1日解除（合同约定的解除条件达成时），而贾某则认为在起诉时合同解除。

经两审法院终审认定，股权转让合同的解除时间为2014年10月20日（收到诉状时）。

律师提示

合同解除权作为形成权，它不需要征得对方的同意，仅凭单方的意思表示就可以发生合同解除的法律后果。笔者认为，合同解除应注意以下几点：

1. 合同解除分为法定解除和约定解除两种。法定解除规定在《民法典》第563条中，符合法定条件的，解除权人可行使合同解除权。但因法定解除条件规定不具体，实践中操作起来较为困难，因此，建议当事人应在合同中约定合同解除条件即约定解除的情形。

2. 合同解除条件达成并不意味着合同自然解除，很多当事人均有这个误解。根据《民法典》第565条之规定，合同自通知到达对方时解除。合同解除条件达成后，笔者建议通过书面方式向违约方送达解除通知。当事人没有约定解除权行使期限，自解除权人知道或者应当知道解除事由之日起1年内不行使，或者经对方催告后在合理期限内不行使的，解除权也归于消灭。

3. 如果没有约定送达条款，违约方拒绝或逃避送达的，合同解除通知的送达会存在困难和瑕疵，合同将无法解除。因此，笔者建议在约定解除的同时，应约定送达条款，如此才能避免无法送达的尴尬。

4. 合同解除的行使方式，一般采用“合同解除通知书”的形式进行，按照双方约定通过当面送达、邮寄送达等方式进行，如果一方认为对合同解除效力有异议，可要求法院确认合同解除合法性。

因此，为避免不必要的麻烦，合同解除也可以通过诉讼或仲裁的方式解除。民法典施行前，对于通过诉讼或仲裁方式解除合同时，对于合同解除的时间点存在争议。《民法典》第565条第2款规定：“当事人一方未通知对方，直接以提起诉讼或者申请仲裁的方式依法主张解除合同，人民法院或者仲裁机构确认该主张的，合同自起诉状副本或者仲裁申请书副本送达对方时解除。”正式确定了通过诉讼或仲裁方式解除合同的，合同自起诉状副本或者仲裁申请书副本送达对方时解除。

法律规定

《中华人民共和国民法典》

第562条 当事人协商一致，可以解除合同。

当事人可以约定一方解除合同的事由。解除合同的事由发生时，解除权人可以解除合同。

第563条 有下列情形之一的，当事人可以解除合同：

（一）因不可抗力致使不能实现合同目的；

（二）在履行期限届满前，当事人一方明确表示或者以自己的行为表明不履行主要债务；

（三）当事人一方迟延履行主要债务，经催告后在合理期限内仍未履行；

（四）当事人一方迟延履行债务或者有其他违约行为致使不能实现合同目的；

（五）法律规定的其他情形。

以持续履行的债务为内容的不定期合同，当事人可以随时解除合同，但是应当在合理期限之前通知对方。

第564条 法律规定或者当事人约定解除权行使期限，期限届满当事人不行使的，该权利消灭。

法律没有规定或者当事人没有约定解除权行使期限，自解除权人知道或者应当知道解除事由之日起一年内不行使，或者经对方催告后在合理期限内不行使的，该权利消灭。

第565条 当事人一方依法主张解除合同的，应当通知对方。合同自通知到达对方时解除；通知载明债务人在一定期限内不履行债务则合同自动解除，债务人在该期限内未履行债务的，合同自通知载明的期限届满时解除。对方对解除合同有异议的，任何一方当事人均可以请求人民法院或者仲裁机构确认解除行为的效力。

当事人一方未通知对方，直接以提起诉讼或者申请仲裁的方式依法主张解除合同，人民法院或者仲裁机构确认该主张的，合同自起诉状副本或者仲裁申请书副本送达对方时解除。

37 购房合同解除，银行贷款仍要还吗？

案情简介

2013年12月，张某与某房地产公司签订《商品房预售合同》，约定某房地产公司于2014年6月31日前交付房屋。张某准备交房后即与女友结婚。合同签订后，张某向亲戚朋友借了30万元首付款，与某银行签订《个人住房借款担保合同》，向某银行办理了70万元的按揭贷款。手续办齐后，某房地产公司足额收到了购房款，张某每月向银行归还房贷月供。没想到，某房地产公司资金链断裂，整个楼盘烂尾，直至2016年5月仍未能交房。此时，张某女友因无房结婚已选择分手，而小张除要归还亲戚朋友的借款外，每月还要向银行归还房贷。张某无奈向法院起诉请求解除《商品房预售合同》和《个人住房借款担保合同》。

法院经审理认为，房地产公司逾期交房已构成根本违约，张某有权解除《商品房预售合同》。根据《最高人民法院关于审理商品房买卖合同纠纷案件适用法律若干问题的解释》第24条和第25条的规定，因商品房买卖合同被确认无效或者被撤销、解除，致使商品房担保合同的目的无法实现，当事人请求解除商品房担保贷款合同的，应予支持。商品房买卖合同被确认无效或者被撤销、解除后，商品房担保贷款合同也被解除的，出卖人应当将收受的购房贷款和购房款的本金及利息分别返还担保权人和买受人。因此，《个人住房借款担保合同》也应解除，某房地产公司应将首付款返还张某，并赔偿张某向银行支付的贷款利息，房地产公司应向某银行返还剩余贷款。张某无需再向银行还款。

律师提示

近年来，由于房地产市场异化，楼盘烂尾等事件层出不穷，老百姓苦不堪言。

由于按揭买房的买受人需要签订购房合同（商品房预售合同）、按揭贷款合同、抵押合同等，一般涉及三个主体，即开发商（出卖人）、购房人、银行，在三者之间形成了三个法律关系，即购房人与开发商之间的商品房买卖关系；购房人与银行之间的借款关系；开发商与银行之间的保证担保法律关系或者购房人与银行之间的抵押担保关系。

开发商逾期交房达到合同约定的解除条件时，购房人有权要求解除购房合同。购房合同和按揭贷款合同之间不是主从合同关系，但购房合同解除后，由于按揭贷款的目的已不能实现，购房人有权解除按揭贷款合同。商品房预售合同因开发商违约而解除的，开发商应将收取的全部房款，包括首付款和通过按揭贷款支付的房款全部返还购房人，并向其承担赔偿责任。

根据合同相对性，按揭贷款合同解除后，应由购房人（即贷款人）将购房贷款归还银行。但开发商往往已资不抵债，丧失向购房人返还购房款的偿债能力，购房人在既未取得所购房屋，亦未实际占有购房贷款的情况下向银行归还贷款，将明显不合理地加重购房人的责任。

为了减少不必要的麻烦和徒生的风险，也为了保护购房人的权益，依据《最高人民法院关于审理商品房买卖合同纠纷案件适用法律若干问题的解释》第21条第2款的规定，法院可突破合同相对性，直接判决开发商将按揭贷款及相应损失直接支付给银行，将首付款及相应损失支付给购房人。

法律规定

《中华人民共和国民法典》

第563条 有下列情形之一的，当事人可以解除合同：

（一）因不可抗力致使不能实现合同目的；

（二）在履行期限届满前，当事人一方明确表示或者以自己的行为表明不履行主要债务；

（三）当事人一方迟延履行主要债务，经催告后在合理期限内仍未履行；

（四）当事人一方迟延履行债务或者有其他违约行为致使不能实现合同目的；

（五）法律规定的其他情形。

以持续履行的债务为内容的不定期合同，当事人可以随时解除合同，但是应当在合理期限之前通知对方。

第566条 合同解除后，尚未履行的，终止履行；已经履行的，根据履行情况和合同性质，当事人可以请求恢复原状或者采取其他补救措施，并有权请求赔偿损失。

合同因违约解除的，解除权人可以请求违约方承担违约责任，但是当事人另有约定的除外。

主合同解除后，担保人对债务人应当承担的民事责任仍应当承担担保责任，但是担保合同另有约定的除外。

第567条 合同的权利义务关系终止，不影响合同中结算和清理条款的效力。

《最高人民法院关于审理商品房买卖合同纠纷案件适用法律若干问题的解释》

第20条 因商品房买卖合同被确认无效或者被撤销、解除，致使商品房担保贷款合同的目的无法实现，当事人请求解除商品房担保贷款合同的，应予支持。

第21条 以担保贷款为付款方式的商品房买卖合同的当事人一方请求确认商品房买卖合同无效或者撤销、解除合同的，如果担保权人作为有独立请求权第三人提出诉讼请求，应当与商品房担保贷款合同纠纷合并审理；未提出诉讼请求的，仅处理商品房买卖合同纠纷。担保权人就商品房担保贷款合同纠纷另行起诉的，可以与商品房买卖合同纠纷合并审理。

商品房买卖合同被确认无效或者被撤销、解除后，商品房担保贷款合同也被解除的、出卖人应当将收受的购房贷款和购房款的本金及利息分别返还担保权人和买受人。

38 自愿承担违约责任，可以任性违约吗？

案情简介

2015 年 12 月 10 日，贾某与张某签订二手房房屋买卖合同，将其名下房屋出售给张某。张某依约支付了首付款，但由于房价上涨迅猛，贾某宁愿承担违约责任也不愿再将该房屋销售给张某，因此，将购房首付款退回张某，并向张某额外支付了房屋价款 20% 的违约金。张某已于 2016 年 12 月 20 日实际接收涉案房屋并居住在内，不愿意解除合同。张某遂向法院提起诉讼，主张继续履行合同，贾某配合解除涉案房屋的抵押手续和协助办理过户手续，并承担违约金。

法院经审理认为，依法成立的合同，对当事人具有法律约束力。双方签订的二手房房屋买卖合同系双方真实意思表示且不违反法律法规的强制性规定，合法有效，双方均应依约行使权利并履行义务。在履约过程中，张某已依约支付首付款，贾某以退回已经收到首付款及支付违约金的行为表明其不再继续履行合同，存在违约行为。张某要求贾某继续履行合同，并协助其办理涉案房屋解押、过户登记的诉讼请求，应予支持。贾某不履行协助解除抵押和办理过户的义务属违约，应当承担违约责任。法院遂支持了张某的诉讼请求。

律师提示

很多中小企业客户有个疑问：自愿承担违约责任是不是就可以随意违约了？答案是否定的，本案中，贾某违约不成，还要赔上违约金，得不偿失。

《民法典》第 119 条规定，依法成立的合同，对当事人具有法律约束力。当事人应当按照约定履行自己的义务，不得擅自变更或者解除合同。依法成立的合同，受法律保护。法律保护守约方的利益，保护交易安全和稳定性，不轻易否定合同效力。

然而，不是所有的合同都能继续履行。如果存在《民法典》第 580 条所规定的法律上或者事实上不能履行，或者债务的标的不适于强制履行，或者履行费用过高等情形的，法院可能不支持继续履行合同，而是可以根据当事人的请求终止合同权利义务关系，但是不影响违约责任的承担。

当然，法律不允许违约方通过违约行为获得高额收益。在房屋买卖关系中，如果合同约定的违约金不足以弥补守约方的损失，守约方一般可要求违约方赔偿其房屋差价损失。房屋差价损失计算方法，可比照起诉时最相类似商品房的市场成交价格与买卖合同成交价之差计算；没有最相类似商品房比照的，可委托专业机构评估确定房屋涨跌损失。

法律规定

《中华人民共和国民法典》

第119条 依法成立的合同，对当事人具有法律约束力。

第465条 依法成立的合同，受法律保护。

依法成立的合同，仅对当事人具有法律约束力，但是法律另有规定的除外。

第580条 当事人一方不履行非金钱债务或者履行非金钱债务不符合约定的，对方可以请求履行，但是有下列情形之一的除外：

（一）法律上或者事实上不能履行；

（二）债务的标的不适于强制履行或者履行费用过高；

（三）债权人在合理期限内未请求履行。

有前款规定的除外情形之一，致使不能实现合同目的的，人民法院或者仲裁机构可以根据当事人的请求终止合同权利义务关系，但是不影响违约责任的承担。

《最高人民法院关于审理商品房买卖合同纠纷案件适用法律若干问题的解释》

第12条 当事人以约定的违约金过高为由请求减少的，应当以违约金超过造成的损失30%为标准适当减少；当事人以约定的违约金低于造成的损失为由请求增加的，应当以违约造成的损失确定违约金数额。

第13条 商品房买卖合同没有约定违约金数额或者损失赔偿额计算方法，违约金数额或者损失赔偿额可以参照以下标准确定：

逾期付款的，按照未付购房款总额，参照中国人民银行规定的金融机构计收逾期贷款利息的标准计算。

逾期交付使用房屋的，按照逾期交付使用房屋期间有关主管部门公布或者有资格的房地产评估机构评定的同地段同类房屋租金标准确定。

39 货物质量有问题该怎么处理？

案情简介

2015年5月4日，广州某公司与云南某公司签订统一销售合同，约定广州某公司向云南某公司销售冷水机组设备，合同价款为200万元，云南某公司预付合同价款的80%作为设备提货款，交货后设备安装调试合格10天内付至总额的95%，余款5%作为质保金于交货之日起12个月内付清。机组质量异议期为广州某公司发货之日起90天内。2018年8月20日，因云南某公司拖欠尾款一直未付，广州某公司起诉至法院，要求云南某公司支付货款10万元及逾期利息损失。

云南某公司辩称，广州某公司销售的冷水机组设备存在质量问题，在保修期内其多次进行了免费维修，保修期后仍在维修并收取了维修费用。现冷水机组设备因质量问题已无法使用，云南某公司不应向广州某公司支付尾款。

法院经审理后认为，维修记录只能证明广州某公司对设备进行正常的维修保养，不足以证明设备存在质量问题，而且合同约定设备的质量异议期为发货之日起90天内，云南某公司提出设备质量问题时已超过异议期，应承担不利后果。法院遂判决支持了广州某公司的诉讼请求。

律师提示

质量异议是货物买卖交易中非常重要的一环，但在实践中，当货物出现瑕疵或者质量问题时，中小企业往往只是要求卖方进行维修，怠于提出正式的书面质量异议，最后造成了不应有的法律后果或损失。

根据《民法典》第617条的规定，货物质量不符合约定或要求的，应当按照当事人的约定承担违约责任。对违约责任没有约定或者约定不明确，受损害方根据货物的性质以及损失的大小，可以合理选择要求对方承担修理、更换、重作、退货、减少价款等违约责任。因此，在本案中，如果云南某公司在质量异议期内及时提出质量异议，质量问题的抗辩得到法院认可的，其可要求减少价款（无需支付尾款）或退货。

买卖合同中，应明确约定货物的质量异议期，买方应当在检验期间内将货物质量不符合约定的情形通知卖方，买方怠于通知的，视为货物质量符合约定。如果没有约定质量异议期，买方应当在发现或者应当发现货物质量不符合约定的合理期间内通知卖方，买方在合理期间内未通知或者自货物收到之日起2年内未通知卖方的，也视为质量符合约定。“合理期间”应当综合当事人之间的交易性质、交易目的、交易方式、交易习惯、安装和使用情况、瑕疵的性质等合理因素，依据诚信原则进行判断。

实践中存在检验期、质量异议期、质保期、保修期等各类名词，容易引起混淆，笔者试图予以介绍和区分之。

1. 检验期。检验期是民法典明确表述的名词，一般指对标的物的数量、质量等内容进行检验的期限，在该期限内买方需要对数量和质量等内容进行核实并主张权利，怠于核实并提出权利主张，视为标的物符合合同约定，买方应依约全额付款。

2. 质量异议期。质量异议期可认为是检验期的一种，只是其检验的内容仅限于质量问题，其法律效果等同于检验期。

3. 质保期。质保期即质量保证期，与质量异议期内涵基本一致。有时也特指产品质量法中的责任问题，而且多指产品缺陷引起的侵权责任。

4. 保修期。保修期是质量三包（包修、包换、包退）中时常提到的名词，指货物出现质量问题时，买方可要求卖方予以免费维修的期限。

从笔者分析可知，以上几个概念在实践中很难进行区分。因此，笔者建议在合同中出现以上概念时，应对其进行定义，并明确其法律后果。比如在合同中明确货物的数量、质量等的检验标准，检验时限，提出异议的时限和途径，以及怠于检验和提出异议的法律后果，才能有效规避法律风险。

法律规定

《中华人民共和国民法典》

第582条 履行不符合约定的，应当按照当事人的约定承担违约责任。对违约责任没有约定或者约定不明确，依据本法第五百一十条的规定仍不能确定的，受损害方根据标的的性质以及损失的大小，可以合理选择请求对方承担修理、重作、更换、退货、减少价款或者报酬等违约责任。

第583条 当事人一方不履行合同义务或者履行合同义务不符合约定的，在履行义务或者采取补救措施后，对方还有其他损失的，应当赔偿损失。

第584条 当事人一方不履行合同义务或者履行合同义务不符合约定，造成对方损失的，损失赔偿额应当相当于因违约所造成的损失，包括合同履行后可以获得的利益；但是，不得超过违约一方订立合同时预见到或者应当预见到的因违约可能造成的损失。

第615条 出卖人应当按照约定的质量要求交付标的物。出卖人提供有关标的物质量说明的，交付的标的物应当符合该说明的质量要求。

第617条 出卖人交付的标的物不符合质量要求的，买受人可以依据本法第五百八十二条至第五百八十四条的规定请求承担违约责任。

第620条 买受人收到标的物时应当在约定的检验期限内检验。没有约定检验期限的，应当及时检验。

第621条 当事人约定检验期限的，买受人应当在检验期限内将标的物的数量或者质量不符合约定的情形通知出卖人。买受人怠于通知的，视为标的物的数量或者质量符合约定。

当事人没有约定检验期限的，买受人应当在发现或者应当发现标的物的数量或者质量不符合约定的合理期限内通知出卖人。买受人在合理期限内未通知或者自收到标的物之日起二年内未通知出卖人的，视为标的物的数量或者质量符合约定；但是，对标的物有质量保证期的，适用质量保证期，不适用该二年的规定。

出卖人知道或者应当知道提供的标的物不符合约定的，买受人不受前两款规定的通知时间的限制。

第622条 当事人约定的检验期限过短，根据标的物的性质和交易习惯，买受人在检验期限内难以完成全面检验的，该期限仅视为买受人对标的物的外观瑕疵提出异议的期限。

约定的检验期限或者质量保证期短于法律、行政法规规定期限的，应当以法律、行政法规规定的期限为准。

《最高人民法院关于审理商品房买卖合同纠纷案件适用法律若干问题的解释》

第12条 当事人以约定的违约金过高为由请求减少的，应当以违约金超过造成的损失30%为标准适当减少；当事人以约定的违约金低于造成的损失为由请求增加的，应当以违约造成的损失确定违约金数额。

第14条 由于出卖人的原因，买受人在下列期限届满未能取得不动产权属证书的，除当事人有特殊约定外，出卖人应当承担违约责任：

（一）商品房买卖合同约定的办理不动产登记的期限；

（二）商品房买卖合同的标的物为尚未建成房屋的，自房屋交付使用之日起90日；

（三）商品房买卖合同的标的物为已竣工房屋的，自合同订立之日起90日。

合同没有约定违约金或者损失数额难以确定的，可以按照已付购房款总额，参照中国人民银行规定的金融机构计收逾期贷款利息的标准计算。

第16条 出卖人与包销人订立商品房包销合同，约定出卖人将其开发建设的房屋交由包销人以出卖人的名义销售的，包销期满未销售的房屋，由包销人按照合同约定的包销价格购买，但当事人另有约定的除外。

40 买方耍赖说没收到货怎么办？

案情简介

某厂起诉至法院，诉称：2014 年 6 月 6 日起至 2014 年 11 月 20 日，某经营部多次向我厂购买已加工好的木方，由物流发货到某经营部所在场地。2015 年 10 月 26 日，某经营部向我厂出具欠条：今欠木材款 29 万元。2016 年 4 月 18 日，经双方协商，又现款现货交易了价值为 11 万元的木方。因此，我厂要求某经营部支付 29 万元货款。双方交易均没有签订书面的买卖合同。某厂提交了欠条、木材发料单、木材运输证、森林植物检疫管理信息系统、物流单等证据证明自己的主张。

某经营部辩称：双方核算签订欠条后，我经营部已向某厂支付了 11 万元，因此，我经营部只欠某厂 18 万元。某经营部提交了支付 11 万元的流水证明自己的主张。

法院经审理后认为，某厂承认收到 11 万元，主张该款项是现款现货交易的款项，但是其提交的物流单没有某经营部的人员签字或者盖章，木材发料单是其自己制作，木材运输证、森林植物检疫管理信息系统真实性本院认可，但亦无法证明某厂向某经营部发送了木材，且某经营部否认现款现货交易，依据《最高人民法院关于适用〈中华人民共和国民事诉讼法〉的解释》第 90 条之规定，某厂应承担举证不利的后果。法院遂判决某经营部向某厂支付 18 万元。

律师提示

中小企业在货物买卖中，卖方需要证明已经履行了供货义务，才能要求买方支付款项，特别是货物因需要运输等情形未直接交付，而买方否认收到货物时，卖方会承担很重的举证责任，如无法举证则可能承担败诉的不利后果。

本案中，某经营部客观上已经收到货物，但予以否认，而某厂也无法有效举证，因此，某厂损失了 11 万元的木方和少收了 11 万元的货款，“冤枉”地败诉。

在货物买卖交易中，除有交易习惯或者特别约定外，货物签收是认定卖方履行供货义务最重要的一个环节。如果买方签收了货物且验收符合约定，则需要向卖方支付货款，如果买方收货后发现质量问题，则卖方应根据约定承担违约责任。但在很多情形下，买方不会直接签收货物，因此，在买卖合同中约定签收负责人或者何种情况视为签收显得尤为重要。

如果双方没有书面买卖合同，那么供货单、运输单据、微信聊天记录、电话录音等均可以作为卖方已供货的证据，但前述证据常常并不能直接证明供货事实。因此，货物运输至买方后，卖方应及时跟进，通过书面记录让买方确认已收货，甚至让买方出具收到货物的确认函，才能有效规避风险。总之，如卖方证据存在缺陷时，仍应想办法说服法官根据“高度盖然性”原则做出对自己有利的判断。

另外，货物买卖中，卖方向买方开具发票的，发票和税款抵扣证明是证明双方交易的有利证据。但依据《最高人民法院关于审理商品房买卖合同纠纷案件适用法律若干问题的解释》第 5 条的规定，在买方否认收到货物的情况下，卖方提交增值税发票和税款抵扣证明作为供货证据，不足以单独证明已履行交货义务，应有其他证据作为佐证。

法律规定

《中华人民共和国民法典》

第 510 条 合同生效后，当事人就质量、价款或者报酬、履行地点等内容没有约定或者约定不明确的，可以协议补充；不能达成补充协议的，按照合同相关条款或者交易习惯确定。

第 511 条 当事人就有关合同内容约定不明确，依据前条规定仍不能确定的，适用下列规定：

（一）质量要求不明确的，按照强制性国家标准履行；没有强制性国家标准的，按照推荐性国家标准履行；没有推荐性国家标准的，按照行业标准履行；没有国家标准、行业标准的，按照通常标准或者符合合同目的的特定标准履行。

（二）价款或者报酬不明确的，按照订立合同时履行地的市场价格履行；依法应当执行政府定价或者政府指导价的，依照规定履行。

（三）履行地点不明确，给付货币的，在接受货币一方所在地履行；交付不动产的，在不动产所在地履行；其他标的，在履行义务一方所在地履行。

（四）履行期限不明确的，债务人可以随时履行，债权人也可以随时请求履行，但是应当给对方必要的准备时间。

（五）履行方式不明确的，按照有利于实现合同目的的方式履行。

（六）履行费用的负担不明确的，由履行义务一方负担；因债权人原因增加的履行费用，由债权人负担。

第603条 出卖人应当按照约定的地点交付标的物。

当事人没有约定交付地点或者约定不明确，依据本法第五百一十条的规定仍不能确定的，适用下列规定：

（一）标的物需要运输的，出卖人应当将标的物交付给第一承运人以运交给买受人；

（二）标的物不需要运输，出卖人和买受人订立合同时知道标的物在某一地点的，出卖人应当在该地点交付标的物；不知道标的物在某一地点的，应当在出卖人订立合同时的营业地交付标的物。

《最高人民法院关于适用〈中华人民共和国民事诉讼法〉的解释》

第90条 当事人对自己提出的诉讼请求所依据的事实或者反驳对方诉讼请求所依据的事实，应当提供证据加以证明，但法律另有规定的除外。

在作出判决前，当事人未能提供证据或者证据不足以证明其事实主张的，由负有举证证明责任的当事人承担不利的后果。

《最高人民法院关于审理商品房买卖合同纠纷案件适用法律若干问题的解释》

第5条 商品房的认购、订购、预订等协议具备《商品房销售管理办法》第十六条规定的商品房买卖合同的主要内容，并且出卖人已经按照约定收受购房款的，该协议应当认定为商品房买卖合同。

41 购房定金一定退不回来吗?

案情简介

2018 年 1 月 27 日，某商贸公司与某房地产公司签订房屋认购书，其中约定：购房人认购某小区 19 幢 1901－1904 号房屋，认购总价为 550 万元，签订认购书时付定金 20 万元。认购书签署后，购房人应在 2018 年 8 月 1 日前持本房屋认购书及相关材料至售楼处签约，购房人逾期未签约，房地产公司可将房屋另行处置，购房人所付定金不予退还。当日，某商贸公司依约支付了 20 万元定金。后因双方对赠送阳台问题无法达成一致意见，一直未签订正式的商品房买卖合同。2018 年 10 月 12 日，某房地产公司向某商贸公司发出通知，称其未依约签订商品房买卖合同已构成违约，20 万元定金不予返还。某商贸公司诉至法院，要求某房地产公司返还定金 20 万元。

法院经审理认为，某商贸公司与某房地产公司签订的认购书的性质为预约合同，是双方对交易房屋相关事宜的初步确认，但对交房时间、办证时间、违约责任等影响交易的重要内容没有明确约定，不能认定为房屋买卖合同。认购书签订后，双方就签订的商品房买卖合同进行了诚信磋商，因双方对赠送阳台问题无法达成一致意见导致商品房买卖合同未能签订，属于不可归责于双方的原因。依据《最高人民法院关于审理商品房买卖合同纠纷案件适用法律若干问题的解释》第 4 条的规定，某房地产公司应将定金返还某商贸公司，法院遂支持了某商贸公司的诉请。

律师提示

中小企业经常在购买房屋、货物等购销关系中应卖方要求支付定金，当出现各种特殊情况导致无法履行合同时，定金如果无法返还，就会造成经济损失。那么，定金真的就无法返还吗?

定金是指当事人为了保证债务的履行，约定一方向对方给付定金作为债权的担保。定金应当以书面形式约定。定金合同为实践性合同，不实际交付定金则合同不生效，交付多少定金则成立多少定金的定金合同，但当事人约定的定金数额不得超过合同标的额的20%。定金合同债务人履行债务后，定金应当抵作价款或者收回。

“定金罚则”为给付定金的一方不履行约定的债务的，无权要求返还定金；收受定金的一方不履行约定的债务的，应当双倍返还定金。定金罚则适用于一方当事人不履行约定债务的情形，因此，确定定金所担保的债务至关重要。

如果主合同为预约合同，那么合同约定的债务（义务）是双方进行友好协商以保证日后订立正式的合同。本案即属于此种情形。依据《最高人民法院关于审理商品房买卖合同纠纷案件适用法律若干问题的解释》第4条的规定，如果因当事人一方原因未能订立商品房买卖合同，应当按照法律关于定金的规定处理；因不可归责于当事人双方的事由，导致商品房买卖合同未能订立的，出卖人应当将定金返还买受人。如果主合同为本约合同，那么合同约定的债务（义务）是履行合同约定内容，不履行则应适用定金罚则。

从学理上说，定金可分为立约定金、成约定金、解约定金和违约定金等，如无特别约定，定金一般指违约定金。因此，笔者建议在签订定金合同或者条款时，仍应对适用定金罚则的具体条件进行约定，以更好地维护当事人权益。

法律规定

《中华人民共和国民法典》

第586条 当事人可以约定一方向对方给付定金作为债权的担保。定金合同自实际交付定金时成立。

定金的数额由当事人约定；但是，不得超过主合同标的额的百分之二十，超过部分不产生定金的效力。实际交付的定金数额多于或者少于约定数额的，视为变更约定的定金数额。

第587条 债务人履行债务的，定金应当抵作价款或者收回。给付定金的一方不履行债务或者履行债务不符合约定，致使不能实现合同目的的，无权请求返还定金；收受定金的一方不履行债务或者履行债务不符合约定，致使不能实现合同目的的，应当双倍返还定金。

第588条 当事人既约定违约金，又约定定金的，一方违约时，对方可以选择适用违约金或者定金条款。

定金不足以弥补一方违约造成的损失的，对方可以请求赔偿超过定金数额的损失。

《最高人民法院关于审理商品房买卖合同纠纷案件适用法律若干问题的解释》

第4条 出卖人通过认购、订购、预订等方式向买受人收受定金作为订立商品房买卖合同担保的，如果因当事人一方原因未能订立商品房买卖合同，应当按照法律关于定金的规定处理；因不可归责于当事人双方的事由，导致商品房买卖合同未能订立的，出卖人应当将定金返还买受人。

42 如何才能保障承租人的续租权？

案情简介

2016年8月31日，某房地产公司与某幼儿园签订了房屋租赁合同，约定："某房地产公司将昆明市某小区11幢一、二层房屋租赁给某幼儿园使用，租赁期限自2016年8月31日至2017年8月31日止，租金为80万元；合同期满后，双方仍有意合作，在同等条件下优先考虑乙方（某幼儿园）"。合同履行期届满后，由于双方就续租事宜不能达成一致，某房地产公司诉至法院，要求某幼儿园返还房屋并支付逾期占有使用费。

某幼儿园辩称，双方自2012年合作至2017年，租赁期间幼儿园一直积极履行合同义务，双方此前签订的租赁合同确实于2017年8月31日到期，但合同明确约定在租期届满后在同等条件下某房地产公司应当优先向某幼儿园出租房屋。合同到期后双方就续租问题多次协商，但因某房地产公司提出在去年租金的基础上上涨40万元的租金，该要求明显超出了幼儿园的承受能力及物业实际租赁价格，希望继续租赁涉案房屋，并愿意与某房地产公司就租金进行协商。

法院经审理后认为，《合同法》第235条规定，租赁期间届满，承租人应当返还租赁物。返还的租赁物应当符合按照约定或者租赁物的性质使用后的状态。本案中，虽房屋租赁合同中约定"合同期满后，双方仍有意合作，在同等条件下优先考虑乙方"，但该条款约定某幼儿园所享有的优先承租权系以双方仍有意合作为前提，现某房地产公司已明确表明其不再续租，且本案并无证据证明某房地产公司欲与第三方签订租赁合同并在同等条件下拒绝与某幼儿园续约，某房地产公司并未侵犯某幼儿园的优先承租权，现租赁期限已经届满，且庭审时双方仍未能就续租达成一致意见，某幼儿园应当返还并搬离涉案房屋并支付逾期占有使用费。法院遂判决支持了某房地产的诉讼请求。

律师提示

中小企业在租赁房屋经营时，往往涉及大额的装修装饰资金投入，想长期租赁房屋。而房东基于房屋租金上涨、出售或自用等考虑，只愿短期出租房屋。房东（出租人）作为房屋所有权人或使用权人，在租赁关系中占有绝对优势，因此，房屋租期届满后，如何保障承租人的续租权是值得思考的问题。

1. 优先承租权（优先续租权）

根据《民法典》第734条之规定，优先承租权，是指在房屋租赁合同中，租赁期限届满，房屋承租人在同等条件下优先于其他第三人取得的继续租赁的权利。值得注意的是，原合同法只规定承租人享有“优先购买权”，没有规定优先承租权，民法典首次明确规定了承租人的优先承租权。

优先承租权是一种附限制条件的权利，在同等条件下才享有。“同等条件”包括租金金额、支付方式、支付期限及其他交易条件，在实务中不一而足，容易引起争议。因此，笔者建议，在租赁合同中对同等条件内容尽可能地作出具体约定。

承租人行使优先权的前提是出租人仍有出租意愿，如果出租人不再对外出租，承租人的优先承租权将不复存在。实务中，会出现出租人为了涨价而声称不对外出租，在原承租人搬离房屋后，又将房屋另行出租的情形。因此，笔者建议，在租赁合同中约定“出租人在不与原承租人续租后一定期限内不得再行对外出租”的条款。

出租人未通知原承租人，直接另行出租给第三人时，法院一般会认定出租人违反了优先承租权的约定。但如果出租人将房屋出租给善意第三人，基于合同相对性原则，原承租人不得要求该租赁关系无效，只能要求出租人承担违约责任。因此，笔者建议，应对行使优先承租权程序作出约定，同时设定严厉的违约责任，以对出租人违约形成威慑，在出租人违约时也能使原承租人得到足够的赔偿。

2. 自动续约权

很多中小企业为了达到长期租赁的目的，保障经营环境的稳定性，经常在租赁合同中设定自动续约的条款。经笔者查阅实务判例，在租赁合同中约定“……，可自动续约（顺延）”，可能会被法院认定为自动续约仅是可以，出租人也可不同意续约；约定“……，自动续约”，则可能会被法院认定为对续约期限等约定不明，视为不定期租赁，原承租人的权利都难以保障。因此，笔者建议，在租赁合同中明确租期满后“应当”自动续约，并约定自动续约的期限、租金等具体内容。

3. 不定期租赁

在租赁关系中，承租人由于对法律规定的不了解，认为只要交钱就可以无限期租赁，或者得到了出租方的口头承诺，形成很多没有书面租赁合同的租赁关系。根据《民法典》第734条的规定，租赁期限届满，承租人继续使用租赁物，出租人没有提出异议的，原租赁合同继续有效，但租赁期限为不定期，当事人可以随时解除合同。也就是说，作为优势地位的出租人在没有书面租赁合同时，可随时解除租赁关系，要求承租人搬离，承租人面临极大的不确定性和风险。

可见，保障承租人的续租权在实务中很难实现。笔者建议，承租人在考虑清楚经营问题后，一次性与出租人签订长期租赁合同，如有经济压力可协商分期支付租金，否则在与出租人对续租问题协商无果时，承租人将面临非常大的租期风险。

法律规定

《中华人民共和国民法典》

第707条 租赁期限六个月以上的，应当采用书面形式。当事人未采用书面形式，无法确定租赁期限的，视为不定期租赁。

第726条 出租人出卖租赁房屋的，应当在出卖之前的合理期限内通知承租人，承租人享有以同等条件优先购买的权利；但是，房屋按份共有人行使优先购买权或者出租人将房屋出卖给近亲属的除外。

出租人履行通知义务后，承租人在十五日内未明确表示购买的，视为承租人放弃优先购买权。

第730条 当事人对租赁期限没有约定或者约定不明确，依据本法第五百一十条的规定仍不能确定的，视为不定期租赁；当事人可以随时解除合同，但是应当在合理期限之前通知对方。

第733条 租赁期限届满，承租人应当返还租赁物。返还的租赁物应当符合按照约定或者根据租赁物的性质使用后的状态。

第734条 租赁期限届满，承租人继续使用租赁物，出租人没有提出异议的，原租赁合同继续有效，但是租赁期限为不定期。

租赁期限届满，房屋承租人享有以同等条件优先承租的权利。

《最高人民法院关于审理城镇房屋租赁合同纠纷案件具体应用法律若干问题的解释》

第15条 出租人与抵押权人协议折价、变卖租赁房屋偿还债务，应当在合理期限内通知承租人。承租人请求以同等条件优先购买房屋的，人民法院应予支持。

43 二房东转租房屋需要注意什么?

案情简介

2016年8月19日，张某与某公司签订租赁合同，约定张某将位于某写字楼2706室房屋出租给某公司使用，租赁期限为3年，其中第7.8条约定:“乙方在承租期内如将其承租区域转租、转借第三方需提前征得甲方同意”。2017年4月1日，某公司将房屋私自出租给王某使用至今。张某得知情况后，向一审法院起诉，请求解除租赁合同，由某公司及王某返还租赁房屋并支付违约金。

法院经审理认为,《合同法》第224条第2款规定，承租人未经出租人同意转租的，出租人可以解除合同。某公司对外转租必须提前取得张某同意，虽某公司主张张某知道转租的情况并同意转租，但其并未就此提交证据加以证明，应当承担举证不能的不利后果，法院确认租赁合同于判决之日解除。因租赁合同经确认解除，张某可以依法要求某公司腾还涉案房屋，另涉案房屋现由第三人王某使用，租赁合同解除后王某占用、使用涉案房屋缺乏合法依据。法院遂支持了张某的诉讼请求。

律师提示

在房屋租赁中，承租人（俗称“二房东”）取得出租人同意转租房屋合法，但未取得出租人同意就转租的情形普遍存在。

1. 未经出租人同意，承租人与第三人签订的转租合同有效

根据《民法典》相关规定，租赁合同在违反法律、行政法规的强制性规定情况下才被认定为无效，未经出租人同意的转租行为不属于法定无效事由，因此，承租人与第三人签订的转租合同应为有效合同，承租人和第三人均无权以未经出租人同意为由请求确认转租合同无效。

2. 未经出租人同意，出租人有权请求解除与承租人的租赁合同

根据《民法典》第716条第2款规定，承租人未经出租人同意转租的，出租

人可以解除租赁合同，要求承租人承担违约责任，并基于物权请求权请求第三人返还房屋。但要注意，出租人知道或者应当知道承租人转租，在6个月内未提出异议，其以承租人未经其同意为由请求解除合同，人民法院不予支持。出租人解除租赁合同时，因转租合同无法履行，承租人还应向第三人承担违约责任。

3. 出租人解除租赁合同后无权要求承租人赔偿租金差价

承租人转租房屋，有时是为了减少损失，有时则是为了赚取房屋租金差价，第三人支付承租人的租金高于承租人向出租人支付的租金，承租人有利可图。司法实践中，承租人擅自转租的，出租人有权解除租赁合同，但无权要求承租人赔偿租金差价，只能要求承租人依据合同约定承担违约责任。因为出租人依租赁合同收取的租金并未减少，其利益并未受损。承租人获得的租金差价应属不当得利。

承租人转租房屋，应取得出租人的同意，否则，承租人将面临租赁合同随时被解除的不确定状态，还需要向出租人和第三人承担违约责任。

法律规定

《中华人民共和国民法典》

第157条 民事法律行为无效、被撤销或者确定不发生效力后，行为人因该行为取得的财产，应当予以返还；不能返还或者没有必要返还的，应当折价补偿。有过错的一方应当赔偿对方由此所受到的损失；各方都有过错的，应当各自承担相应的责任。法律另有规定的，依照其规定。

第716条 承租人经出租人同意，可以将租赁物转租给第三人。承租人转租的，承租人与出租人之间的租赁合同继续有效；第三人造成租赁物损失的，承租人应当赔偿损失。

承租人未经出租人同意转租的，出租人可以解除合同。

第718条 出租人知道或者应当知道承租人转租，但是在六个月内未提出异议的，视为出租人同意转租。

《最高人民法院关于审理城镇房屋租赁合同纠纷案件具体应用法律若干问题的解释》

第13条 房屋租赁合同无效、履行期限届满或者解除，出租人请求负有腾房义务的次承租人支付逾期腾房占有使用费的，人民法院应予支持。

44 内部承包和挂靠的区别是什么？

案情简介

某施工企业是昆明某房地产工程项目的总承包方。2016 年 3 月，某施工企业与贾某签订工程内部承包协议，协议约定：贾某以包工包料方式向某施工企业承包房地产工程的全部施工与管理，某施工企业按审计总价的 2% 收取管理费，余下的工程款归贾某所有包干使用。协议签订后，贾某又将上述工程中的脚手架及其辅助工程交其同乡张某承包，张某完工后，因要求贾某支付剩余工程款项 300 万元未果而诉至法院，请求判决某施工企业和贾某共同承担支付上述工程款的责任。

法院经审理认为，贾某从某施工企业处承接案涉工程项目，虽然签订内部承包协议，但贾某不是某施工企业的员工，某施工企业也未在资金、技术、设备等方面对贾某提供支持，双方当事人不存在实质的内部关系，因此，所谓内部承包协议实际上是一种挂靠关系。贾某与张某虽未订立书面合同，但双方存在事实分包关系。某施工企业与贾某采取挂靠方式承包工程，违反国家相关法律规定，也应就张某主张的工程款承担付款责任。因此，张某作为实际施工人要求某施工企业及贾某支付工程欠款的诉请依法有据，予以支持。法院遂支持了张某的诉讼请求。

律师提示

在建设施工领域存在大量的违法分包、转包和挂靠行为，《建筑工程施工发包与承包违法行为认定查处管理办法》对此类行为进行了明确的规定。很多企业试图用内部承包的模式使挂靠等行为合法化，却没有真正搞清楚它们的区别。

挂靠是指单位或个人以其他有资质的施工单位的名义承揽工程，包括参与投标、订立合同、办理有关施工手续、从事施工等活动。常见的形式为没有资质的单位或个人借用其他施工单位的资质承揽工程的；有资质的施工单位相互借用资质承揽工程的，包括资质等级低的借用资质等级高的，资质等级高的借用资质等级低的，相同资质等级相互借用的等。

笔者认为，合法有效的内部承包关系应当具备以下几点：

1. 内部承包的双方为企业和企业内部人员，企业与内部承包人一般应签订劳动合同，并购买社会保险。

2. 内部承包人及其项目部人员均应与企业存在劳动关系，内部承包人不得自行招聘项目部人员。

3. 企业对内部承包人给予资金、技术、设备、人力等方面的支持和管理，内部承包人应遵守企业相关规章制度。

4. 内部承包人对外应以企业的名义展开经济活动，由企业对外承担责任。

另外，内部承包是一种先进的生产经营机制，合理使用好内部承包有利于增进企业员工的生产经营积极性，促进企业生产经营水平的提升。不论企业开展业务是否需要资质，内部承包均为一种有效员工激励模式，与现在流行的股权激励异曲同工。因此，以业务开拓为导向的企业，不妨一试。

法律规定

《建筑工程施工发包与承包违法行为认定查处管理办法》

第7条 本办法所称转包，是指承包单位承包工程后，不履行合同约定的责任和义务，将其承包的全部工程或者将其承包的全部工程肢解后以分包的名义分别转给其他单位或个人施工的行为。

第8条 存在下列情形之一的，应当认定为转包，但有证据证明属于挂靠或者其他违法行为的除外：

（一）承包单位将其承包的全部工程转给其他单位（包括母公司承接建筑工程后将所承接工程交由具有独立法人资格的子公司施工的情形）或个人施工的；

（二）承包单位将其承包的全部工程肢解以后，以分包的名义分别转给其他单位或个人施工的；

（三）施工总承包单位或专业承包单位未派驻项目负责人、技术负责人、质量管理负责人、安全管理负责人等主要管理人员，或派驻的项目负责人、技术负责人、质量管理负责人、安全管理负责人中一人及以上与施工单位没有订立劳动合同且没有建立劳动工资和社会养老保险关系，或派驻的项目负责人未对该工程的施工活动进行组织管理，又不能进行合理解释并提供相应证明的；

（四）合同约定由承包单位负责采购的主要建筑材料、构配件及工程设备或租赁的施工机械设备，由其他单位或个人采购、租赁，或施工单位不能提供有关采购、租赁合同及发票等证明，又不能进行合理解释并提供相应证明的；

（五）专业作业承包人承包的范围是承包单位承包的全部工程，专业作业承包人计取的是除上缴给承包单位“管理费”之外的全部工程价款的；

（六）承包单位通过采取合作、联营、个人承包等形式或名义，直接或变相将其承包的全部工程转给其他单位或个人施工的；

（七）专业工程的发包单位不是该工程的施工总承包或专业承包单位的，但建设单位依约作为发包单位的除外；

（八）专业作业的发包单位不是该工程承包单位的；

（九）施工合同主体之间没有工程款收付关系，或者承包单位收到款项后又将款项转拨给其他单位和个人，又不能进行合理解释并提供材料证明的。

两个以上的单位组成联合体承包工程，在联合体分工协议中约定或者在项目实际实施过程中，联合体一方不进行施工也未对施工活动进行组织管理的，并且向联合体其他方收取管理费或者其他类似费用的，视为联合体一方将承包的工程转包给联合体其他方。

第9条 本办法所称挂靠，是指单位或个人以其他有资质的施工单位的名义承揽工程的行为。

前款所称承揽工程，包括参与投标、订立合同、办理有关施工手续、从事施工等活动。

第10条 存在下列情形之一的，属于挂靠：

（一）没有资质的单位或个人借用其他施工单位的资质承揽工程的；

（二）有资质的施工单位相互借用资质承揽工程的，包括资质等级低的借用资质等级高的，资质等级高的借用资质等级低的，相同资质等级相互借用的；

（三）本办法第八条第一款第（三）至（九）项规定的情形，有证据证明属于挂靠的。

《最高人民法院关于审理建设工程施工合同纠纷案件适用法律问题的解释（一）》

第1条 建设工程施工合同具有下列情形之一的，应当依据民法典第一百五十三条第一款的规定，认定无效：

（一）承包人未取得建筑业企业资质或者超越资质等级的；

（二）没有资质的实际施工人借用有资质的建筑施工企业名义的；

（三）建设工程必须进行招标而未招标或者中标无效的。

承包人因转包、违法分包建设工程与他人签订的建设工程施工合同，应当依据民法典第一百五十三条第一款及第七百九十一条第二款、第三款的规定，认定无效。

第24条　当事人就同一建设工程订立的数份建设工程施工合同均无效，但建设工程质量合格，一方当事人请求参照实际履行的合同关于工程价款的约定折价补偿承包人的，人民法院应予支持。

实际履行的合同难以确定，当事人请求参照最后签订的合同关于工程价款的约定折价补偿承包人的，人民法院应予支持。

第43条　实际施工人以转包人、违法分包人为被告起诉的，人民法院应当依法受理。

实际施工人以发包人为被告主张权利的，人民法院应当追加转包人或者违法分包人为本案第三人，在查明发包人欠付转包人或者违法分包人建设工程价款的数额后，判决发包人在欠付建设工程价款范围内对实际施工人承担责任。

45 您的合同需要确认合法有效吗？

案情简介

2005年5月24日，贾某与张甲签订《合作投资协议》，其中约定张甲认购某公司50万股份的份额，但因资金紧缺，贾某与其合作并出资30万元，双方按照1:1分享收益。2015年1月15日，张甲去世，法定继承人为张乙一人，张乙未办理股权变更登记手续。贾某在得知张甲病故后，多次要求张乙确认股权事宜，但均无回应。贾某起诉至法院，请求确认双方于2005年5月24日签订的《合作投资协议》合法有效。张乙辩称不知道张甲与贾某合作的事宜。

法院经审理认为，合同的效力指依法成立受法律保护的合同，对合同当事人产生的必须履行其合同义务，不得擅自变更或解除合同的法律拘束力。由于张乙没有证据证明《合作投资协议》系无效或者可撤销的合同，故该合同合法有效，双方应继续履行协议中约定的相应权利和义务。法院遂判决《合作投资协议》合法有效。

律师提示

在司法实践中，当合同履行出现障碍或者为避免将来发生争议，合同当事人可选择确认之诉，经过法院确认的法律关系对于合同相对方是一个强有力的约束。提起确认之诉是当事人去除法律不安性的有效手段。

确认之诉，是指原告请求法院确认其与被告之间存在或不存在某种法律关系的诉讼。当事人主张权利义务存在的，为积极的确认之诉；当事人主张特定法律关系不存在的，为消极确认之诉。确认合同有效即属于积极的确认之诉。

确认一个合同是否合法有效，应当具备以下几个条件：（1）行为人具有相应的民事行为能力；（2）行为人意思表示真实；（3）不违反法律或者社会公共利益。一般而言，合同当事人无其他证据证明存在合同无效或可撤销的情形，即可确认合同合法有效。

合同确认之诉还有节省诉讼费用的好处。确认之诉不存在给付内容，不涉及财产分配，该类型案件的诉讼费缴纳标准应当适用《诉讼费用交纳办法》第 13 条第 2 款第 3 项“其他非财产案件每件交纳 50 元至 100 元”。当然，因对法律规定的理解差异，实践中不排除部分法院仍按照财产案件计收诉讼费的可能。

法律规定

《中华人民共和国民法典》

第 464 条 合同是民事主体之间设立、变更、终止民事法律关系的协议。

婚姻、收养、监护等有关身份关系的协议，适用有关该身份关系的法律规定；没有规定的，可以根据其性质参照适用本编规定。

第 502 条 依法成立的合同，自成立时生效，但是法律另有规定或者当事人另有约定的除外。

依照法律、行政法规的规定，合同应当办理批准等手续的，依照其规定。未办理批准等手续影响合同生效的，不影响合同中履行报批等义务条款以及相关条款的效力。应当办理申请批准等手续的当事人未履行义务的，对方可以请求其承担违反该义务的责任。

依照法律、行政法规的规定，合同的变更、转让、解除等情形应当办理批准等手续的，适用前款规定。

《诉讼费用交纳办法》

第 13 条 案件受理费分别按照下列标准交纳：

（一）财产案件根据诉讼请求的金额或者价额，按照下列比例分段累计交纳：

1. 不超过 1 万元的，每件交纳 50 元；
2. 超过 1 万元至 10 万元的部分，按照 2.5% 交纳；
3. 超过 10 万元至 20 万元的部分，按照 2% 交纳；
4. 超过 20 万元至 50 万元的部分，按照 1.5% 交纳；
5. 超过 50 万元至 100 万元的部分，按照 1% 交纳；
6. 超过 100 万元至 200 万元的部分，按照 0.9% 交纳；
7. 超过 200 万元至 500 万元的部分，按照 0.8% 交纳；
8. 超过 500 万元至 1000 万元的部分，按照 0.7% 交纳；

9. 超过1000万元至2000万元的部分，按照0.6%交纳；

10. 超过2000万元的部分，按照0.5%交纳。

（二）非财产案件按照下列标准交纳：

1. 离婚案件每件交纳50元至300元。涉及财产分割，财产总额不超过20万元的，不另行交纳；超过20万元的部分，按照0.5%交纳。

2. 侵害姓名权、名称权、肖像权、名誉权、荣誉权以及其他人格权的案件，每件交纳100元至500元。涉及损害赔偿，赔偿金额不超过5万元的，不另行交纳；超过5万元至10万元的部分，按照1%交纳；超过10万元的部分，按照0.5%交纳。

3. 其他非财产案件每件交纳50元至100元。

（三）知识产权民事案件，没有争议金额或者价额的，每件交纳500元至1000元；有争议金额或者价额的，按照财产案件的标准交纳。

（四）劳动争议案件每件交纳10元。

（五）行政案件按照下列标准交纳：

1. 商标、专利、海事行政案件每件交纳100元；

2. 其他行政案件每件交纳50元。

（六）当事人提出案件管辖权异议，异议不成立的，每件交纳50元至100元。

省、自治区、直辖市人民政府可以结合本地实际情况在本条第（二）项、第（三）项、第（六）项规定的幅度内制定具体交纳标准。

46 起诉要求收款方开具发票，能否得到法院的支持？

案情简介

某建筑公司与某房地产公司签订建设工程施工合同，约定某房地产公司将某楼盘发包给某建筑公司施工，双方凭完税发票结算工程款。工程竣工验收后，某房地产公司依约支付了工程款，但某建筑公司只向某房地产公司开具了部分发票，拒绝开具剩余300万元工程款发票。某房地产公司向法院起诉，要求某建筑公司开具并交付300万元发票。

法院经审理认为，依据《发票管理办法》第35条第1项之规定，某房地产公司起诉的应当开具而未开具发票的行为属于行政管理范畴，应由税务机关责令改正并予以行政处罚，不属于《民事诉讼法》第3条所规定的人民法院受理民事诉讼的范围，起诉人应当向有关税务机关申请解决，遂裁定不予受理。

律师提示

开具发票的诉讼请求是否为法院受案范围，最高人民法院实务判例中存在争议，地方各级人民法院对该问题的处理亦不尽相同。笔者对不同裁判理由梳理如下：

1. 无论合同中是否有开具发票的约定，此种合同附随义务的产生均是基于我国税法的相关规定，因此，开具发票属于行政管理范畴，即应由税务机关处理，不属于人民法院的受案范围。

2. 合同中有开具发票的约定，开具发票已转化为合同义务，属于人民法院的受案范围。

3. 无论合同中是否有开具发票的约定，开具发票是收款人应承担的合同附随义务，与收款人未按税法有关规定开具发票而应承担相应的行政处罚之间并不冲突，法院并不能就此剥夺民事主体依法通过民事诉讼途径救济的权利，因此，开具发票诉请属于人民法院的受案范围。

综上，笔者建议应在合同中明确约定开具发票为收款方的义务，同时，付款方应尽量在收到发票后再支付款项，以免出现“投诉无门”的窘境。

法律规定

《中华人民共和国民法典》

第509条 当事人应当按照约定全面履行自己的义务。

当事人应当遵循诚信原则，根据合同的性质、目的和交易习惯履行通知、协助、保密等义务。

当事人在履行合同过程中，应当避免浪费资源、污染环境和破坏生态。

《中华人民共和国民事诉讼法》

第3条 人民法院受理公民之间、法人之间、其他组织之间以及他们相互之间因财产关系和人身关系提起的民事诉讼，适用本法的规定。

《中华人民共和国发票管理办法》

第19条 销售商品、提供服务以及从事其他经营活动的单位和个人，对外发生经营业务收取款项，收款方应当向付款方开具发票；特殊情况下，由付款方向收款方开具发票。

第35条 违反本办法的规定，有下列情形之一的，由税务机关责令改正，可以处1万元以下的罚款；有违法所得的予以没收：

（一）应当开具而未开具发票，或者未按照规定的时限、顺序、栏目，全部联次一次性开具发票，或者未加盖发票专用章的；

（二）使用税控装置开具发票，未按期向主管税务机关报送开具发票的数据的；

（三）使用非税控电子器具开具发票，未将非税控电子器具使用的软件程序说明资料报主管税务机关备案，或者未按照规定保存、报送开具发票的数据的；

（四）拆本使用发票的；

（五）扩大发票使用范围的；

（六）以其他凭证代替发票使用的；

（七）跨规定区域开具发票的；

（八）未按照规定缴销发票的；

（九）未按照规定存放和保管发票的。

47 约定先票后款，未开具发票时可否拒不付款？

案情简介

2016年6月6日，某生产企业向某贸易公司采购生产设备，双方签订设备购销合同，其中约定：在付款前，某贸易公司应向某生产企业开具17%的增值税专用发票，否则，某生产企业有权拒绝付款。后某生产企业拖欠货款，某贸易公司起诉至法院，要求其支付货款。

某生产企业答辩称：依据合同约定，其享有先履行抗辩权，在某贸易公司开具发票前可不予支付货款。

法院经审理认为，先履行抗辩权的构成要件之一是双方当事人因同一合同互负债务，形成对价关系。而本案当事人订立的是买卖合同，依据《合同法》第130条的规定，某贸易公司交付合格设备与某生产企业支付货款是合同的对价义务，开具增值税专用发票只是从给付义务（附随义务）。某生产企业主张其不履行付款义务是行使先履行抗辩权的理由不能成立，遂支持了某贸易公司的诉讼请求。

律师提示

在中小企业交易过程中，付款方要求先开具发票再行付款是常见现象。根据司法实践，不论是否约定先票后款，买受人均不得以出卖人未开具发票为由，拒绝支付货款。

买卖合同是出卖人转移标的物的所有权于买受人，买受人支付价款的合同。出卖人应当按照约定或者交易习惯向买受人交付提取标的物单证以外的有关单证和资料。但在出卖人完成交付货物的主给付义务后，开具发票作为合同从给付义务，不得作为拒绝支付款项的理由。当然，根据司法实践，在约定先票后款的情况下，不开具发票可以成为买受人延期付款的理由，买受人因此未付款无需承担迟延付款的违约责任。

值得注意的是，开具发票属于《发票管理办法》等法律规定的行政法律关系领域的行为，法院一般不受理买受人起诉要求出卖人开具发票的诉请，买受人只能向税务机关投诉或者起诉要求出卖人赔偿抵扣损失。

法律规定

《中华人民共和国民法典》

第 595 条 买卖合同是出卖人转移标的物的所有权于买受人，买受人支付价款的合同。

第 598 条 出卖人应当履行向买受人交付标的物或者交付提取标的物的单证，并转移标的物所有权的义务。

第 599 条 出卖人应当按照约定或者交易习惯向买受人交付提取标的物单证以外的有关单证和资料。

《最高人民法院关于审理商品房买卖合同纠纷案件适用法律若干问题的解释》

第 4 条 出卖人通过认购、订购、预订等方式向买受人收受定金作为订立商品房买卖合同担保的，如果因当事人一方原因未能订立商品房买卖合同，应当按照法律关于定金的规定处理；因不可归责于当事人双方的事由，导致商品房买卖合同未能订立的，出卖人应当将定金返还买受人。

48 仅有增值税发票能认定已支付货款吗？

案情简介

2016年6月6日，某生产企业向某贸易公司采购价值4万元生产物料。因某生产企业拖欠货款，某贸易公司起诉至法院，要求其支付货款4万元。庭审中，双方确认已用支票形式支付了2.5万元货款。某生产企业辩称其以现金形式支付了剩余1.5万元，某贸易公司也就全部货款金额开具了增值税发票，其已经付清货款。某贸易公司对此不予认可。

法院经审理认为，当事人对自己的主张有责任提供证据，某生产企业仅以增值税发票证明已完全履行付款义务，在某贸易公司不予认可的情况下，其有责任提供其他证据证明已付款事实。现某生产企业未提交相应证据予以证明，故其以现金形式支付了剩余1.5万元的抗辩不成立。法院遂判决某生产企业向某贸易公司支付1.5万元货款。

律师提示

根据“谁主张，谁举证”的原则，付款人应举证证明其付款事实，否则应承担举证不能的不利后果。仅有增值税发票一般不能证明付款人已付款的事实。

根据《发票管理办法》第3条的规定，发票是指在购销商品、提供或者接受服务以及从事其他经营活动中，开具、收取的收付款凭证。但在实践中，既有先付款后开具发票的情形，也有先开具发票再付款的情形，既存在着先交货后开具发票的情形，也存在着先开具发票后交货的情形，甚至存在着很多代开发票现象，因此，增值税发票一般不能单独作为支付价款的证据，也不能单独作为货物交付的证据。

发票的证明效力，应综合合同约定、商业惯例和交易习惯等因素来加以认定。如在超市等以即时结清方式进行交易的场所，超市出具的发票可作为已付款的事实依据。

法律规定

《中华人民共和国发票管理办法》

第3条 本办法所称发票，是指在购销商品、提供或者接受服务以及从事其他经营活动中，开具、收取的收付款凭证。

《最高人民法院关于审理商品房买卖合同纠纷案件适用法律若干问题的解释》

第5条 商品房的认购、订购、预订等协议具备《商品房销售管理办法》第十六条规定的商品房买卖合同的主要内容，并且出卖人已经按照约定收受购房款的，该协议应当认定为商品房买卖合同。

49 挂靠方伪造印章对外签订合同，被挂靠方是否应承担法律责任？

案情简介

贾某与某建筑公司存在长期的挂靠合作关系。贾某以某建筑公司名义承接了某房地产公司项目的施工工程，并以某建筑公司名义与某商贸公司签订了建筑材料供销合同，加盖了某建筑公司印章和某房地产公司项目的项目部印章。后证实该合同用印为贾某私刻。2017 年因合同履行发生纠纷，某商贸公司将某建筑公司告上法庭，要求其支付剩余货款 120 万元。

某建筑公司辩称：鉴定意见表明印章是伪造的，公司已就贾某伪造印章的行为向公安机关报案，贾某没有项目授权，也没有签订建筑材料供销合同的授权，因此，建筑材料供销合同无效，公司不应承担责任。

法院经审理认为，贾某与某建筑公司之间存在挂靠关系，其对外使用伪造的印章签订合同时，足以使交易相对人产生相信该印章为真实的合理信赖，贾某的行为构成表见代理，其行为后果应由某建筑公司承担，因此，某建筑公司应向某商贸公司支付剩余货款 120 万元。贾某私刻印章涉嫌犯罪与本案买卖合同纠纷不属于同一法律关系，本案审理也不以刑事案件的结果为依据，因而本案无需中止审理或驳回起诉。法院遂支持了某商贸公司的诉讼请求。

律师提示

挂靠在建设工程、交通运输等行业普遍存在，而中小企业或者私人老板没有相应资质，成为挂靠的高发主体。被挂靠方存在认识误区，以为只要证明印章是伪造的，或者只要挂靠方伪造印章构成犯罪就可以不认可合同，不承担法律责任。

实际上，被挂靠方是否承担法律责任关键要看签订合同之行为是否构成表见代理。以下情况一般会被认定为构成表见代理，即使印章系伪造，公司也不能够否认其效力：

1. 法定代表人或者授权委托人伪造公司印章对外签订合同。
2. 挂靠方和被挂靠方在挂靠关系期间使用伪造公司印章对外签订合同。
3. 公司印章不具有唯一性。
4. 公司在其他的场合承认过该印章的效力。
5. 公司明知他人使用伪造印章而放任其使用甚至追认其效力。

法律规定

《中华人民共和国民法典》

第171条 行为人没有代理权、超越代理权或者代理权终止后，仍然实施代理行为，未经被代理人追认的，对被代理人不发生效力。

相对人可以催告被代理人自收到通知之日起三十日内予以追认。被代理人未作表示的，视为拒绝追认。行为人实施的行为被追认前，善意相对人有撤销的权利。撤销应当以通知的方式作出。

行为人实施的行为未被追认的，善意相对人有权请求行为人履行债务或者就其受到的损害请求行为人赔偿。但是，赔偿的范围不得超过被代理人追认时相对人所能获得的利益。

相对人知道或者应当知道行为人无权代理的，相对人和行为人按照各自的过错承担责任。

第172条 行为人没有代理权、超越代理权或者代理权终止后，仍然实施代理行为，相对人有理由相信行为人有代理权的，代理行为有效。

《最高人民法院关于在审理经济纠纷案件中涉及经济犯罪嫌疑若干问题的规定》

第1条 同一自然人、法人或非法人组织因不同的法律事实，分别涉及经济纠纷和经济犯罪嫌疑的，经济纠纷案件和经济犯罪嫌疑案件应当分开审理。

50 民间借贷中陆续还的钱是还本还是付息？

案情简介

2015年1月8日，贾某与张某签订借款合同，约定贾某向张某借款500万元，利息24%每年，借款期限1年，借款期限届满还本付息。张某于当天依约出借款项。借款到期后，贾某仅归还100万元。2017年5月，张某诉至法院，要求贾某归还本金500万元及相应利息。

贾某辩称：因我无法偿还全部借款本息，与张某口头协商好先还100万元本金，因此现在仅欠400万元本金及利息。张某对贾某归还的100万元是本金的事实不予认可。

法院经审理认为，贾某辩称与张某口头协商好先还100万元本金，但张某不予认可，贾某应承担举证不能的不利后果。根据《最高人民法院关于适用〈中华人民共和国合同法〉若干问题的解释（二）》第21条之规定，债务人给付不足以清偿全部债务的，按照实现债权的有关费用、利息、主债务的顺序履行，因此，贾某支付的100万元应认定为支付利息。法院遂支持了张某的诉讼请求。

律师提示

债务人借款到期后不能一次性还本付息，陆续归还多笔款项，但双方对归还款项的性质并未明确约定或约定不明，这种情况在民间借贷中时有发生。双方结算时都按有利于自己的角度考虑，债务人认为归还款项是还本，而债权人认为是付息，最后导致双方对簿公堂。

根据《民法典》第561条的规定，债务人在履行主债务外还应当支付利息和实现债权的有关费用，债务人支付款项不能偿付全部本息及费用，当事人没有特别约定的，应认定为先支付实现债权的有关费用和利息。因此，在前述案例中，债务人应举证证明双方已口头约定支付的100万元是本金而不是利息，如债务人不能提供证据或者证据不足以证明其所支付的款项系借款本金，则通常被认定为支付利息。

法律规定

《中华人民共和国民法典》

第561条　债务人在履行主债务外还应当支付利息和实现债权的有关费用，其给付不足以清偿全部债务的，除当事人另有约定外，应当按照下列顺序履行：

（一）实现债权的有关费用；

（二）利息；

（三）主债务。

《最高人民法院关于适用〈中华人民共和国民事诉讼法〉的解释》

第90条　当事人对自己提出的诉讼请求所依据的事实或者反驳对方诉讼请求所依据的事实，应当提供证据加以证明，但法律另有规定的除外。

在作出判决前，当事人未能提供证据或者证据不足以证明其事实主张的，由负有举证证明责任的当事人承担不利的后果。

51 借条和欠条有什么区别？

案情简介

2012 年 8 月，张某因生意周转需要，向贾某借款 20 万元。当天，张某收到款项后，向贾某出具欠条，欠条载明：“今借贾某 20 万元。张某，2012 年 8 月 8 日。”2016 年 7 月，贾某多次向张某催要无果后，向某区法院起诉，要求张某立即归还借款 20 万元并支付利息。

法院经审理认为，根据《民法通则》第 135 条之规定，当事人向人民法院请求保护民事权利的诉讼时效期间为 2 年。本案中，贾某没有证据证明其在 2 年时间内向张某主张过权利，而张某主张贾某诉讼请求已过诉讼时效。法院遂判决驳回了贾某的诉讼请求。

律师提示

在中小企业经营过程中，企业老板经常会因借款、买卖或劳务等关系向他人索要或出具欠条，但因缺乏法律知识，往往陷入维权困境。

1. 借条是借款人出具给出借人的用来证明借款行为的凭证，基于借款合同关系；欠条是个人或企业在欠款（欠物）时写给有关企业或个人的凭证，可以基于买卖合同关系、借款合同关系、承揽合同关系等法律关系。

2. 以欠条为主要证据的案件，应依据基础法律关系进行起诉。很多人误以为“有欠条就是借款”，向法院起诉要求被告归还借款的诉请，可能会因法律关系错误被法院驳回。

3. 欠条内容太简单，容易产生法律风险。欠条如果对应的是借款合同关系，建议应将借款金额、还款期限、利息等要素表述清楚；欠条如果对应的是其他法律关系，建议应将欠条产生的原因和事实写清楚，以便法官查明基础法律事实。

出具欠条时一般具有确定债权和催款的性质。本案中出具“欠条”，法院据此以归还借款的主张已超过 2 年诉讼时效驳回了原告的诉请，这是“血淋淋”的教训。如果出具的“借条”，根据法律规定，因没有约定还款期限，原告在最长诉讼时效20年内，可随时要求被告归还借款，都能得到法院的支持。

特别说明：2017年10月1日起施行的《民法总则》将普通诉讼时效期间规定为3年。2021年1月1日施行的《民法典》同时废止了《民法通则》和《民法总则》，普通诉讼时效期间仍定为3年。

法律规定

《中华人民共和国民法典》

第188条 向人民法院请求保护民事权利的诉讼时效期间为三年。法律另有规定的，依照其规定。

诉讼时效期间自权利人知道或者应当知道权利受到损害以及义务人之日起计算。法律另有规定的，依照其规定。但是，自权利受到损害之日起超过二十年的，人民法院不予保护，有特殊情况的，人民法院可以根据权利人的申请决定延长。

第192条 诉讼时效期间届满的，义务人可以提出不履行义务的抗辩。

诉讼时效期间届满后，义务人同意履行的，不得以诉讼时效期间届满为由抗辩；义务人已经自愿履行的，不得请求返还。

第193条 人民法院不得主动适用诉讼时效的规定。

第667条 借款合同是借款人向贷款人借款，到期返还借款并支付利息的合同。

第668条 借款合同应当采用书面形式，但是自然人之间借款另有约定的除外。

借款合同的内容一般包括借款种类、币种、用途、数额、利率、期限和还款方式等条款。

52 仅有转账流水可否主张不当得利返还?

案情简介

2016年8月24日，由于某种原因，某公司向张某转账汇款80万元。2016年12月20日，某公司以民间借贷为由向法院起诉，要求张某归还借款80万元。法院认为，因某公司提供的证据不足以证明某公司与张某双方存在民间借贷关系，遂判决驳回某公司诉讼请求。双方均未上诉，该判决书生效。2017年5月16日，某公司又以张某属于不当得利为由向法院起诉，要求其返还款项本息。

法院经审理认为，某公司主张其转账80万元系不当得利，应就该转账之原因及给付无法律原因承担举证责任。某公司在民间借贷案件及本案诉讼中的陈述均表明该80万元有给付原因。张某在民间借贷案件中未尽证明义务而承担不利的法律后果，客观上并不改变80万元的法律性质。法院遂判决驳回某公司的诉讼请求。

律师提示

中小企业在经营过程中，不规范的资金给付时常发生。有的情形是代付代收、借款、借名买车等客观情形，但无证据予以证明；有的情形是如建设工程中复杂的资金往来，连中小企业自身都难以识别客观事实；还有的情形是基于违法原因进行给付，中小企业不愿说明原因等，不一而足。

前述情形下，中小企业要求归还款项，可依据基础法律关系起诉，也可以依据不当得利起诉。根据《最高人民法院关于适用〈中华人民共和国民事诉讼法〉的解释》第247条之规定，不论先以哪种法律关系起诉，败诉后又以另外一种法律关系起诉，均不构成重复起诉或者“一事不再理”。但败诉后，又以同一法律关系起诉的构成“一事不再理”，法院将不再受理案件。

中小企业通常会选择先以基础法律关系起诉，败诉后又以不当得利来主张偿还款项。根据《民法典》第985条之规定，不当得利是指没有合法原因或者丧失合法原因后，一方取得利益致使对方受损的法律事实。不当得利作为一种独立的法律制度，不能作为当事人在其他具体民事法律关系中缺少证据时的请求权基础，因此，中小企业应慎重处理。

在不当得利案件中，对于一方取得利益一方受损的事实一般不会存在争议，争议在于取得利益是否有合法依据。法院一般会结合原告的诉称、被告的答辩等多种因素，适用高度盖然性的标准判断原、被告所主张的事实哪个更符合客观事实，法院在举证责任的分配上具有比较大的自由裁量权。通说认为，应依据“谁主张，谁举证”原则由原告举证被告取得利益无合法依据（非给付型不当得利例外，不再详述），因此，原告也面临很大的法律风险。

综上所述，仅有转账凭证并不能以不当得利要求返还款项。债权人应尽量取得有效证据，对转账凭证对应的基础法律关系予以明确。如确无有效证据，则应咨询专业律师，制定周密的诉讼策略，避免机械适用不当得利制度，造成不必要的损失。

法律规定

《中华人民共和国民法典》

第 685 条 保证合同可以是单独订立的书面合同，也可以是主债权债务合同中的保证条款。

第三人单方以书面形式向债权人作出保证，债权人接收且未提出异议的，保证合同成立。

第 986 条 得利人不知道且不应当知道取得的利益没有法律根据，取得的利益已经不存在的，不承担返还该利益的义务。

第 987 条 得利人知道或者应当知道取得的利益没有法律根据的，受损失的人可以请求得利人返还其取得的利益并依法赔偿损失。

《中华人民共和国民事诉讼法》

第 64 条 当事人对自己提出的主张，有责任提供证据。

当事人及其诉讼代理人因客观原因不能自行收集的证据，或者人民法院认为审理案件需要的证据，人民法院应当调查收集。

人民法院应当按照法定程序，全面地、客观地审查核实证据。

《最高人民法院关于适用〈中华人民共和国民事诉讼法〉的解释》

第90条 当事人对自己提出的诉讼请求所依据的事实或者反驳对方诉讼请求所依据的事实，应当提供证据加以证明，但法律另有规定的除外。

在作出判决前，当事人未能提供证据或者证据不足以证明其事实主张的，由负有举证证明责任的当事人承担不利的后果。

第247条 当事人就已经提起诉讼的事项在诉讼过程中或者裁判生效后再次起诉，同时符合下列条件的，构成重复起诉：

（一）后诉与前诉的当事人相同；

（二）后诉与前诉的诉讼标的相同；

（三）后诉与前诉的诉讼请求相同，或者后诉的诉讼请求实质上否定前诉裁判结果。

当事人重复起诉的，裁定不予受理；已经受理的，裁定驳回起诉，但法律、司法解释另有规定的除外。

53 出借人未按约定出借款项是否违约?

案情简介

2018年5月7日，张某准备向贾某借款1000万元，双方签订了借款合同，合同约定，贾某应自借款合同签订之日起支付借款，若未按约定支付借款则需每天向张某支付借款总额0.1%的违约金，合同自双方签字或盖章之日起生效。签订合同当日，贾某只向张某出借了500万元借款，另500万元借款至起诉时仍未出借给张某。张某向人民法院起诉，要求贾某向张某支付剩余500万元借款并支付相应违约金。

法院经审理后认为，依据《合同法》第210条“自然人之间的借款合同，自贷款人提供借款时生效”的规定，自然人之间的借款合同属于实践性合同，只有在出借人实际提供借款时才生效。借款合同虽然约定了该合同经签字或盖章之日起生效，但该约定与法律规定相冲突，属于无效约定。因此，法院驳回了张某的诉讼请求。

律师提示

借款是经常会遇到的一种民事行为，有自然人之间的借款、企业之间的借款、自然人或企业向金融机构借款等。基于对自身权利的保护，贷款人往往会要求签订借款合同。那么，借款人和出借人签订借款合同后合同就成立吗?

合同在学理上可分为诺成性合同与实践性合同。现代社会绝大多数合同均为诺成性合同，即只要当事人达成一致的意思表示，合同即宣告成立。实践性合同是指除双方当事人意思表示一致以外，尚须交付标的物或完成其他给付才能生效的合同。现阶段，以商业银行为代表的金融机构所主导的信贷市场均相对成熟，因此，法律将非自然人之间的借款合同定位为诺成性合同。但民间金融市场的发展还很不成熟，需要立法进行相应的引导与规范，因此，将自然人之间的借款合同定位为实践性合同。

成立与生效都是法律中与合同相关的概念。成立是指双方当事人意思表示达成了一致。生效是指成立后的合同在法律上得到了肯定性评价，产生了当事人意定的法律效果，合同获得了法律约束力。《民法典》第679条规定：“自然人之间的借款合同，自贷款人提供借款时成立。”

自然人之间的借款合同为实践性合同，即使自然人之间签订了借款合同，借款人也无权申请强制执行，更不能要求对方承担违约责任。也就是说，出借人没有出借款项，借款合同就不成立；出借人出借多少钱，借款合同就只对出借金额成立，借款人无权要求出借人出借剩余承诺款项或追究违约责任。如本案中，出借人资金流转出现问题无法为借款人提供借款，借款人因已经与出借人签订借款合同，故将出借人诉至法院请求其承担违约责任的做法不利于社会稳定，并且可能浪费司法资源。

值得注意的是，自然人和法人、法人和法人之间的借款合同属于诺成性合同，出借人应按照合同约定出借款项，否则，依据《民法典》第671条“贷款人未按照约定的日期、数额提供借款，造成借款人损失的，应当赔偿损失”的规定，出借人应承担相应违约责任。

法律规定

《中华人民共和国民法典》

第671条 贷款人未按照约定的日期、数额提供借款，造成借款人损失的，应当赔偿损失。

借款人未按照约定的日期、数额收取借款的，应当按照约定的日期、数额支付利息。

第679条 自然人之间的借款合同，自贷款人提供借款时成立。

《最高人民法院关于审理民间借贷案件适用法律若干问题的规定》

第1条 本规定所称的民间借贷，是指自然人、法人和非法人组织之间进行资金融通的行为。

经金融监管部门批准设立的从事贷款业务的金融机构及其分支机构，因发放贷款等相关金融业务引发的纠纷，不适用本规定。

第9条 自然人之间的借款合同具有下列情形之一的，可以视为合同成立：

（一）以现金支付的，自借款人收到借款时；

（二）以银行转账、网上电子汇款等形式支付的，自资金到达借款人账户时；

（三）以票据交付的，自借款人依法取得票据权利时；

（四）出借人将特定资金账户支配权授权给借款人的，自借款人取得对该账户实际支配权时；

（五）出借人以与借款人约定的其他方式提供借款并实际履行完成时。

第10条 法人之间、非法人组织之间以及它们相互之间为生产、经营需要订立的民间借贷合同，除存在民法典第一百四十六条、第一百五十三条、第一百五十四条以及本规定第十三条规定的情形外，当事人主张民间借贷合同有效的，人民法院应予支持。

54 担保未约定保证期间有什么后果？

案情简介

2016年2月，贾某与昆明某小额贷款公司签订了借款合同，约定贾某向小额贷款公司出借500万，借款期限6个月，借款利率为每月1.5%，借款期限届满当日小额贷款公司一次性偿还本息。为保障贾某的债权，小额贷款公司找到某融资担保公司出具担保函，载明：该担保函为无条件、不可撤销的担保函，担保借款本金为500万元和该笔借款下所发生的利息和费用；该担保函保证归还借款人在借款合同期内不按期偿还的全部或部分到期借款本息。借款到期后，贾某未能得到清偿。2018年1月，贾某诉至法院请求判令小额贷款公司归还本金500万元和利息；判令融资担保公司对上述借款本金及利息承担连带保证责任。

法院经审理认为，本案系民间借贷纠纷，借款合同系双方当事人真实意思表示，不违反我国法律法规和社会公共利益，依法成立并生效。融资担保公司单方出具担保函，贾某未提出异议，保证合同成立，担保函载明保证归还借款人在借款合同期内不按期偿还的全部或部分到期借款本息，故融资担保公司依法承担一般保证责任；但担保函未约定保证期限，保证期间依法为主债务履行期届满之日起6个月，贾某在保证期间届满前未主张权利，故融资担保公司免除保证责任。法院遂判决小额贷款公司归还贾某500万元本金和利息，驳回对融资担保公司的诉请。

律师提示

本案涉及保证责任的法律问题。

根据《民法典》第685条的规定，保证合同的形式可以是书面合同，可以是债权债务合同中的保证条款，还可以是第三方单独作出的保证承诺。本案中，某融资担保公司出具担保函，债权人接收且未提出异议的，保证合同成立。

保证担保的方式有一般保证和连带保证两种。当事人在保证合同中约定，债务人不能履行债务时，由保证人承担保证责任的，为一般保证。一般保证的保证人在主合同纠纷未经审判或者仲裁，并就债务人财产依法强制执行仍不能履行债务前，对债权人可以拒绝承担保证责任。本案中，融资担保公司的一般保证担保并不能有效保障贾某的利益。因此，作为被担保人一定要区分一般保证和连带保证，必要时应咨询律师。

根据《民法典》第692条的规定，债权人与保证人可以约定保证期间，约定的保证期间长短，法律没有强制性规定，原则可自由约定。但是约定的保证期间早于主债务履行期限或者与主债务履行期限同时届满的，视为没有约定；没有约定或者约定不明确的，保证期间为主债务履行期限届满之日起6个月。

保证期间是确定保证人承担保证责任的期间，没有约定或者约定不明确的情况下，6个月的保证期间是非常短的，且不发生中止、中断和延长，作为债权人应及时要求担保人承担担保责任。一般保证的债权人未在保证期间对债务人提起诉讼或者申请仲裁的，连带责任保证的债权人未在保证期间请求保证人承担保证责任的，保证人将不再承担保证责任。

法律规定

《中华人民共和国民法典》

第685条 保证合同可以是单独订立的书面合同，也可以是主债权债务合同中的保证条款。

第三人单方以书面形式向债权人作出保证，债权人接收且未提出异议的，保证合同成立。

第686条 保证的方式包括一般保证和连带责任保证。

当事人在保证合同中对保证方式没有约定或者约定不明确的，按照一般保证承担保证责任。

第687条 当事人在保证合同中约定，债务人不能履行债务时，由保证人承担保证责任的，为一般保证。

一般保证的保证人在主合同纠纷未经审判或者仲裁，并就债务人财产依法强制执行仍不能履行债务前，有权拒绝向债权人承担保证责任，但是有下列情形之一的除外：

（一）债务人下落不明，且无财产可供执行；

（二）人民法院已经受理债务人破产案件；

（三）债权人有证据证明债务人的财产不足以履行全部债务或者丧失履行债务能力；

（四）保证人书面表示放弃本款规定的权利。

第688条 当事人在保证合同中约定保证人和债务人对债务承担连带责任的，为连带责任保证。

连带责任保证的债务人不履行到期债务或者发生当事人约定的情形时，债权人可以请求债务人履行债务，也可以请求保证人在其保证范围内承担保证责任。

第692条 保证期间是确定保证人承担保证责任的期间，不发生中止、中断和延长。

债权人与保证人可以约定保证期间，但是约定的保证期间早于主债务履行期限或者与主债务履行期限同时届满的，视为没有约定；没有约定或者约定不明确的，保证期间为主债务履行期限届满之日起六个月。

债权人与债务人对主债务履行期限没有约定或者约定不明确的，保证期间自债权人请求债务人履行债务的宽限期届满之日起计算。

第693条 一般保证的债权人未在保证期间对债务人提起诉讼或者申请仲裁的，保证人不再承担保证责任。

连带责任保证的债权人未在保证期间请求保证人承担保证责任的，保证人不再承担保证责任。

第981条 管理人管理他人事务，应当采取有利于受益人的方法。中断管理对受益人不利的，无正当理由不得中断。

55 未办理抵押登记，债务人还需承担责任吗？

案情简介

2016年6月6日，张某向贾某借款100万元，借款期限为1年，到期还本付息。张某未在约定的时间内还款，2017年6月10日，为保障合同履行，张某的朋友王某与贾某签订了一份房屋抵押借款合同，约定将某处房产抵押给贾某，张某应于2017年12月31日前还款，但王某一直不配合办理抵押登记手续。借款到期后，张某仍不能偿还借款，贾某诉至法院要求张某和王某偿还借款100万元及利息。

法院经审理认为，张某与贾某之间借贷关系成立，张某应当偿还贾某借款及利息。对于抵押合同效力问题，根据《物权法》第187条"以不动产抵押的，应当办理抵押登记，抵押权自登记时设立"的规定，本案中，抵押合同签订后，未办理抵押登记，导致涉案房屋的抵押权未设立。但根据《物权法》第15条的规定，未办理抵押登记的，不影响合同效力，贾某虽然没有取得抵押房屋的抵押权，其丧失的仅是优先受偿权，并没有丧失请求王某承担合同责任的权利。因此，王某应在张某不能清偿或不完全清偿到期债务时，承担补充清偿责任。

律师提示

中小企业老板经常会因经营产生民间借贷，也经常以抵押担保的方式保障债权。然而，由于抵押人不配合或其他情形，签订抵押合同后未办理抵押登记的情况时常发生。此时抵押人责任如何认定？

第一种观点认为，抵押人不承担责任。根据《民法典》的规定，不动产抵押权未办理抵押权登记，抵押权不成立。在抵押权不成立的情况下，抵押人不应承担抵押担保责任。

第二种观点认为，抵押人在抵押物的范围内承担赔偿责任。未依约办理抵押登记手续，抵押人本身存在过错，应承担违约责任，在债务人不能清偿的情况下，在抵押物价值范围内承担补充清偿责任。

第三种观点认为，抵押人承担连带清偿责任。不动产抵押合同成立，抵押权因未办理抵押登记而未设立，债权人可以主张抵押人在抵押物价值范围内对债务承担连带清偿责任，抵押人的清偿责任应与债务人同步，但债权人不能就抵押物主张优先受偿。

笔者赞同第三种观点，根据《民法典》第 215 条的规定，当事人之间订立抵押权合同，除法律另有规定或者当事人另有约定外，自合同成立时生效；未办理物权登记的，不影响合同效力。在抵押合同仍然有效的情况下，债权人可以通过抵押合同的有效转换，基于抵押合同向抵押人主张在抵押物价值范围内对债务承担连带清偿责任。同时未办理登记则抵押权未有效设立，抵押权人不能就抵押物享有优先受偿权。

综上，抵押人和债权人未能就抵押物办理抵押登记手续，抵押合同成立，抵押权未设立，债权人不能就该抵押物主张优先受偿，但仍应承担相应法律责任。

法律规定

《中华人民共和国民法典》

第 214 条 不动产物权的设立、变更、转让和消灭，依照法律规定应当登记的，自记载于不动产登记簿时发生效力。

第 215 条 当事人之间订立有关设立、变更、转让和消灭不动产物权的合同，除法律另有规定或者当事人另有约定外，自合同成立时生效；未办理物权登记的，不影响合同效力。

第 388 条 设立担保物权，应当依照本法和其他法律的规定订立担保合同。担保合同包括抵押合同、质押合同和其他具有担保功能的合同。担保合同是主债权债务合同的从合同。主债权债务合同无效的，担保合同无效，但是法律另有规定的除外。

担保合同被确认无效后，债务人、担保人、债权人有过错的，应当根据其过错各自承担相应的民事责任。

第 400 条 设立抵押权，当事人应当采用书面形式订立抵押合同。

抵押合同一般包括下列条款：

（一）被担保债权的种类和数额；

（二）债务人履行债务的期限；

（三）抵押财产的名称、数量等情况；

（四）担保的范围。

第402条 以本法第三百九十五条第一款第一项至第三项规定的财产或者第五项规定的正在建造的建筑物抵押的，应当办理抵押登记。抵押权自登记时设立。

56 合同约定与抵押登记不一致时，应以哪个为准?

案情简介

2015年6月6日，某企业与某银行签订了借款本金为200万元的流动资金循环借款合同，同日签订最高额抵押担保合同，其中约定某企业以自有房产为上述债务提供抵押担保。某企业在借款到期后未依约还款，某银行向法院起诉，请求法院判令某企业归还借款本金及相应利息，并对抵押房产拍卖价款享有优先受偿权。

某企业答辩称，借款本金和利息属实，但抵押登记的最高额债权为贷款本金200万元，因此优先受偿的范围是200万元，银行对利息不享有优先受偿权。

法院经审理认为，双方在抵押合同签订后办理了抵押登记，抵押权依法自登记时成立，某银行要求在抵押范围内承担相关抵押担保责任符合法律规定，应予以支持。合同中约定抵押担保范围包含本金、利息、罚息和实现债权等费用，但登记的最高额债权为200万元，因此，某银行仅对200万元本金享有优先受偿权，对利息不享有优先受偿权。

律师提示

最高额抵押担保贷款因简便易行而成为银行目前最流行的贷款方式。抵押登记所记载的最高债权数额与抵押合同约定的抵押担保范围不一致时，应以哪个为准?

最高额抵押担保合同对抵押担保范围为贷款本金、利息以及实现债权的费用都有明确的约定，但在抵押权登记时，最高额抵押贷款中他项权证上最高债权额却只能登记成具体数额。《最高人民法院关于适用〈中华人民共和国民法典〉有关担保制度的解释》第15条第2款规定："登记的最高债权额与当事人约定的最高债权额不一致的，人民法院应当依据登记的最高债权额确定债权人优先受偿的范围。"但是，我国目前不动产担保物权登记，不同地区的系统设置及登记规则并不一致，人民法院在审理案件时应当充分注意制度设计上的差别，作出符合实际的判断：一是多数省区市的登记系统未设置“担保范围”栏目，仅有“被担保主债权数额（最高债权数额）”的表述，且只能填写固定数字。而当事人在合同中又往往约定担保物权的担保范围包括主债权及其利息、违约金等附属债权，致使合同约定的担保范围与登记不一致。显然，这种不一致是由于该地区登记系统设置及登记规则造成的该地区的普遍现象。人民法院以合同约定认定担保物权的担保范围，是符合实际的妥当选择。二是一些省区市不动产登记系统设置与登记规则比较规范，担保物权登记范围与合同约定一致在该地区是常态或者普遍现象，人民法院在审理案件时，应当以登记的担保范围为准。

综上，如果是因为登记机关的原因，不能将合同约定的担保范围在登记簿中体现，则根据合同判断担保范围。如果可以在登记簿中体现合同约定的担保范围，而由于个人疏忽大意等原因未能登记，则应以登记的担保范围为准。

法律规定

《中华人民共和国民法典》

第389条 担保物权的担保范围包括主债权及其利息、违约金、损害赔偿金、保管担保财产和实现担保物权的费用。当事人另有约定的，按照其约定。

第420条 为担保债务的履行，债务人或者第三人对一定期间内将要连续发生的债权提供担保财产的，债务人不履行到期债务或者发生当事人约定的实现抵押权的情形，抵押权人有权在最高债权额限度内就该担保财产优先受偿。

最高额抵押权设立前已经存在的债权，经当事人同意，可以转入最高额抵押担保的债权范围。

《最高人民法院关于适用〈中华人民共和国民法典〉有关担保制度的解释》

第15条 最高额担保中的最高债权额，是指包括主债权及其利息、违约金、损害赔偿金、保管担保财产的费用、实现债权或者实现担保物权的费用等在内的全部债权，但是当事人另有约定的除外。

登记的最高债权额与当事人约定的最高债权额不一致的，人民法院应当依据登记的最高债权额确定债权人优先受偿的范围。

57 借款既有抵押又有保证，保证人能否要求处置抵押物后再承担责任？

案情简介

2015年5月，甲公司与某银行签订借款合同，约定借款1000万元，借款期限为1年，借款利率为年息8%。同时，双方签订抵押合同，约定以甲公司的生产设备作为抵押担保，并在工商局办理了动产抵押登记。乙公司为甲公司的借款提供最高额1000万元的连带保证担保，并签订了保证合同。某银行已依约发放了贷款，借款到期后甲公司和乙公司未依约还款。某银行向法院起诉，要求甲公司偿还1000万元本息，对抵押生产设备在折价、变价或拍卖、变卖的价款范围内优先受偿，由乙方承担连带清偿责任。乙公司答辩称，在甲公司自己提供物保，双方又无约定的情况下，银行应当先就该物保实现债权。

法院经审理后认为，根据《物权法》第176条的规定："被担保的债权既有物的担保又有人的担保的，债务人不履行到期债务或者发生当事人约定的实现担保物权的情形，债权人应当按照约定实现债权；没有约定或者约定不明确，债务人自己提供物的担保的，债权人应当先就该物的担保实现债权；第三人提供物的担保的，债权人可以就物的担保实现债权，也可以要求保证人承担保证责任。提供担保的第三人承担担保责任后，有权向债务人追偿。"本案中，甲公司以自己的生产设备作为抵押担保，乙方提供保证担保，但没有约定具体的实现债权的顺序，故某银行应先就甲公司提供的担保物实现债权，而后在不能完全受偿的余额范围内向乙公司主张，保证人乙公司仅对甲公司担保物以外的债权额承担连带责任保证。

律师提示

为解决中小企业融资难的问题，银行在发放贷款时一般要求多个企业相互担保，采用联保模式保障银行债权。联保模式满足了中小企业融资需求，但如果企业对于物保和人保之间的法律关系认识不清，则有可能面临“灭顶之灾”。

根据《民法典》第392条的规定，被担保的债权既有物的担保又有人的担保的，债务人不履行到期债务或者发生当事人约定的实现担保物权的情形，债权人应当按照约定实现债权；在没有约定或约定不明的情形下，被担保的债权既有物的担保又有人的担保时，债务人自己提供物的担保的，债权人应当先就该物的担保实现债权；第三人提供物的担保的，债权人可以就物的担保实现债权，也可以要求保证人承担保证责任。提供担保的第三人承担担保责任后，有权向债务人追偿。

既然如此，事先的约定就显得非常重要。笔者认为，“债权人应当按照约定实现债权”中的“约定”既包括关于人的担保与物的担保之间责任顺序的约定，也包括人的担保与物的担保之间责任分担范围的约定。

1. 银行可能承诺先处置债务人的抵押财产，再处置保证人的财产。由于银行等金融机构强大的法务团队，合同范本一般均约定银行可直接要求保证人承担连带清偿责任。因此，保证人应留意借款合同、保证合同等合同中的担保条款，如果有可能，则明确约定“债权人应当先就该物的担保实现债权”，或者由经办银行出具补充协议书或者承诺书，杜绝口头承诺。

2. 银行也有可能承诺保证人仅对一定借款金额承担连带担保责任。那么，双方也应在借款合同、保证合同等合同中予以明确，或者由经办银行出具补充协议书或者承诺书，杜绝口头承诺。实务中，经常出现保证人应银行要求出具“仅对一定金额承担保证责任”的股东会决议或者承诺书，但由于前述文件的单方性，且与连带保证条款相冲突，一般无法达到免责效果！

法律规定

《中华人民共和国民法典》

第392条 被担保的债权既有物的担保又有人的担保的，债务人不履行到期债务或者发生当事人约定的实现担保物权的情形，债权人应当按照约定实现债权；没有约定或者约定不明确，债务人自己提供物的担保的，债权人应当先就该物的担保实现债权；第三人提供物的担保的，债权人可以就物的担保实现债权，也可以请求保证人承担保证责任。提供担保的第三人承担担保责任后，有权向债务人追偿。

58 审计结论能否作为项目结算依据?

案情简介

2014年3月7日,某绿化公司与某市政工程公司签订建设工程施工合同,合同约定:某市政工程公司将某路段人行道绿化工程发包给某绿化公司,最终工程结算按现行定额标准,经发包方、承包方、监理方三方确认的工程量为依据,按审计审定的工程结算价优惠3%进行结算。工程竣工验收后,因某绿化公司认为某市政工程公司拖延支付工程款,遂向法院起诉要求支付工程款82万元及相应利息。

为查明案件事实,法院向某县审计局发函询问有关审计情况。某审计局回复:我局就涉案工程委托某造价咨询机构对该工程进行审计,审计的过程中,施工方不认可审定结果,又拒绝在定案表上签字,现造价咨询机构仍未提交正式审计报告。

法院经审理认为,《最高人民法院关于审理建设工程施工合同纠纷案件适用法律问题的解释》第16条第1款定:"当事人对建设工程的计价标准或者计价方法有约定的,按照约定结算工程价款。"本案中,涉案工程已经竣工验收合格并交付使用,工程承包人有权请求工程发包人按照合同约定计算并支付工程款。但是,双方约定涉案工程最终结算"按审计审定的工程结算价优惠3%进行结算",某绿化公司请求某市政工程公司给付本案所涉工程价款的前提条件是工程价款须经审计审定,现涉案工程审计报告未出具,某绿化公司也未能举证其工程款处于长期不确定状态,因此,本院对其诉讼请求不予支持。

律师提示

根据审计法的规定,审计机关对政府投资和以政府投资为主的建设项目的预算执行和决算进行审计监督。因此,中小企业在承包该类项目时,通常会被要求将审计结论作为中小企业和建设方之间的结算依据。

具体的操作模式是：政府投资和以政府投资为主的建设项目建设方（大多数是国企或者政府本身）会聘请过程造价咨询机构，对项目进行过程跟踪造价咨询，业主根据过程造价咨询机构复核结果支付进度款，结算则以政府审计部门审计结果为准。审计本来是国家为提高财政资金使用效益，促进廉政建设的一种行政监督行为，但某种程度上已经异化为政府投资项目的结算依据了。

如合同中明确约定以审计结论为结算依据，这样的约定是合同当事方真实意思的表示，是完全合法有效的，应以审计结论作为项目结算依据。审计结论能否作为结算依据在法律层面是没有争议的，散见的各类答复或复函明确立法仅规定不能强制以审计结论为准，并不否认审计结论作为结算依据的约定效力。然而，很多人却错误地解读成“审计结论均不能作为结算依据”，笔者更愿认为这是作为弱势承包方的情绪化表达。

承包方与建设方签订项目合同时，实际上不具备条款协商基础和能力。因此，笔者建议注意以下内容：

1. 政府或国有投资工程不得强制或者变相强制以审计机关的审计结论作为工程结算依据，但是证明中小企业被强制签订合同几乎不可能，因此，如果合同中约定了“以审计结论作为结算依据”或签订了类似结算条款，中小企业应受其约束。

2. 尽管政府审计具有一定权威性，但审计机关一般都是委托第三方机构进行审计，不客观甚至错误的审计结论并不鲜见。审计法规定被审计单位对审计决定不服可以申请行政复议或者提起行政诉讼，由于承包方一般不是被审计单位，因此，建议约定承包方对审计结论不服时，建设方必须申请行政复议或者提起行政诉讼，以免中小企业权益受到损害。

3. 为防止“久审不定”等变相拖延支付情形的发生，建议约定建设方应在何时完成审计及不能按时完成审计的处理方式。

综上，合同约定依据审计结论进行结算时，可以按照审计结论进行项目结算。如对审计结论有异议，作为承包方的中小企业应选择合适的维权策略，而不是强行否认审计结论作为结算依据。

法律规定

《中华人民共和国审计法》

第22条 审计机关对政府投资和以政府投资为主的建设项目的预算执行情况和决算，进行审计监督。

第48条 被审计单位对审计机关作出的有关财务收支的审计决定不服的，可以依法申请行政复议或者提起行政诉讼。

被审计单位对审计机关作出的有关财政收支的审计决定不服的，可以提请审计机关的本级人民政府裁决，本级人民政府的裁决为最终决定。

《最高人民法院关于审理建设工程施工合同纠纷案件适用法律问题的解释（一）》

第29条 当事人在诉讼前已经对建设工程价款结算达成协议，诉讼中一方当事人申请对工程造价进行鉴定的，人民法院不予准许。

《最高人民法院关于人民法院在审理建设工程施工合同纠纷案件中如何认定财政评审中心出具的审核结论问题的答复》

福建省高级人民法院：

你院（2007）闽民他字第12号请示收悉。关于人民法院在审理建设工程施工合同纠纷案件中如何认定财政评审中心出具的审核结论问题，经研究，答复如下：

财政部门对财政投资的评定审核是国家对建设单位基本建设资金的监督管理，不影响建设单位与承建单位的合同效力及履行。但是，建设合同中明确约定以财政投资的审核结论作为结算依据的，审核结论应当作为结算的依据。

59 介绍工程收取中介费合法吗?

案情简介

2008年7月，某路桥工程公司与张某签订了居间协议。双方约定：由张某居间斡旋，若某工程中标，某路桥工程公司在建设工程合同签订后，应向张某支付建设工程合同总额2%的佣金，违约方赔偿对方10万元损失。后某路桥工程公司中标某工程，但未依约向张某支付佣金。张某向法院提起诉讼，要求佣金100万元。

一审法院经审理认为，双方当事人之间为居间合同关系，不违反法律法规之规定，双方应依约履行合同，某路桥工程公司应于判决生效后7日内支付张某100万元。某路桥工程公司不服一审判决，向某中级人民法院提起上诉。某中级人民法院对居间合同的性质予以认定，但认为居间费用过高，调整为20万元。

律师提示

当前市场环境下，建设施工类中小企业为了承揽工程，寻求各种途径开拓市场，而通过第三人介绍工程，支付中介费来承揽业务则最为典型。处理建设工程中介合同纠纷，应注意以下问题：

1. 如无特别约定，合同订立就应支付中介费用

中介合同是指中介人向委托人报告订立合同的机会或者提供订立合同的媒介服务，委托人支付报酬的合同。一般来说，中介人提供了合同当事人订立合同的媒介服务，组织双方订立合同，中介人的中介义务就已经完成，委托人应支付中介费用。因此，应控制给付中介费用的条件，以实现委托人利益的完全实现。

2. 介绍招投标活动，法律效力在司法实践中的认定不统一

本案中，法院认定介绍招投标的行为有效，但因中介费用过高予以调整。但部分判决认定，招标前保证中标的约定违反《招标投标法》的公开、公平、公正和诚信原则，属于以合法形式掩盖非法目的，中介协议无效。也有法院援引《最高人民法院关于给承包单位介绍工程索要信息费如何处理问题的复函》，认定介

绍行为无效。因此，应避免确保中标的内容，将介绍内容锁定为提供招投标信息、编制招投标文件、协助投标等，可降低介绍行为被认定为无效的风险。

3. 发包人等不应作为中介人

从相关法律规范来看，从事发包和承包活动的单位和个人被排除在中介人之外。更为重要的是，此类人员作为中介人，可能会涉及行贿、受贿、串通投标等违法犯罪行为。因此，应禁止此类情形发生。

法律规定

《中华人民共和国民法典》

第961条 中介合同是中介人向委托人报告订立合同的机会或者提供订立合同的媒介服务，委托人支付报酬的合同。

第963条 中介人促成合同成立的，委托人应当按照约定支付报酬。对中介人的报酬没有约定或者约定不明确，依据本法第五百一十条的规定仍不能确定的，根据中介人的劳务合理确定。因中介人提供订立合同的媒介服务而促成合同成立的，由该合同的当事人平均负担中介人的报酬。

中介人促成合同成立的，中介活动的费用，由中介人负担。

《最高人民检察院、公安部关于公安机关管辖的刑事案件立案追诉标准的规定》

第76条 投标人相互串通投标报价，或者投标人与招标人串通投标，涉嫌下列情形之一的，应予立案追诉：

（一）损害招标人、投标人或者国家、集体、公民的合法利益，造成直接经济损失数额在五十万元以上的；

（二）违法所得数额在十万元以上的；

（三）中标项目金额在二百万元以上的；

（四）采取威胁、欺骗或者贿赂等非法手段的；

（五）虽未达到上述数额标准，但两年内因串通投标，受过行政处罚二次以上，又串通投标的；

（六）其他情节严重的情形。

《最高人民法院关于给承包单位介绍工程索要信息费如何处理问题的复函》

山西省高级人民法院：

你院（1990）晋法研字第25号《关于胡拴毛诉梁宝堂索要信息费一案的请示报告》收悉。据报告述称：胡拴毛介绍五台县陈家庄乡建安公司四队梁宝堂与黄寨村委建筑队签订转包建筑工程合同，因向承包方索要信息费被拒绝而提起诉讼。经研究并征求有关部门的意见，我们认为：1987年2月10日城乡建设环境保护部、国家工商行政管理局所颁发的《关于加强建筑市场管理的暂行规定》第七条已明确规定："承发包工程必须严格遵守国家政策、法规，严禁行贿受贿、索取回扣、弄虚作假。不准任何单位或个人私自介绍工程收取工程'介绍费'。"胡拴毛向梁宝堂索要"信息费"的行为违反了上述规定，其诉讼请求应予驳回。同时，根据《民法通则》第六十一条第二款和第一百三十四条第三款的规定，胡拴毛已经取得的部分"信息费"可予以收缴。

以上意见，供参考。

60 招标人在招标过程中停止招标该如何承担责任？

案情简介

2016 年 8 月 18 日，某招标代理公司发布招标公告，对某市政施工工程进行公开招标，项目建设单位为国有企业甲公司。招标文件发布后，乙公司按照招标文件要求购买了标书、委托中介机构编制投标文件并提交了保证金。2016 年 8 月 31 日，因市政项目规划有变，甲公司终止了该工程招标。经协商无果，乙公司为维护其合法权利诉至法院，要求甲公司支付投标费标书购买费 800 元、投标文件编制费 1 万元等。

法院经审理认为，由于招投标行为未完成，甲公司和乙公司之间未成立合同关系，甲公司无需承担违约责任。乙公司为准备投标而支出的合理费用，是甲公司终止招标行为导致，基于诚信原则，甲公司应予赔偿。法院遂支持了乙公司的诉讼请求。

律师提示

根据民法典相关规定，当事人在订立合同过程中违背诚信原则的行为给对方造成损失的，应当承担损害赔偿责任。本案中的招标行为应认定为要约邀请，是邀请乙公司向甲公司进行要约的意思表示，甲公司和乙公司之间还未构成合同关系，因此甲公司的行为不属于违约行为。但乙公司购买了标书、提交保证金，并按照标书要求着手进行了投标的各项工作，即投标人已经对招标人产生了信赖利益，招标人不得随意撤销其招标文件，终止招标行为。

缔约过失责任是指在合同订立过程中，一方因违背《民法典》第 7 条、第 500 条等规定的诚信原则所产生的义务，而致另一方的信赖利益受损，有过失的一方当事人应承担损害赔偿责任。另外，当事人在为缔约而进行磋商的过程中，都应按照诚信原则，互负通知、保护、诚实等必要先合同义务，以维护交易的顺利进行。

另注意：一般情况下，规划、政策等发生变化不属于不可抗力，不属于免责事由。

法律规定

《中华人民共和国民法典》

第7条 民事主体从事民事活动，应当遵循诚信原则，秉持诚实，恪守承诺。

第473条 要约邀请是希望他人向自己发出要约的表示。拍卖公告、招标公告、招股说明书、债券募集办法、基金招募说明书、商业广告和宣传、寄送的价目表等为要约邀请。

商业广告和宣传的内容符合要约条件的，构成要约。

第500条 当事人在订立合同过程中有下列情形之一，造成对方损失的，应当承担赔偿责任：

（一）假借订立合同，恶意进行磋商；

（二）故意隐瞒与订立合同有关的重要事实或者提供虚假情况；

（三）有其他违背诚信原则的行为。

《中华人民共和国招投标法》

第23条 招标人对已发出的招标文件进行必要的澄清或者修改的，应当在招标文件要求提交投标文件截止时间至少十五日前，以书面形式通知所有招标文件收受人。该澄清或者修改的内容为招标文件的组成部分。

劳动工伤篇

61 什么是劳动争议“一裁终局”？

案情简介

张某于2017年6月1日入职昆明某公司，岗位为销售员，双方一直未签订书面劳动合同。2017年12月5日，张某就劳动争议申请劳动仲裁，要求解除与某公司之间的劳动关系，要求某公司支付其未签订书面合同期间的双倍工资差额、经济补偿金。某劳动人事争议仲裁院作出仲裁裁决书，裁决某公司支付张某未签订劳动合同双倍工资13000元，解除劳动合同经济补偿金2000元，并载明：本裁决为终局裁决。

法院经审理认为，《最高人民法院关于审理劳动争议案件适用法律若干问题的解释（四）》第2条规定："仲裁裁决的类型以仲裁裁决书确定为准。仲裁裁决书未载明该裁决为终局裁决或非终局裁决，用人单位不服该仲裁裁决向基层人民法院提起诉讼的，应当按照以下情形分别处理：（一）经审查认为该仲裁裁决为非终局裁决的，基层人民法院应予受理；（二）经审查认为该仲裁裁决为终局裁决的，基层人民法院不予受理，但应告知用人单位可以自收到不予受理裁定书之日起三十日内向劳动人事争议仲裁委员会所在地的中级人民法院申请撤销该仲裁裁决；已经受理的，裁定驳回起诉。"本案中，某劳动人事争议仲裁院作出的仲裁裁决书已经载明该裁决为终局裁决，依照上述司法解释的规定，用人单位不服裁决的，只能向劳动争议仲裁机构所在地的中级人民法院申请撤销裁决，而不能向人民法院提起诉讼，某公司向本院提起诉讼于法无据，应予驳回。法院遂裁定驳回了某公司的起诉。

律师提示

"一裁终局"指符合一定条件的仲裁裁决经仲裁委员会作出后，劳动者不服的有权向人民法院起诉，用人单位不得向人民法院起诉的制度。本制度的创设是为了提高劳动争议案件的处理效率，降低劳动者的维权成本，但在一定程度上限制了用人单位的权利行使。

根据《劳动争议调解仲裁法》第47条的规定，适用“一裁终局”的劳动争议仲裁案件有两类：一是追索劳动报酬、工伤医疗费、经济补偿或者赔偿金，不超过当地月最低工资标准12个月金额的争议；二是因执行国家的劳动标准在工作时间、休息休假、社会保险等方面发生的争议。

劳动者依据《劳动争议调解仲裁法》第47条第1项规定，追索劳动报酬、工伤医疗费、经济补偿或者赔偿金，如果仲裁裁决涉及数项，每项确定的数额均不超过当地月最低工资标准12个月金额的，应当按照终局裁决处理。例如，云南省一类地区的最低工资标准为1670元，因此，单项赔偿额低于20040元的劳动争议案件属于一裁终局案件。

执行国家的劳动标准在工作时间、休息休假、社会保险等方面发生的争议，一般认为不涉及具体金额问题。但社会保险争议中包括工伤保险待遇纠纷，工伤保险待遇纠纷常常涉及大额赔偿。司法实践中，工伤保险待遇纠纷是否适用“一裁终局”并不统一。云南省、重庆市等地出台了关于终局裁决的审判指导意见，将工伤保险待遇纠纷明确为“一裁终局”适用范围。云南省人力资源和社会保障厅《关于进一步做好劳动争议仲裁终局工作的通知》中规定，社会保险争议，包括因执行国家的劳动标准在养老保险、医疗保险、工伤保险、失业保险和生育保险方面发生的争议，包括但不限于支付社会保险待遇（此处的工伤保险待遇不包括工伤医疗费）的争议。也即，工伤保险待遇纠纷不论金额大小，都适用“一裁终局”。

仲裁庭裁决案件时，裁决内容同时涉及终局裁决和非终局裁决的，应当分别制作裁决书，并告知当事人相应的救济权利。劳动人事争议仲裁委员会作出的同一仲裁裁决同时包含终局裁决事项和非终局裁决事项，当事人不服该仲裁裁决向人民法院提起诉讼的，应当按照非终局裁决处理。

用人单位有证据证明终局裁决有适用法律、法规确有错误的；劳动争议仲裁委员会无管辖权的；违反法定程序的；裁决所根据的证据是伪造的；对方当事人隐瞒了足以影响公正裁决的证据的；仲裁员在仲裁该案时有索贿受贿、徇私舞弊、枉法裁决行为等情形之一的，可以自收到仲裁裁决书之日起30日内向劳动争议仲裁委员会所在地的中级人民法院申请撤销裁决。

法律规定

《劳动争议调解仲裁法》

第47条 下列劳动争议，除本法另有规定的外，仲裁裁决为终局裁决，裁决书自作出之日起发生法律效力：

（一）追索劳动报酬、工伤医疗费、经济补偿或者赔偿金，不超过当地月最低工资标准十二个月金额的争议；

（二）因执行国家的劳动标准在工作时间、休息休假、社会保险等方面发生的争议。

第48条 劳动者对本法第四十七条规定的仲裁裁决不服的，可以自收到仲裁裁决书之日起十五日内向人民法院提起诉讼。

第49条 用人单位有证据证明本法第四十七条规定的仲裁裁决有下列情形之一，可以自收到仲裁裁决书之日起三十日内向劳动争议仲裁委员会所在地的中级人民法院申请撤销裁决：

（一）适用法律、法规确有错误的；

（二）劳动争议仲裁委员会无管辖权的；

（三）违反法定程序的；

（四）裁决所根据的证据是伪造的；

（五）对方当事人隐瞒了足以影响公正裁决的证据的；

（六）仲裁员在仲裁该案时有索贿受贿、徇私舞弊、枉法裁决行为的。

人民法院经组成合议庭审查核实裁决有前款规定情形之一的，应当裁定撤销。

仲裁裁决被人民法院裁定撤销的，当事人可以自收到裁定书之日起十五日内就该劳动争议事项向人民法院提起诉讼。

《最高人民法院关于审理劳动争议案件适用法律问题的解释（一）》

第18条 仲裁裁决的类型以仲裁裁决书确定为准。仲裁裁决书未载明该裁决为终局裁决或者非终局裁决，用人单位不服该仲裁裁决向基层人民法院提起诉讼的，应当按照以下情形分别处理：

（一）经审查认为该仲裁裁决为非终局裁决的，基层人民法院应予受理；

（二）经审查认为该仲裁裁决为终局裁决的，基层人民法院不予受理，但应告知用人单位可以自收到不予受理裁定书之日起三十日内向劳动争议仲裁机构所在地的中级人民法院申请撤销该仲裁裁决；已经受理的，裁定驳回起诉。

第19条 仲裁裁决书未载明该裁决为终局裁决或者非终局裁决，劳动者依据调解仲裁法第四十七条第一项规定，追索劳动报酬、工伤医疗费、经济补偿或者赔偿金，如果仲裁裁决涉及数项，每项确定的数额均不超过当地月最低工资标准十二个月金额的，应当按照终局裁决处理。

第20条 劳动争议仲裁机构作出的同一仲裁裁决同时包含终局裁决事项和非终局裁决事项，当事人不服该仲裁裁决向人民法院提起诉讼的，应当按照非终局裁决处理。

《劳动人事争议仲裁办案规则》

第50条 仲裁庭裁决案件时，申请人根据调解仲裁法第四十七条第（一）项规定，追索劳动报酬、工伤医疗费、经济补偿或者赔偿金，如果仲裁裁决涉及数项，对单项裁决数额不超过当地月最低工资标准十二个月金额的事项，应当适用终局裁决。

前款经济补偿包括《中华人民共和国劳动合同法》（以下简称劳动合同法）规定的竞业限制期限内给予的经济补偿、解除或者终止劳动合同的经济补偿等；赔偿金包括劳动合同法规定的未签订书面劳动合同第二倍工资、违法约定试用期的赔偿金、违法解除或者终止劳动合同的赔偿金等。

根据调解仲裁法第四十七条第（二）项的规定，因执行国家的劳动标准在工作时间、休息休假、社会保险等方面发生的争议，应当适用终局裁决。

仲裁庭裁决案件时，裁决内容同时涉及终局裁决和非终局裁决的，应当分别制作裁决书，并告知当事人相应的救济权利。

62 未备案登记的劳动合同是否有效？

案情简介

2015 年6 月6 日，张某与某公司签订书面劳动合同，期限为2015 年6 月6 日至2016 年6 月5 日。某公司工作人员未将前述劳动合同进行备案，还将劳动合同期限错误登记成2015 年6 月6 日至2020 年6 月5 日。2016 年6 月5 日，某公司告知张某劳动合同到期终止，某公司决定不与张某续签合同并要求其离职。张某诉至某区劳动人事争议仲裁院，认为1 年期劳动合同未备案不生效，双方之间为存在5 年期限的劳动合同，要求某公司继续履行。

仲裁院认为，劳动合同是公司和员工之间合意的真实意思表示。劳动保障部门对劳动合同的鉴证或劳动合同登记备案，仅为行政管理需要，不影响劳动合同的效力，因此，本案中双方的劳动合同期限为1 年，对于张某要求继续履行劳动合同的请求不予支持。

律师提示

部分中小企业错误地认为劳动合同不备案就不具有法律效力，因此用人单位在不为员工购买社保的用工情况下，常常选择不签订书面劳动合同，法律风险则悄然而至。对于劳动合同效力问题，笔者结合实践作如下提示：

1. 依据《劳动合同法》规定，劳动合同由用人单位与劳动者协商一致，经用人单位与劳动者在劳动合同文本上签名或者盖章生效。尽管云南省《劳动用工登记管理试行办法》对劳动用工备案作了规定，但行政备案不影响用人单位与劳动者之间劳动合同的效力。

2. 用人单位与劳动者签订的劳动合同只要具备《劳动合同法》规定的必备条款，与现行法律、法规不冲突，即为有效的劳动合同。劳动保障部门提供的劳动合同范本仅是推荐使用，并非强制性使用。当然，为便于与劳动合同备案工作相衔接，笔者仍建议根据劳动合同范本签订合同，但应同时签订相应补充协议。

3. 网上备案、就业登记花名册或社会保险缴费记录等均存在不需要劳动者同意或者配合，用人单位单方即可办理的可能。因此，前述事实的成立不等于签订书面劳动合同，用人单位必须与劳动者达成合意，签订书面劳动合同才能避免法律风险。

4. 无论签订何种书面劳动合同，只要具备《劳动合同法》规定的必备条款，无需备案就能避免双倍工资差额赔偿的法律风险。

法律规定

《中华人民共和国劳动合同法》

第16条 劳动合同由用人单位与劳动者协商一致，并经用人单位与劳动者在劳动合同文本上签字或者盖章生效。

劳动合同文本由用人单位和劳动者各执一份。

第17条 劳动合同应当具备以下条款：

（一）用人单位的名称、住所和法定代表人或者主要负责人；

（二）劳动者的姓名、住址和居民身份证或者其他有效身份证件号码；

（三）劳动合同期限；

（四）工作内容和工作地点；

（五）工作时间和休息休假；

（六）劳动报酬；

（七）社会保险；

（八）劳动保护、劳动条件和职业危害防护；

（九）法律、法规规定应当纳入劳动合同的其他事项。

劳动合同除前款规定的必备条款外，用人单位与劳动者可以约定试用期、培训、保守秘密、补充保险和福利待遇等其他事项。

第18条 劳动合同对劳动报酬和劳动条件等标准约定不明确，引发争议的，用人单位与劳动者可以重新协商；协商不成的，适用集体合同规定；没有集体合同或者集体合同未规定劳动报酬的，实行同工同酬；没有集体合同或者集体合同未规定劳动条件等标准的，适用国家有关规定。

《云南省劳动用工登记管理试行办法》

第3条 本办法所称的劳动用工登记，是指用人单位按规定向劳动保障部门申报劳动用工情况，劳动保障部门对其主体资格、用工行为以及劳动合同内容的合法性进行审查并予以登录备案的行为。

第4条 县级以上劳动保障部门是劳动用工登记机关。

第5条 劳动用工登记内容包括：劳动合同签订（续订）；劳动合同变更；劳动合同解除、终止；其他各类劳动者的增减变化情况等。

63 分公司与员工签订的劳动合同效力如何?

案情简介

2015年6月16日，某集团公司设立某集团公司分公司。2016年1月1日，张某与某集团公司分公司签订劳动合同，合同期限自2016年1月1日起至2018年12月31日止。2016年8月2日，该分公司办理注销登记，并停止向张某发放工资。张某经劳动仲裁后，向人民法院起诉某集团公司，要求继续履行劳动合同并支付欠付工资。

法院经审理认为，张某与某集团公司分公司签订劳动合同合法有效，双方均应依法履行劳动合同。某集团公司分公司2016年8月2日办理注销登记，依照相关法律规定，其注销后的权利义务应由总公司即某集团公司承担。因此，张某与某集团公司分公司签订的劳动合同应由某集团公司继续履行，法院遂支持了张某的诉讼请求。

律师提示

集团型中小企业通常有很多子公司和分公司，子公司作为独立法人主体和员工签订劳动合同自无争议，但分公司能否与员工直接签订劳动合同，该劳动合同如何履行等问题却常常困扰企业HR。笔者试对大家关心的法律问题给予解答。

1. 分公司能否直接和员工签订劳动合同?

依据《劳动合同法实施条例》第4条之规定，劳动合同法规定的用人单位设立的分支机构，依法取得营业执照或者登记证书的，可以作为用人单位与劳动者订立劳动合同；未依法取得营业执照或者登记证书的，受用人单位委托可以与劳动者订立劳动合同。可见，合法设立的分公司可以直接以分公司名义与劳动者签订劳动合同。实务中，分公司与员工签订劳动合同并购买社会保险非常常见，已然是无需争论的问题。

2. 分公司能否作为劳动争议的当事人？

根据《最高人民法院关于适用〈中华人民共和国民事诉讼法〉的解释》第52条之规定，分公司属于《民事诉讼法》规定的其他组织，分公司虽不具有独立法人资格，但可以作为民事诉讼的当事人。要注意的是，如员工要求确认劳动关系，笔者认为应依据事实直接确认和分公司具备劳动关系；如员工要求赔偿，可以将总公司作为共同被告要求承担连带责任。

3. 分公司注销后员工如何维权？

分公司注销后，不再具备诉讼主体资格，因此员工不能再将分公司作为被告进行起诉。根据《公司法》第14条“分公司不具有法人资格，其民事责任由公司承担”之规定，员工可将总公司作为被告进行起诉。本案中判决由总公司继续履行与员工的劳动合同，依据的就是前述法律规定。但笔者认为，分公司注销导致用工主体丧失，而用工主体丧失则分公司与员工之间的劳动合同终止，合同无法继续履行。《劳动合同法》与《民事诉讼法》之间出现“断档”，需从立法层面予以解决。

法律规定

《中华人民共和国民事诉讼法》

第48条 公民、法人和其他组织可以作为民事诉讼的当事人。

法人由其法定代表人进行诉讼。其他组织由其主要负责人进行诉讼。

《中华人民共和国公司法》

第14条 公司可以设立分公司。设立分公司，应当向公司登记机关申请登记，领取营业执照。分公司不具有法人资格，其民事责任由公司承担。

公司可以设立子公司，子公司具有法人资格，依法独立承担民事责任。

《最高人民法院关于适用〈中华人民共和国民事诉讼法〉的解释》

第52条 民事诉讼法第四十八条规定的其他组织是指合法成立、有一定的组织机构和财产，但又不具备法人资格的组织，包括：

（一）依法登记领取营业执照的个人独资企业；

（二）依法登记领取营业执照的合伙企业；

（三）依法登记领取我国营业执照的中外合作经营企业、外资企业；

（四）依法成立的社会团体的分支机构、代表机构；

（五）依法设立并领取营业执照的法人的分支机构；

（六）依法设立并领取营业执照的商业银行、政策性银行和非银行金融机构的分支机构；

（七）经依法登记领取营业执照的乡镇企业、街道企业；

（八）其他符合本条规定条件的组织。

《中华人民共和国劳动合同法实施条例》

第4条 劳动合同法规定的用人单位设立的分支机构，依法取得营业执照或者登记证书的，可以作为用人单位与劳动者订立劳动合同；未依法取得营业执照或者登记证书的，受用人单位委托可以与劳动者订立劳动合同。

64 未通知工会的劳动合同解除效力如何?

案情简介

2010年12月1日，张某进入某百货公司工作，岗位为运营部部长。2017年12月12日，某百货公司以张某严重违反公司规章制度为由与其解除劳动合同。经劳动仲裁后，张某向法院起诉，认为依据《劳动合同法》第43条之规定，用人单位单方解除劳动合同，应当事先通知工会，但某百货公司没有通知，程序违法，应当支付违法解除劳动合同的经济赔偿金。

法院经审理认为，根据《最高人民法院关于审理劳动争议案件适用法律若干问题的解释（四)》第12条之规定可知，解除劳动合同事先通知工会的前提是建立了工会组织，同时根据《工会法》第2条“工会是职工自愿结合的工人阶级的群众组织”之规定，建立工会组织是职工的自愿行为。某百货公司在未建立工会组织的情况下，无法完成通知程序。张某违反用人单位的规章制度，某百货公司以此为由解除与张某的劳动合同，符合法律规定的解除劳动合同的实质要件，该解除行为不属于违法解除或者终止劳动合同，因此，某百货公司无需支付经济赔偿金。

律师提示

用人单位与员工解除劳动合同，存在通知工会等程序上的诸多要求，稍有不慎，中小企业就会陷入因违法解除劳动合同而支付经济赔偿金的不利境地。

建立了工会组织的用人单位与劳动者解除劳动合同的，应事先通知工会。但是，如果用人单位没有建立工会组织，那么是否需要通知工会呢？本案的审判思路是，由于工会组织是自律性组织，因此没有建立工会的用人单位在解除劳动合同时，就无法也无需履行通知程序。

但在司法实践中，解除劳动合同未通知工会有不同判例。因此，若用人单位没有建立自己的工会组织也没联合其他公司建立工会组织，建议用人单位在单方解除员工时将解聘理由通知当地区县工会，取得反馈意见后再将处理结果通知工会，防患于未然。

另外，根据《最高人民法院关于审理劳动争议案件适用法律问题的解释（一）》第47条之规定，解除劳动合同时未通知工会，但在起诉前已经补正的也视为解除程序合法。笔者认为，这里的“起诉前”应进行严格解释，在案件进入仲裁阶段后法院一审起诉前进行程序性补正是符合法律规定的。

法律规定

《中华人民共和国劳动合同法》

第43条 用人单位单方解除劳动合同，应当事先将理由通知工会。用人单位违反法律、行政法规规定或者劳动合同约定的，工会有权要求用人单位纠正。用人单位应当研究工会的意见，并将处理结果书面通知工会。

第78条 工会依法维护劳动者的合法权益，对用人单位履行劳动合同、集体合同的情况进行监督。用人单位违反劳动法律、法规和劳动合同、集体合同的，工会有权提出意见或者要求纠正；劳动者申请仲裁、提起诉讼的，工会依法给予支持和帮助。

《最高人民法院关于审理劳动争议案件适用法律问题的解释（一）》

第47条 建立了工会组织的用人单位解除劳动合同符合劳动合同法第三十九条、第四十条规定，但未按照劳动合同法第四十三条规定事先通知工会，劳动者以用人单位违法解除劳动合同为由请求用人单位支付赔偿金的，人民法院应予支持，但起诉前用人单位已经补正有关程序的除外。

《中华人民共和国工会法》

第2条 工会是职工自愿结合的工人阶级的群众组织。

中华全国总工会及其各工会组织代表职工的利益，依法维护职工的合法权益。

65 签订劳务合同能规避劳动关系法律风险吗?

案情简介

张某于2015年11月1日进入昆明某公司工作，任保安一职，公司与张某签订劳务合同，约定：劳务期限自2015年11月1日至2016年10月31日止，工作时间每天12小时，每月劳务报酬1800元。2016年8月，张某以公司未购买社会保险为由离职。张某向某区劳动人事争议仲裁委员会申请仲裁，主张经济补偿金和加班工资等并获部分支持。某公司认为双方系劳务关系非劳动关系。某公司不服仲裁裁决向法院起诉，请求无需支付经济补偿和加班工资。

法院经审理认为，从劳务合同内容来看，有用人单位的名称、劳动者的姓名、工作时间、劳务报酬等约定，符合订立劳动合同的基本要件；从案件事实来看，张某接受公司的工作安排及日常管理，按月领取劳动报酬，符合劳动关系的本质特征。故双方签订的劳务合同实为劳动合同，法院据此判决驳回某公司的诉讼请求。

律师提示

在中小企业服务过程中，很多企业都想通过签订劳务合同的方式来规避劳动关系的法律风险，以达到降低用工成本的目的，但实际上很难如愿。笔者不对劳动和劳务关系进行理论探讨，从实务方面发表浅见，以期对读者有所启发。

1. 合同名称不重要，重要的是合同内容。符合以下三点的都是劳动关系：（1）用人单位和劳动者符合法律、法规规定的主体资格；（2）用人单位依法制定的各项劳动规章制度适用于劳动者，劳动者受用人单位的劳动管理，从事用人单位安排的有报酬的劳动；（3）劳动者提供的劳动是用人单位业务的组成部分。

2. 劳务合同由《民法典》调整，但什么才是合法劳务合同呢？实务中，实习人员和离退休人员等人员可与公司订立劳务合同，个人与不具备劳动关系主体资格的个人之间可订立劳务合同，身兼数职的自由职业者与公司也可订立劳务合同。其他只要符合劳动关系条件的情形，均不被认定为劳务关系。

3. 承揽合同是解决之道。承揽关系是指承揽人按照定作人的要求完成工作，交付劳动成果，定作人给付报酬的权利义务关系。承揽合同中，可约定公司可将某项业务承包给个人，个人对业务成果负责，公司不对个人进行管理和考核，从而行之有效避免在个人与公司之间产生劳动关系。

法律规定

《关于确立劳动关系有关事项的通知》

一、用人单位招用劳动者未订立书面劳动合同，但同时具备下列情形的，劳动关系成立。

（一）用人单位和劳动者符合法律、法规规定的主体资格；

（二）用人单位依法制定的各项劳动规章制度适用于劳动者，劳动者受用人单位的劳动管理，从事用人单位安排的有报酬的劳动；

（三）劳动者提供的劳动是用人单位业务的组成部分。

《中华人民共和民法典》

第770条 承揽合同是承揽人按照定作人的要求完成工作，交付工作成果，定作人支付报酬的合同。

承揽包括加工、定作、修理、复制、测试、检验等工作。

第772条 承揽人应当以自己的设备、技术和劳力，完成主要工作，但是当事人另有约定的除外。

承揽人将其承揽的主要工作交由第三人完成的，应当就该第三人完成的工作成果向定作人负责；未经定作人同意的，定作人也可以解除合同。

66 已达退休年龄的进城务工人员与公司是否存在劳动关系？

案情简介

张某（女）是进城务工人员，2013 年 4 月经人介绍到某餐饮公司工作。张某在工作期间，工资按月通过转账发放，未与公司签订劳动合同。2017 年 11 月，张某在工作过程中不慎摔伤，公司不予赔偿。张某受伤时已年满 56 岁，未享受养老保险待遇。张某欲向公司主张工伤待遇赔偿，向某区劳动仲裁委申请认定与某餐饮公司具备劳动关系。某区劳动仲裁委以张某已达退休年龄为由不予受理，张某随后向某人民法院起诉。

法院经审理认为，用人单位自用工之日起即与劳动者建立劳动关系。原、被告符合法律、法规规定的主体资格。原告从事有报酬的劳动，其提供的劳动是被告业务的组成部分。虽原告受伤时已年满 50 周岁，但根据最高人民法院行政审判庭《关于超过法定退休年龄的进城务工农民因工伤亡的，应否适用〈工伤保险条例〉请示的答复》的答复意见：用人单位聘用的超过法定退休年龄的务工农民，在工作时间内因工作原因伤亡的，应当适用《工伤保险条例》的有关规定进行工伤认定。因此，应认定张某与某餐饮公司之间具备劳动关系。

律师提示

进城务工人员吃苦耐劳且用工成本低（一般不要求签订书面劳动合同和购买社会保险），因此，在餐饮、物业管理和建筑施工等中小企业从业的不在少数。那么，达到退休年龄的进城务工人员是否与公司存在劳动关系呢？

1. 根据《关于工人退休、退职的暂行办法》等法律法规规定，法定退休年龄为男年满 60 周岁，女工人年满 50 周岁，女干部年满 55 周岁。达到退休年龄，但用人单位未为其办理退休手续，劳动者继续在用人单位工作的，一般仍应按劳动关系处理。

2. 《劳动法》第15条规定，禁止用人单位招用未满16周岁的未成年人，但法律、法规对劳动者的年龄上限并未作强制性规定，因此只要具有劳动能力，并且具备成立劳动关系条件，均应认定具备劳动关系。

3. 《最高人民法院关于审理劳动争议案件适用法律若干问题的解释（一）》第32条第1款规定："用人单位与其招用的已经依法享受养老保险待遇或者领取退休金的人员发生用工争议而提起诉讼的，人民法院应当按劳务关系处理。"但如果劳动者未享受养老保险待遇或领取退休金的，一般仍应按劳动关系处理。

法律规定

《中华人民共和国劳动合同法实施条例》

第21条 劳动者达到法定退休年龄的，劳动合同终止。

《国务院关于工人退休、退职的暂行办法》

第1条 全民所有制企业、事业单位和党政机关、群众团体的工人，符合下列条件之一的，应该退休。

（一）男年满六十周岁，女年满五十周岁，连续工龄满十年的。

（二）从事井下、高空、高温、特别繁重体力劳动或者其他有害身体健康的工作，男年满五十五周岁，女年满四十五周岁，连续工龄满十年的。

本项规定也适用于工作条件与工人相同的基层干部。

（三）男年满五十周岁，女年满四十五周岁，连续工龄满十年的，由医院证明，并经劳动鉴定委员会确认，完全丧失劳动能力的。

（四）因工致残，由医院证明，并经劳动鉴定委员会确认，完全丧失劳动能力的。

《最高人民法院关于审理劳动争议案件适用法律问题的解释（一）》

第32条 用人单位与其招用的已经依法享受养老保险待遇或者领取退休金的人员发生用工争议而提起诉讼的，人民法院应当按劳务关系处理。

企业停薪留职人员、未达到法定退休年龄的内退人员、下岗待岗人员以及企业经营性停产放长假人员，因与新的用人单位发生用工争议而提起诉讼的，人民法院应当按劳动关系处理。

67 现在还有“临时工”吗?

案情简介

2016年10月，某餐饮公司招聘了包括张某在内的一批员工。公司老板将这批员工定位为“临时工”，认为“临时工”不用签订劳动合同，如果生意不好就可以随时辞退。2017年12月，某餐饮公司客流量果然急剧下滑，公司便辞退了张某等员工。张某向某劳动人事争议仲裁院申请仲裁，要求：(1)确认张某与某餐饮公司存在事实劳动关系；(2)由某餐饮公司支付未签订书面劳动合同的双倍工资差额42000元；(3)由某餐饮公司支付违法解除劳动关系的赔偿金8000元。某餐饮公司抗辩，张某为临时工，无需签订书面劳动合同，可随时辞退。

仲裁院经审理认为，张某和某餐饮公司均符合法律、法规规定的建立劳动关系的主体资格，张某受某餐饮公司的劳动管理，从事某餐饮公司安排的工作，且张某的劳动是某餐饮公司业务的组成部分，张某与某餐饮公司存在事实劳动关系。根据《劳动合同法》第82条规定，某餐饮公司未与张某签订书面劳动合同，应支付双倍工资差额。根据《劳动合同法》第87条规定，某餐饮公司解除与张某的劳动关系无合法事由，应支付违法解除的赔偿金。仲裁院遂支持了张某的仲裁请求。

律师提示

“临时工”作为计划经济的一种用工方式，是我国劳动合同制度实行以前与“正式工”相对应的概念。1995年1月1日《劳动法》实施后，国家全面推行劳动合同制度，不再区分“临时工”和“正式工”，各类职工具有平等的劳动权利和义务，“临时工”的说法在法律上已不复存在。

《劳动部办公厅对〈关于临时工等问题的请示〉的复函》中载明：关于是否还保留“临时工”的提法问题。《劳动法》施行后，所有用人单位与职工全面实行劳动合同制度，各类职工在用人单位享有的权利是平等的。因此，过去意义上相对于正式工而言的临时工名称已经不复存在。用人单位如在临时性岗位上用工，应当与劳动者签订劳动合同并依法为其建立各种社会保险，使其享有有关的福利待遇，但在劳动合同期限上可以有所区别。

然而，很多中小企业至今仍对“临时工”存在误解，并伴随着法律风险。

误解一：不签订劳动合同，就和临时工没有劳动关系

《劳动合同法》第7条规定，用人单位自用工之日起即与劳动者建立劳动关系。劳动关系建立的标准是是否存在用工，而不是有没有劳动合同。

误解二：临时工是非正式员工，可不签订劳动合同

企业应与所有员工签订劳动合同。如果不签订书面劳动合同，有关机关可依据《关于确立劳动关系有关事项的通知》的规定认定事实劳动关系，企业还可能面临双倍工资差额赔偿。另外，超过1年未签订书面劳动合同的，视为员工与企业已签订无固定期限合同。

误解三：企业可随时无理由辞退“临时工”

建立劳动关系后，除非严重违反公司规章制度等事由外，企业不能随意辞退员工。否则，员工可要求公司继续履行劳动合同，或者要求公司支付违法解除劳动合同的赔偿金。

误解四：无需为临时工缴纳社会保险

企业应为所有员工依法缴纳社会保险。根据《社会保险法》的规定，用人单位应当自用工之日起30日内为其职工向社会保险经办机构申请办理社会保险登记。如未购买社会保险，员工可要求公司补缴或向公司主张工伤保险待遇及其他保险损失。

企业因经营确需临时性、季节性用工，笔者建议选择非全日制用工或与劳动者建立以完成一定工作任务为期限的劳动合同，也可以选择劳务派遣或劳务外包等非劳动用工方式。

法律规定

《中华人民共和国劳动合同法》

第7条 用人单位自用工之日起即与劳动者建立劳动关系。用人单位应当建立职工名册备查。

第47条 经济补偿按劳动者在本单位工作的年限，每满一年支付一个月工

资的标准向劳动者支付。六个月以上不满一年的，按一年计算；不满六个月的，向劳动者支付半个月工资的经济补偿。

劳动者月工资高于用人单位所在直辖市、设区的市级人民政府公布的本地区上年度职工月平均工资三倍的，向其支付经济补偿的标准按职工月平均工资三倍的数额支付，向其支付经济补偿的年限最高不超过十二年。

本条所称月工资是指劳动者在劳动合同解除或者终止前十二个月的平均工资。

第48条 用人单位违反本法规定解除或者终止劳动合同，劳动者要求继续履行劳动合同的，用人单位应当继续履行；劳动者不要求继续履行劳动合同或者劳动合同已经不能继续履行的，用人单位应当依照本法第八十七条规定支付赔偿金。

第82条 用人单位自用工之日起超过一个月不满一年未与劳动者订立书面劳动合同的，应当向劳动者每月支付二倍的工资。

用人单位违反本法规定不与劳动者订立无固定期限劳动合同的，自应当订立无固定期限劳动合同之日起向劳动者每月支付二倍的工资。

第87条 用人单位违反本法规定解除或者终止劳动合同的，应当依照本法第四十七条规定的经济补偿标准的二倍向劳动者支付赔偿金。

《关于确立劳动关系有关事项的通知》

一、用人单位招用劳动者未订立书面劳动合同，但同时具备下列情形的，劳动关系成立。

（一）用人单位和劳动者符合法律、法规规定的主体资格；

（二）用人单位依法制定的各项劳动规章制度适用于劳动者，劳动者受用人单位的劳动管理，从事用人单位安排的有报酬的劳动；

（三）劳动者提供的劳动是用人单位业务的组成部分。

二、用人单位未与劳动者签订劳动合同，认定双方存在劳动关系时可参照下列凭证：

（一）工资支付凭证或记录（职工工资发放花名册）、缴纳各项社会保险费的记录；

（二）用人单位向劳动者发放的“工作证”、“服务证”等能够证明身份的证件；

（三）劳动者填写的用人单位招工招聘“登记表”、“报名表”等招用记录；

（四）考勤记录；

（五）其他劳动者的证言等。

其中，（一）、（三）、（四）项的有关凭证由用人单位负举证责任。

《中华人民共和国社会保险法》

第58条 用人单位应当自用工之日起三十日内为其职工向社会保险经办机构申请办理社会保险登记。未办理社会保险登记的，由社会保险经办机构核定其应当缴纳的社会保险费。

自愿参加社会保险的无雇工的个体工商户、未在用人单位参加社会保险的非全日制从业人员以及其他灵活就业人员，应当向社会保险经办机构申请办理社会保险登记。

国家建立全国统一的个人社会保障号码。个人社会保障号码为公民身份号码。

68 竞争上岗是否合法?

案情简介

张某与某公司签订无固定期限合同，工作岗位是工伤劳务管理岗。2016 年 11 月 21 日，某公司下发《人力资源部岗位竞聘方案》通知，其中规定：对未报名参加岗位竞聘及参加岗位竞聘后未能竞聘到岗位的，属部门超编人员，由部门统一分配到公司规定的相关岗位。2016 年 11 月 23 日，张某参加竞聘，其竞聘的岗位是原工伤劳务管理岗与五险一金管理岗合并后的五险一金管理岗，但竞聘失败落选。公司将其安排至宿舍看守岗位，张某拒绝到岗上班，公司以张某旷工为由解除了劳动合同。2016 年 12 月，张某申请劳动仲裁要求公司支付违法解除劳动合同的赔偿金 20 万元。

仲裁委经审理认为，张某所在部门全体岗位被纳入竞聘范围情形下，张某参加竞聘的行为并不代表其与公司就落选后安排新岗位达成了一致意见，且张某应聘的是合并后的五险一金管理岗，张某仍有按照原劳动合同约定的岗位职责与工作地点履行的意愿。另外，虽双方在合同中约定用人单位可以根据生产管理需要调整劳动者的岗位，但用人单位调整岗位应具合法性、合理性。落选后，公司将张某安排到宿舍看守岗位，与张某之前的岗位待遇差别较大，并降低了张某的社会评价，张某与公司保持协商并拒绝到岗不能视为旷工。因此，公司属违法解除劳动合同并应支付相应赔偿金。

律师提示

竞争上岗（亦称“竞聘上岗”）是指在一个企业或组织内，按照确定的岗位职责及岗位说明书的任职资格条件和录用要求进行公开选拔岗位人员的一种方式，是中小企业提质增效、盘活人力资源的流行方式。

在实务操作中，笔者建议注意以下几点：

1. 竞争上岗制度通过民主程序制定并向劳动者公示的，不能当然成为处置员工的依据。因为竞争上岗属于劳动合同变更，涉及员工的重大劳动权益，如果竞争上岗侵害员工权利，规章制度将因违反法律、法规规定而无效。同时，笔者认为员工有拒绝参加竞争上岗，要求继续履行原劳动合同的权利。

2. 参加竞争上岗不能视为企业和员工对变更劳动合同达成一致意见。《劳动合同法》第 35 条第 1 款规定，用人单位与劳动者协商一致，可以变更劳动合同约定的内容。变更劳动合同，应当采用书面形式。如被认定企业和员工对竞争上岗协商一致，企业竞争上岗后对员工进行调岗即属合法，因此，员工要谨慎签署竞争上岗文件，而企业则应努力与员工对变更劳动合同达成一致。

3. 竞争上岗落选，企业不得直接解除劳动合同或者任意调岗。劳动合同岗位、地点、期限等内容均由劳动合同确定，非经协商一致和法律规定不得随意终止或者变更。员工被证明不胜任工作，或者企业基于客观生产经营需要可调岗,但调整后的岗位性质及工资水平与员工原岗位相当、不具有侮辱性和惩罚性。

综上，企业通过行使经营自主权，对内部岗位实行竞争上岗，有利于人才流动和选拔，法律并不禁止，但如涉及调整劳动者工作岗位、变换工作地点，其实质是“劳动合同的变更”，应该审查其是否符合必要性、合理性、正当性。

法律规定

《中华人民共和国劳动合同法》

第 35 条 用人单位与劳动者协商一致，可以变更劳动合同约定的内容。变更劳动合同，应当采用书面形式。

变更后的劳动合同文本由用人单位和劳动者各执一份。

《最高人民法院关于审理劳动争议案件适用法律问题的解释（一）》

第 50 条 用人单位根据劳动合同法第四条规定，通过民主程序制定的规章制度，不违反国家法律、行政法规及政策规定，并已向劳动者公示的，可以作为确定双方权利义务的依据。

用人单位制定的内部规章制度与集体合同或者劳动合同约定的内容不一致，劳动者请求优先适用合同约定的，人民法院应予支持。

69 招聘条件等同于录用条件吗？

案情简介

某公司是销售型企业，为了打开市场，欲招聘一名销售顾问，招聘条件是“学历不限、有两年以上服务行业从业经验、吃苦耐劳、有较强的市场开拓能力的帅哥、美女均可”，面试的张某基本符合招聘条件，并且号称有很强的人脉资源。公司人力资源部门在考察后与张某签订了3年的劳动合同，试用期为3个月，月工资为5000元加提成。试用期即将届满时，张某甚至连公司要求的基本销售额都没有达成，某公司便以张某在试用期不符合公司要求为由解除了劳动合同。张某申请劳动仲裁要求某公司支付违法解除合同的赔偿金。

仲裁院经审理认为，根据《劳动合同法》第39条的规定，劳动者在试用期间被证明不符合录用条件的，用人单位可以解除劳动合同。本案中，某公司无证据证明有录用条件，因此与张某解除劳动合同违法。仲裁院遂支持了张某的仲裁请求。

律师提示

招聘广告中的招聘条件针对的是不特定的应聘者，一般明确的是应聘者的初步资格、基本条件，包括学历、经历、职称、技术资格等条件。录用条件可更进一步考察，应聘者是否符合工作岗位的具体要求，如符合可转正，如不符合，用人单位可在试用期结束前解聘劳动者。若没有约定录用条件，则公司无权解聘劳动者。

特别注意，用人单位应制定明确、可操作的录用条件，并作为劳动合同附件或者另行由劳动者签字确认，用人单位才能以不符合录用条件为由解除劳动合同。用人单位在试用期内解除劳动合同的，应当在试用期内作出并向劳动者说明理由，超过试用期再以该理由提出解除劳动合同的将不能得到支持。

法律规定

《中华人民共和国劳动合同法》

第21条 在试用期中，除劳动者有本法第三十九条和第四十条第一项、第二项规定的情形外，用人单位不得解除劳动合同。用人单位在试用期解除劳动合同的，应当向劳动者说明理由。

第39条 劳动者有下列情形之一的，用人单位可以解除劳动合同：

（一）在试用期间被证明不符合录用条件的；

（二）严重违反用人单位的规章制度的；

（三）严重失职，营私舞弊，给用人单位造成重大损害的；

（四）劳动者同时与其他用人单位建立劳动关系，对完成本单位的工作任务造成严重影响，或者经用人单位提出，拒不改正的；

（五）因本法第二十六条第一款第一项规定的情形致使劳动合同无效的；

（六）被依法追究刑事责任的。

70 违法约定试用期的法律后果是什么？

案情简介

2015年6月10日，张某入职某公司，双方签订书面劳动合同，约定劳动合同期限为1年，试用期为6个月，试用期工资为转正后工资的80%，即2400元。因张某和某公司老板发生争议，于2015年10月9日离职。张某经劳动仲裁后向人民法院起诉，要求公司补足超过法定试用期3个月的工资差额1800元和赔偿金9000元。

法院经审理认为，根据《劳动合同法》第19条“劳动合同期限三个月以下不满一年的，试用期不得超过一个月；劳动合同期限一年以上不满三年的，试用期不得超过二个月”的规定，双方劳动合同期限为1年，约定的试用期最多为2个月。某公司与张某约定6个月试用期的行为违反了法律规定，根据《劳动合同法》第83条“用人单位违反本法规定与劳动者约定试用期的，由劳动行政部门责令改正；违法约定的试用期已经履行的，由用人单位以劳动者试用期满月工资为标准，按已经履行的超过法定试用期的期间向劳动者支付赔偿金”的规定，张某实际工作时间为5个月，某公司应当向张某赔偿超过法定试用期3个月的赔偿金9000元。另外，应依法按照转正后的工资标准，补足超过法定试用期3个月的工资差额1800元。法院遂支持了张某的诉讼请求。

律师提示

很多中小企业希望灵活管理新进员工，只愿签订短期劳动合同，并约定较长的试用期。但实际上，《劳动合同法》对于试用期长短是有明确规定的，违法约定试用期则需要承担经济赔偿等法律后果。

1. 根据《劳动合同法》第19条之规定，劳动合同期限3个月以上不满1年的，试用期不得超过1个月；劳动合同期限1年以上不满3年的，试用期不得超过2个月；3年以上固定期限和无固定期限的劳动合同，试用期不得超过6个月。

以完成一定工作任务为期限的劳动合同或者劳动合同期限不满3个月的，不得约定试用期。违反前述规定约定试用期的均属于违法。另外，同一用人单位与同一劳动者只能约定一次试用期。试用期满考核不合格应予以辞退，延长试用期或者另行约定试用期均属于违法。

2. 违法约定试用期的赔偿问题。劳动者已经实际履行的，用人单位应按照已经履行的超过法定试用期的期间向劳动者支付赔偿金，对于劳动者尚未履行的期间，用人单位不需要支付赔偿金，且赔偿金需要由用人单位另行支付，不能以已发放的工资进行抵扣。赔偿金的标准是试用期满的月工资，即转正后的工资数额。

3. 根据《劳动合同法》第20条之规定，劳动者在试用期的工资不得低于本单位相同岗位最低档工资或者劳动合同约定工资的80%，并不得低于用人单位所在地的最低工资标准。因此，用人单位超过法定试用期用工的还应补足20%的工资差额。如用人单位只约定了转正工资，而实际发放的试用期工资低于转正工资80%的，则有补足所有差额部分工资的风险。

法律规定

《中华人民共和国劳动合同法》

第19条 劳动合同期限三个月以上不满一年的，试用期不得超过一个月；劳动合同期限一年以上不满三年的，试用期不得超过二个月；三年以上固定期限和无固定期限的劳动合同，试用期不得超过六个月。

同一用人单位与同一劳动者只能约定一次试用期。

以完成一定工作任务为期限的劳动合同或者劳动合同期限不满三个月的，不得约定试用期。

试用期包含在劳动合同期限内。劳动合同仅约定试用期的，试用期不成立，该期限为劳动合同期限。

第20条 劳动者在试用期的工资不得低于本单位相同岗位最低档工资或者劳动合同约定工资的百分之八十，并不得低于用人单位所在地的最低工资标准。

第83条 用人单位违反本法规定与劳动者约定试用期的，由劳动行政部门责令改正；违法约定的试用期已经履行的，由用人单位以劳动者试用期满月工资为标准，按已经履行的超过法定试用期的期间向劳动者支付赔偿金。

71 试用期辞退员工需要注意什么？

案情简介

2018年8月9日，张某入职昆明某公司工作，双方签订了劳动合同，合同期限自2018年8月9日起至2019年8月8日止，试用期为2018年8月9日至2018年11月8日，工作岗位为会计。2018年11月23日，某公司于上午通知张某不同意转正，向张某出具了一份《辞退通知书》，并要求张某自2018年11月23日起不再上班。张某向某区劳动仲裁院申请仲裁，要求某公司支付违法解除劳动合同的赔偿金5000余元。

仲裁委经审理认为，某公司未举证证明有录用条件并向张某公示，也未举证证明单方解除与张某的劳动合同，符合《劳动合同法》第39条中所规定的用人单位可依法单方解除劳动合同的任一情形。故某公司与张某解除劳动合同属于违法解除，应依法支付违法解除劳动合同赔偿金。

律师提示

试用期是用人单位和劳动者相互考察的期间。如果劳动者在试用期间被证明不符合录用条件，用人单位可以解除劳动合同，并不予支付经济补偿金。但试用期解除劳动合同需注意以下事项：

1. 试用期与劳动合同期限相关，用人单位不能随意设置。劳动合同期限3个月以上不满1年的，试用期不得超过1个月；劳动合同期限1年以上不满3年的，试用期不得超过2个月；3年以上固定期限和无固定期限的劳动合同，试用期不得超过6个月。

2. 试用期应设置在劳动合同期限内。很多中小企业与劳动者签订单独的试用期合同，但根据《劳动合同法》第19条的规定，试用期包含在劳动合同期限内，劳动合同仅约定试用期的，试用期不成立，该期限为劳动合同期限。

3. 用人单位需设置录用条件并告知劳动者。很多中小企业误认为招聘条件就是录用条件，实际上，招聘条件是面试或入职的初步筛选条件，而录用条件才是考察员工是否符合职位要求的实质性条件。用人单位不但可以把身体指标等作为录用条件，还可以把业绩内容作为录用条件，以录用到合格的劳动者。

4. 用人单位在试用期解除劳动合同的，应当在试用期内作出。很多中小企业误认为试用期未满无法考察劳动者表现，但根据《劳动合同法》第 39 条第 1 项的规定，试用期内即应证明劳动者不符合录用条件并完成解除劳动合同手续，超过试用期再以该理由提出解除劳动合同将得不到支持。

法律规定

《中华人民共和国劳动合同法》

第 19 条 劳动合同期限三个月以上不满一年的，试用期不得超过一个月；劳动合同期限一年以上不满三年的，试用期不得超过二个月；三年以上固定期限和无固定期限的劳动合同，试用期不得超过六个月。

同一用人单位与同一劳动者只能约定一次试用期。

以完成一定工作任务为期限的劳动合同或者劳动合同期限不满三个月的，不得约定试用期。

试用期包含在劳动合同期限内。劳动合同仅约定试用期的，试用期不成立，该期限为劳动合同期限。

第 21 条 在试用期中，除劳动者有本法第三十九条和第四十条第一项、第二项规定的情形外，用人单位不得解除劳动合同。用人单位在试用期解除劳动合同的，应当向劳动者说明理由。

第 39 条 劳动者有下列情形之一的，用人单位可以解除劳动合同：

（一）在试用期间被证明不符合录用条件的；

（二）严重违反用人单位的规章制度的；

（三）严重失职，营私舞弊，给用人单位造成重大损害的；

（四）劳动者同时与其他用人单位建立劳动关系，对完成本单位的工作任务造成严重影响，或者经用人单位提出，拒不改正的；

（五）因本法第二十六条第一款第一项规定的情形致使劳动合同无效的；

（六）被依法追究刑事责任的。

72 公司能否对员工进行罚款?

案情简介

2016年5月，张某入职某公司，岗位为前台接待。公司与张某签订书面劳动合同，签收并学习了《员工手册》，其中约定：劳动者迟到10分钟扣半天工资，迟到半小时扣1天工资，每月累计迟到5次按照严重违反公司规章制度处理。张某于2016年9月主动辞职，但在工资结算时，公司以张某在9月迟到两次为由扣除张某工资600元作为罚款。张某向某区劳动仲裁委申请仲裁，仲裁委裁决某公司无罚款权，应向张某返还克扣的工资600元。公司不服裁决起诉至法院。

法院经审理认为，《员工手册》经过民主程序制定并向员工公示告知，该手册关于对员工进行经济处罚的规定未违反有关法律、法规的规定，员工应遵守。但"迟到半小时扣1天工资"有失公平且不合理，酌情支持公司向张某返还400元。

律师提示

中小企业管理员工的普遍方式就是在规章制度中约定罚款，如迟到、早退罚款或工作失误、违纪罚款等。那么，这样的罚款制度是否合法有效？公司能否对员工进行罚款呢？

实务中有两种观点：

否定观点认为，罚款的法律依据是1982年国务院颁布的《企业职工奖惩条例》，但该条例仅适用于全民所有制或集体所有制企业，且已于2008年1月被废止。另外，罚款权是行政处罚行为，只有有权机关才能行使，企业无处罚权。

肯定观点认为，国家并无法律规定明确禁止企业对违纪员工进行罚款，罚款是通过民主程序制定的规章制度，不违反国家法律、行政法规及规章规定，并已向劳动者公示的，可以作为人民法院审理劳动争议案件的依据。

笔者赞同肯定观点，但罚款制度应经民主程序和向员工公示，且应公平合理。理由如下：

1. 法律既要维护劳动者的合法权益，又要保障企业的正常经营和管理秩序，罚款是企业对员工进行管理的手段之一。

2. 规章制度中的罚款不宜与行政领域的罚款相提并论，而应理解为企业自主管理权，是浮动工资的一种体现形式，罚款与扣款、不发全勤奖等内涵没有区别。

3. “举重以明轻”。实务中对于多次迟到早退等行为被认定为严重违反公司规章制度，企业可辞退员工持肯定态度，可辞退却不可以罚款，显然是违背逻辑的。

另外，中小企业需要厘清员工罚款和员工赔偿问题。《工资支付暂行规定》第16条规定，因劳动者本人原因给用人单位造成经济损失的，用人单位可按照劳动合同的约定要求其赔偿经济损失。经济损失的赔偿，可从劳动者本人的工资中扣除。但每月扣除的部分不得超过劳动者当月工资的20%。因此，如果企业能证明员工行为给企业造成了损失，可以依法直接扣款。

当然，在法律有明确规定之前，罚款的合法性争论不会有定论。为避免争议，企业可以在规章制度或员工手册中设立“全勤奖”“月考核奖”等类型的考核项目，范围可包括出勤、安全、质量、劳动纪律等方面，以管理和规范员工行为。

法律规定

《中华人民共和国行政处罚法》

第8条 公民、法人或者其他组织因违法行为受到行政处罚，其违法行为对他人造成损害的，应当依法承担民事责任。

违法行为构成犯罪，应当依法追究刑事责任的，不得以行政处罚代替刑事处罚。

《中华人民共和国劳动法》

第50条 工资应当以货币形式按月支付给劳动者本人。不得克扣或者无故拖欠劳动者的工资。

《最高人民法院关于审理劳动争议案件适用法律问题的解释（一）》

第50条 用人单位根据劳动合同法第四条规定，通过民主程序制定的规章制度，不违反国家法律、行政法规及政策规定，并已向劳动者公示的，可以作为确定双方权利义务的依据。

用人单位制定的内部规章制度与集体合同或者劳动合同约定的内容不一致，劳动者请求优先适用合同约定的，人民法院应予支持。

《工资支付暂行规定》

第15条 用人单位不得克扣劳动者工资。有下列情况之一的，用人单位可以代扣劳动者工资：

（一）用人单位代扣代缴的个人所得税；

（二）用人单位代扣代缴的应由劳动者个人负担的各项社会保险费用；

（三）法院判决、裁定中要求代扣的抚养费、赡养费；

（四）法律、法规规定可以从劳动者工资中扣除的其他费用。

第16条 因劳动者本人原因给用人单位造成经济损失的，用人单位可按照劳动合同的约定要求其赔偿经济损失。经济损失的赔偿，可从劳动者本人的工资中扣除。但每月扣除的部分不得超过劳动者当月工资的20%。若扣除后的剩余工资部分低于当地月最低工资标准，则按最低工资标准支付。

73 岗位聘用制可以解决调岗难题吗？

案情简介

2015年11月26日，张某和某公司签订劳动合同书，合同期限从2015年11月26日起至2019年11月25日止，劳动报酬由基本工资、岗位工资和其他补贴组成。同日，双方签订岗位聘用合同，约定：聘用期限自2015年11月26日起至2016年11月25日止；聘用岗位为物业经理，岗位聘用期满，员工岗位工资自动终止，公司可根据生产经营需要调整员工岗位。2016年12月1日，某公司将张某从物业经理调整为物业主管。张某不同意岗位调整，遂向某劳动人事争议仲裁院申请仲裁，要求支付差额工资和按照原岗位及工资标准继续履行劳动合同。

仲裁院经审理认为，双方于2015年11月26日签订的劳动合同书以及岗位聘用合同系双方自愿，合法有效。岗位聘用合同中约定岗位聘用期满，员工岗位工资自动终止，公司可根据生产经营需要调整员工岗位。聘用期限届满后，公司对张某进行岗位调整符合合同约定和公司章程规定，并无不妥。仲裁院遂驳回了张某的仲裁请求。

律师提示

岗位聘任制度原为机关事业单位的岗位管理举措，劳动合同期限和岗位聘用期限相分离，以达到更好管理员工、发挥员工积极性的目的。

根据《劳动合同法》的规定，调岗有“用人单位与劳动者协商调岗”“劳动者不能胜任工作调岗”两种情形，但与员工无法协商一致，仍要对员工调岗面临很多操作性困难，稍有不慎，就有可能被司法机关认定为违法调岗。

为有效管理员工，岗位聘任制不失为一种灵活的用工模式。岗位聘任属于企业自主管理权的范畴，实践中往往被认定为并未违反法律的强制性规定，员工应当遵照执行。在实务操作中，笔者建议，岗位聘用合同中应约定以下核心内容：

1. 约定岗位聘用的期限。

2. 约定岗位聘用合同期限期满，公司可根据生产经营需要调整员工岗位和工资，员工不接受合理调岗，视为员工严重违反公司规章制度，公司可解除劳动合同。

3. 岗位工资依照岗位聘用合同执行，岗位聘用合同期限届满或解除，员工不享有岗位工资，无论何种原因员工在入职新岗位前，公司支付员工待岗工资。

当然，并不是说有了岗位聘任制，企业就可以“为所欲为”。企业应建立明确的聘任标准、岗位说明书、待岗、职级等规章制度，同时，调岗应从企业正常生产经营需要出发，具备合理性，不得具有侮辱性和惩罚性。

法律规定

《中华人民共和国劳动合同法》

第35条 用人单位与劳动者协商一致，可以变更劳动合同约定的内容。变更劳动合同，应当采用书面形式。

变更后的劳动合同文本由用人单位和劳动者各执一份。

第40条 有下列情形之一的，用人单位提前三十日以书面形式通知劳动者本人或者额外支付劳动者一个月工资后，可以解除劳动合同：

（一）劳动者患病或者非因工负伤，在规定的医疗期满后不能从事原工作，也不能从事由用人单位另行安排的工作的；

（二）劳动者不能胜任工作，经过培训或者调整工作岗位，仍不能胜任工作的；

（三）劳动合同订立时所依据的客观情况发生重大变化，致使劳动合同无法履行，经用人单位与劳动者协商，未能就变更劳动合同内容达成协议的。

74 员工“接私活”该如何处理？

案情简介

2015年6月1日，某公司与张某签订劳动合同和员工职业操守协议，公司聘请张某担任总经理一职，负责公司经营管理，其主要职责包括客服团队管理、投诉处理、收入等。员工职业操守协议中约定，张某承诺如发现私下交易行为需第一时间上报管理层，且如有违反承诺愿意无条件赔偿公司直接或间接损失，但张某却纵容整个客服团队做私单。经公司报案后，公安部门对王某等客服团队进行询问，王某等人已承认做私单等相关事实。张某行为导致公司营业额损失共计300余万元，按8%佣金计算给公司造成直接损失约30万元。

公司认为，正是由于以张某为首的整个客服团队都在做私单，导致公司经营无法持续，最终关闭。张某作为总经理，其应当对公司负有忠实义务和勤勉义务。但是，恰恰相反，张某在发现下属客服做私单且收到客户举报之后，非但没有对这种行为进行制止和严肃处置，反而放纵整个客服团队做私单，严重损害公司利益，最终整个团队每个成员都发生违法乱纪行为，导致原告严重损失。因此，公司向法院起诉，要求张某承担赔偿责任。

法院经审理认为，公司高级管理人员应当遵守法律、行政法规和公司章程，对公司负有忠实义务和勤勉义务。本案中，张某作为公司总经理疏于监管，且违反了自己所签名确认的员工职业操守协议，具有过错，应承担相应的赔偿责任。考虑到造成损失的直接原因是客服的私下交易行为，结合实际损失情况，法院酌定张某承担原告20%的损失。

律师提示

员工“接私活”在中小企业中很常见。对于员工来讲，员工可能觉得公司的薪酬制度不合理，或者纯属贪欲而接私活；对于公司来讲，给员工发了工资，就有权要求员工遵守薪酬制度，否则员工拿了工资又利用公司平台接私活，轻则导致管理混乱，重则损害公司利益，甚至造成公司倒闭。

下面笔者对接私活的法律后果做简要分析。

1. 公司无明确禁止性规定，员工能否接私活？

法律没有禁止全日制员工接私活或兼职。根据《劳动合同法》第39条第4项的规定，劳动者同时与其他用人单位建立劳动关系，对完成本单位的工作任务造成严重影响，或者经用人单位提出，拒不改正的，可以解除劳动合同。因此，公司如无规章制度的规定或者劳动合同约定，员工接私活（从严格意义上讲，接私活等兼职行为并不等于建立了劳动关系），法律是不禁止的。

2. 员工接私活，公司能否辞退员工？

（1）员工利用业余时间私接与工作职责无关的业务。

如果规章制度规定或者劳动合同约定，员工接私活属于严重违反公司规章制度的行为，则公司可依据《劳动合同法》第39条第2项规定辞退员工；如果规章制度未作规定或者劳动合同也无约定，则公司应证明员工接私活对完成工作任务有严重影响，或者经公司提出后拒不改正，否则公司不能直接辞退员工。

（2）员工利用公司资源私接或截留公司现有或潜在客户业务。

如果规章制度有规定或者劳动合同有约定，公司可辞退员工；如果规章制度未作规定或者劳动合同也无约定，实务中，法院也会以员工违反诚信原则、忠实义务和职业道德为由支持公司辞退员工。

3. 员工接私活，公司能否要求员工进行赔偿？

根据《劳动合同法》第22条和第23条之规定，只有劳动者违反服务期和竞业限制约定情形下，才能要求劳动者支付违约金，因此，法院一般不支持公司要求接私活员工支付违约金。如接私活员工因自身过错造成公司损失，公司可以要求其进行赔偿，但公司应证明公司损失数额，以及公司损失与员工接私活之间的因果关系。

4. 员工接私活是否构成犯罪？

如员工使用所掌握的商业秘密接私活，则可能构成侵犯商业秘密罪。根据《刑法》第319条的规定，员工违反约定或者违反权利人有关保守商业秘密的要求，披露、使用或者允许他人使用其所掌握的商业秘密，情节严重的，处3年以下有期徒刑，并处或者单处罚金；情节特别严重的，处3年以上10年以下有期徒刑，并处罚金。

综上，公司应与员工签订保密协议或竞业限制协议，明确禁止员工接私活，并向员工支付相应费用，同时约定接私活的赔偿标准，才能有效防止员工接私活现象发生。

法律规定

《中华人民共和国劳动合同法》

第22条 用人单位为劳动者提供专项培训费用，对其进行专业技术培训的，可以与该劳动者订立协议，约定服务期。

劳动者违反服务期约定的，应当按照约定向用人单位支付违约金。违约金的数额不得超过用人单位提供的培训费用。用人单位要求劳动者支付的违约金不得超过服务期尚未履行部分所应分摊的培训费用。

用人单位与劳动者约定服务期的，不影响按照正常的工资调整机制提高劳动者在服务期期间的劳动报酬。

第23条 用人单位与劳动者可以在劳动合同中约定保守用人单位的商业秘密和与知识产权相关的保密事项。

对负有保密义务的劳动者，用人单位可以在劳动合同或者保密协议中与劳动者约定竞业限制条款，并约定在解除或者终止劳动合同后，在竞业限制期限内按月给予劳动者经济补偿。劳动者违反竞业限制约定的，应当按照约定向用人单位支付违约金。

第39条 劳动者有下列情形之一的，用人单位可以解除劳动合同：

（一）在试用期间被证明不符合录用条件的；

（二）严重违反用人单位的规章制度的；

（三）严重失职，营私舞弊，给用人单位造成重大损害的；

（四）劳动者同时与其他用人单位建立劳动关系，对完成本单位的工作任务造成严重影响，或者经用人单位提出，拒不改正的；

（五）因本法第二十六条第一款第一项规定的情形致使劳动合同无效的；

（六）被依法追究刑事责任的。

《中华人民共和国刑法》

第219条 有下列侵犯商业秘密行为之一，情节严重的，处三年以下有期徒刑，并处或者单处罚金；情节特别严重的，处三年以上十年以下有期徒刑，并处罚金：

（一）以盗窃、贿赂、欺诈、胁迫、电子侵入或者其他不正当手段获取权利人的商业秘密的；

（二）披露、使用或者允许他人使用以前项手段获取的权利人的商业秘密的；

（三）违反保密义务或者违反权利人有关保守商业秘密的要求，披露、使用或者允许他人使用其所掌握的商业秘密的。

明知前款所列行为，获取、披露、使用或者允许他人使用该商业秘密的，以侵犯商业秘密论。

本条所称权利人，是指商业秘密的所有人和经商业秘密所有人许可的商业秘密使用人。

75 员工侵占公司财物该如何处理？

案情简介

张某是某公司员工，负责货物销售及货款回收。2017 年 5 月 20 日张某离职，经某公司财务人员核对，发现经张某回收的货款共计 48 万元未入账。经某公司多次沟通未果，某公司起诉至法院要求张某返还 48 万元。

法院经审理认为，没有合法根据，取得不当利益，造成他人损失的，应当将取得的不当利益返还受损失的人。张某作为某公司员工，其经手货款 48 万余元未入账，属不当得利，应返还给某公司。

律师提示

中小企业财务制度不健全，员工法律意识淡薄，经常发生员工利用职务之便侵占公司财物的行为。员工的职务侵占行为一般从民事和刑事两个层面进行处理。

1. 民事层面。员工没有合法依据取得货款，造成公司损失，属于不当得利，公司可要求员工将不当得利的款项返还公司。

2. 刑事层面。《刑法》第 271 条规定，公司、企业或者其他单位的工作人员，利用职务上的便利，将本单位财物非法占为己有，数额较大的，处 3 年以下有期徒刑或者拘役，并处罚金；数额巨大的，处 3 年以上有期徒刑，并处罚金。员工侵占公司财物达到 6 万元以上时，应予追究刑事责任，公司可选择直接向公安机关报案。

3. 根据《最高人民法院关于在审理经济纠纷案件中涉及经济犯罪嫌疑若干问题的规定》第 12 条之规定，法院在审理民事案件时，发现有犯罪嫌疑，应将案件移送公安机关或检察机关。但从司法实践来看，在民事审判中发现侵占财物达到 6 万元以上的，案件被移送侦查机关的情况并不多。

法律规定

《中华人民共和国民法典》

第985条 得利人没有法律根据取得不当利益的，受损失的人可以请求得利人返还取得的利益，但是有下列情形之一的除外：

（一）为履行道德义务进行的给付；

（二）债务到期之前的清偿；

（三）明知无给付义务而进行的债务清偿。

《最高人民法院关于在审理经济纠纷案件中涉及经济犯罪嫌疑若干问题的规定》

第12条 人民法院已立案审理的经济纠纷案件，公安机关或检察机关认为有经济犯罪嫌疑，并说明理由附有关材料函告受理该案的人民法院的，有关人民法院应当认真审查。经过审查，认为确有经济犯罪嫌疑的，应当将案件移送公安机关或检察机关，并书面通知当事人，退还案件受理费；如认为确属经济纠纷案件的，应当依法继续审理，并将结果函告有关公安机关或检察机关。

《中华人民共和国刑法》

第271条 公司、企业或者其他单位的工作人员，利用职务上的便利，将本单位财物非法占为己有，数额较大的，处三年以下有期徒刑或者拘役，并处罚金；数额巨大的，处三年以上十年以下有期徒刑，并处罚金；数额特别巨大的，处十年以上有期徒刑或者无期徒刑，并处罚金。

国有公司、企业或者其他国有单位中从事公务的人员和国有公司、企业或者其他国有单位委派到非国有公司、企业以及其他单位从事公务的人员有前款行为的，依照本法第三百八十二条、第三百八十三条的规定定罪处罚。

《最高人民法院、最高人民检察院关于办理贪污贿赂刑事案件适用法律若干问题的解释》

第11条 刑法第一百六十三条规定的非国家工作人员受贿罪、第二百七十一条规定的职务侵占罪中的“数额较大”“数额巨大”的数额起点，按照本解释关于受贿罪、贪污罪相对应的数额标准规定的二倍、五倍执行。

刑法第二百七十二条规定的挪用资金罪中的“数额较大”“数额巨大”以及“进行非法活动”情形的数额起点，按照本解释关于挪用公款罪“数额较大”“情节严重”以及“进行非法活动”的数额标准规定的二倍执行。

刑法第一百六十四条第一款规定的对非国家工作人员行贿罪中的“数额较大”“数额巨大”的数额起点，按照本解释第七条、第八条第一款关于行贿罪的数额标准规定的二倍执行。

76 报销款是不是工资？

案情简介

2012年5月，某公司与张某签订书面劳动合同，张某岗位为销售部经理，每月固定工资为5000元，同时，张某有权每月固定报销15000元的销售费用。此后，某公司每月从其对公账户向张某的工资卡转账5000元，其余15000元则以公司财务人员王某名义转账支付给张某。2015年12月，张某以某公司拖欠工资为由，向当地劳动人事争议仲裁院申请仲裁，要求与某公司解除劳动合同，并要求某公司按照月工资2万元的标准支付经济补偿。某公司抗辩15000元为报销款项，不应计入工资总额并计算经济补偿。

仲裁院经审理认为，某公司财务人员王某账户给张某的汇款具有时间规律、金额稳定等特点，且某公司未提交公司财务报销制度及张某报销的完整凭证，故财务人员王某每月支付的15000元应为工资组成部分，张某的实际工资为2万元，故支持了张某的仲裁请求。

律师提示

报销款是指员工因履行工作职责而实际支出的，员工凭相关票据向用人单位进行实报实销的款项，如员工出差产生的差旅费、伙食费、通话费等。中小企业在工资发放过程中，应严格区分报销款和工资。

1. 一般情况下，如果用人单位能提供员工报销的票据，且票据金额与实际报销金额一致，报销发生时间不固定，报销款支付金额不固定，报销款不会被认定为工资。

2. 如报销时间、金额固定，则要注意：

（1）用人单位应制定合法有效的规章制度，对财务报销流程和方式作出明确规定，并对特定岗位的员工采用月度固定工作费用形式（报销款）作出明确规定。

（2）员工在报销时应提供相应票据，报销流程和方式符合劳动合同约定及规章制度规定。

3. 不建议采用无需提供票据、直接领取固定报销款的方式，此种情形下，报销款极易被认定为工资，并且存在非法避税的法律风险。

法律规定

《中华人民共和国劳动合同法》

第47条 经济补偿按劳动者在本单位工作的年限，每满一年支付一个月工资的标准向劳动者支付。六个月以上不满一年的，按一年计算；不满六个月的，向劳动者支付半个月工资的经济补偿。

劳动者月工资高于用人单位所在直辖市、设区的市级人民政府公布的本地区上年度职工月平均工资三倍的，向其支付经济补偿的标准按职工月平均工资三倍的数额支付，向其支付经济补偿的年限最高不超过十二年。

本条所称月工资是指劳动者在劳动合同解除或者终止前十二个月的平均工资。

《关于工资总额组成的规定》

第4条 工资总额由下列6个部分组成：

（一）计时工资；

（二）计件工资；

（三）奖金；

（四）津贴和补贴；

（五）加班加点工资；

（六）特殊情况下支付的工资。

《关于贯彻执行〈中华人民共和国劳动法〉若干问题的意见》

53. 劳动法中的“工资”是指用人单位依据国家有关规定或劳动合同的约定，以货币形式直接支付给本单位劳动者的劳动报酬，一般包括计时工资、计件工资、奖金、津贴和补贴、延长工作时间的工资报酬以及特殊情况下支付的工资等。“工资”是劳动者劳动收入的主要组成部分。劳动者的以下劳动收入不属于工资范围：(1) 单位支付给劳动者个人的社会保险福利费用，如丧葬抚恤救济费、生活困难补助费、计划生育补贴等；(2) 劳动保护方面的费用，如用人单位支付给劳动者的工作服、解毒剂、清凉饮料费用等；(3) 按规定未列入工资总额的各种劳动报酬及其他劳动收入，如根据国家规定发放的创造发明奖、国家星火奖、自然科学奖、科学技术进步奖、合理化建议和技术改进奖、中华技能大奖等，以及稿费、讲课费、翻译费等。

77 您的年终奖发了吗?

案情简介

2012年8月3日，张某经面试与某公司签订劳动合同，合同期限为3年，工作地点在昆明。合同到期后，张某继续在某公司工作，未续签劳动合同。某公司自2012年起，每年年初发放上一年度年终奖，奖金为3个月工资。但2016年初和2017年初，公司均以张某年终考核不合格为由，未向张某发放年终奖。2017年4月10日，张某向某仲裁院申请劳动仲裁，要求公司支付2015年和2016年年终奖150600元。

根据张某提供的银行流水显示，某公司支付张某2012年年终奖32000元、2013年年终奖50195元、2014年年终奖65734.1元。某公司提交了张某2015年及2016年的评价表，显示2015年张某的得分为72，2016年得分为58。双方认可张某2012年至2014年均超额完成销售任务额，2015年的业绩任务为1115000元，完成1089642元，2016年任务为1320000元，完成724822元。张某称其2016年1月至5月休产假，且某公司于2014年11月提高其任务额，导致其无法完成任务。

仲裁院经审理认为，张某与某公司无年终奖金发放的书面约定，某公司对此亦无书面的规章制度，但某公司历年均对职工进行考评并发放年终奖金，其2015年及2016年亦对张某提出了销售任务并进行了考评，因此支付年终奖金应视为双方的约定，某公司应当根据考评成绩向张某发放年终奖。2015年张某虽未完成销售任务，但其考评成绩为72，某公司于理应支付其年终奖。奖金的标准因某公司未提供相应的规章制度，应按交易明细显示的2012年至2014年收到奖金金额的平均值支付，金额为49309.7元。2016年张某未完成销售任务，且考评成绩为58，本院尊重某公司作为用工单位作出的不发放张某年终奖金的决定。仲裁院遂裁决由某公司支付张某年终奖49309.7元。双方均未起诉。

律师提示

每逢年末，年终奖都会成为热点话题。年终奖是中小企业对过去一年表现优异员工的物质奖励，是员工一年辛勤工作的回报，也体现了中小企业对员工的认同，是中小企业长期激励员工的有效手段。

根据《关于工资总额组成的规定》的相关规定，年终奖属于工资（劳动报酬）范畴。年终奖应适用劳动仲裁特殊时效制度，在职期间，员工申请仲裁要求支付年终奖不受 1 年仲裁时效的限制；劳动关系解除或终止后，员工应当自劳动关系解除或终止之日起 1 年内申请仲裁。

年终奖属于超额劳动报酬，不应理解为企业的福利。企业一般根据全年经营业绩和劳动者全年绩效考核结果自主决定是否向劳动者发放年终奖，年终奖发放不是用人单位的法定义务，发放时间、发放条件、发放标准均可自行决定。年终奖可以是固定的，也可以是浮动的；可以与劳动者个别约定，也可以是规章制度规定。如果企业有年终奖制度或者约定，企业应依法依约向员工支付。

为了企业长久健康地发展，企业应诚实守信地建立年终奖制度，避免争议。在企业年终奖无书面约定或约定不明时，员工主张年终奖的，应举证证明存在年终奖口头约定或发放年终奖惯例，且年终奖约定或惯例适用于员工本人。员工对前述事实的举证非常重要，大部分实务案例中员工败诉的原因就是无法举证单位应向其发放年终奖！员工完成举证后，根据《最高人民法院关于审理劳动争议案件适用法律问题的解释（一）》第 44 条之规定，企业需要就年终奖发放条件、发放时间及标准等承担举证责任，举证不能的应承担不利后果。

企业与员工约定离职后不再发放年终奖是否有效？一种观点认为，在员工已完成自己的工作职责的情况下，企业就应贯彻同工同酬的原则，按比例向员工支付当年的年终奖；另一种观点认为，企业与员工约定离职后不发放年终奖并未违反法律规定，且发放年终奖不是企业的法定义务，因此企业无需发放年终奖。笔者认同第二种观点，企业对年终奖发放有自主决定权。

综上，笔者建议企业在规章制度或劳动合同中明确规定年终奖的发放对象、发放条件、发放标准、发放时间、不享受年终奖的情形等，标准要尽可能细化并诚信履行。员工应注重搜集年终奖是否应发放、发放标准以及自身是否符合发放标准等证据，以维护自身合法权益。

法律规定

《关于工资总额组成的规定》

第4条 工资总额由下列6个部分组成：

（一）计时工资；

（二）计件工资；

（三）奖金；

（四）津贴和补贴；

（五）加班加点工资；

（六）特殊情况下支付的工资。

第7条 奖金是指支付给职工的超额劳动报酬和增收节支的劳动报酬。包括：

（一）生产奖；

（二）节约奖；

（三）劳动竞赛奖；

（四）机关、事业单位的奖励工资；

（五）其他奖金。

《最高人民法院关于审理劳动争议案件适用法律问题的解释（一）》

第44条 因用人单位作出的开除、除名、辞退、解除劳动合同、减少劳动报酬、计算劳动者工作年限等决定而发生的劳动争议，用人单位负举证责任。

78 带薪年休假过期作废吗？

案情简介

2015 年 9 月 1 日，张某与某公司签订了为期 3 年的劳动合同。2018 年 8 月 31 日，劳动合同到期，某公司通知张某不再续订劳动合同。在办理离职手续时，张某提出，在工作期间其从未享受过带薪年休假，故要求某公司支付年休假相应的工资待遇。2018 年 9 月 15 日，与公司协商未果后，张某向某仲裁院申请仲裁，要求公司支付 3 年年休假 15 天 200% 的工资。

某公司辩称，按照公司规章制度规定，员工在每年 12 月 31 日之前未提出休年休假的，属于自动放弃当年年休假，张某因自身原因未提出休年休假，故公司无需支付相关工资待遇。

仲裁院经审理认为，根据《企业职工带薪年休假实施办法》第 10 条之规定，单位应根据生产、工作的具体情况统筹安排职工年休假，单位确因工作需要不能安排职工休年休假的，经职工本人同意，可以不安排职工休年休假。本案中，虽然某公司规章制度中规定了自动放弃年休假的情形，但是无证据表明张某同意不休年休假，且规章制度违反了前述规定，因此，某公司应支付相应年休假工资待遇。双方均未起诉。

律师提示

《职工带薪年休假条例》于 2008 年 1 月 1 日起施行，但能享受到带薪年休假的职工少之又少。随着近两年机关事业单位强制休假规定频繁发布，带薪年休假又引起了大家的关注。

1. 带薪年休假的期限

职工累计工作已满 1 年不满 10 年的，年休假 5 天；已满 10 年不满 20 年的，年休假 10 天；已满 20 年的，年休假 15 天。国家法定休假日、休息日不计入年休假的假期。职工累计工作满 1 年，不仅指在本单位，也包括在不同单位累计工作满1年，就可以享受带薪年休假。如员工在新工作单位处于试用期，累计工作满1年仍能享受带薪年休假。

2. 员工不得享受当年年休假的情形

根据《职工带薪年休假条例》第4条之规定，职工有下列情形之一的，不享受当年的年休假：（1）职工依法享受寒暑假，其休假天数多于年休假天数的；（2）职工请事假累计20天以上且单位按照规定不扣工资的；（3）累计工作满1年不满10年的职工，请病假累计2个月以上的；（4）累计工作满10年不满20年的职工，请病假累计3个月以上的；（5）累计工作满20年以上的职工，请病假累计4个月以上的。员工已享受当年的年休假，年度内又出现以上（2）至（5）情形之一的，不享受下一年度的年休假。

3. 公司不批准，员工能否强行休假？

员工提出休假申请时，公司在考虑员工意愿的情况下，可根据生产、工作情况统筹安排，未经用人单位批准，职工不能自行休假，即公司对于职工年休假申请有批准权，员工强行休假，公司可按照旷工处理。年休假一般不跨年度安排，如情况特殊可跨1年安排，否则公司应支付年休假工资。

4. 员工因本人原因未休年休假，公司是否需要发放休假工资？

根据《企业职工带薪年休假实施办法》第10条之规定，公司应主动安排员工休假，如员工确因自身原因不愿意休假，才可以不安排职工休年休假，并不支付休假待遇。公司需要证明已主动安排休假，且员工不愿意休假，否则应承担举证不利的后果。

5. 员工能否以未支付休假工资为由解除劳动合同，并要求公司支付经济补偿？

这个命题的核心是休假工资是否属于劳动报酬，各地会有不同司法观点。在云南省，司法机关认为休假工资是劳动报酬，因此，公司不发放年假工资视为未依法发放劳动报酬，员工以此为由解除劳动合同，公司应支付经济补偿金。另外，既然休假工资是劳动报酬，那么请求支付未休假工资应适用特别仲裁时效，员工离职后1年内请求在职期间未休假工资的，司法机关均应予以支持。

法律规定

《工资支付暂行规定》

第11条 劳动者依法享受年休假、探亲假、婚假、丧假期间，用人单位应按劳动合同规定的标准支付劳动者工资。

《职工带薪年休假条例》

第5条 单位根据生产、工作的具体情况，并考虑职工本人意愿，统筹安排职工年休假。

年休假在1个年度内可以集中安排，也可以分段安排，一般不跨年度安排。单位因生产、工作特点确有必要跨年度安排职工年休假的，可以跨1个年度安排。

单位确因工作需要不能安排职工休年休假的，经职工本人同意，可以不安排职工休年休假。对职工应休未休的年休假天数，单位应当按照该职工日工资收入的300%支付年休假工资报酬。

《企业职工带薪年休假实施办法》

第10条 用人单位经职工同意不安排年休假或者安排职工休假天数少于应休年休假天数的，应当在本年度内对职工应休未休年休假天数，按照其日工资收入的300%支付未休年休假工资报酬，其中包含用人单位支付职工正常工作期间的工资收入。

用人单位安排职工休年休假，但是职工因本人原因且书面提出不休年休假的，用人单位可以只支付其正常工作期间的工资收入。

79 能否辞退长期病休员工？

案情简介

2012 年 11 月 1 日，张某进入某公司工作，双方签订合同期限为 5 年的书面劳动合同。2014 年 4 月 1 日，张某被查出身患癌症，其向某公司长期请假治疗。2015 年 3 月 4 日，某公司以张某旷工为由解除了劳动关系并停缴社保。张某无奈向某劳动人事争议仲裁院申请仲裁，要求继续履行劳动合同并补缴社保。

仲裁院经审理认为，张某所患癌症为重大疾病，依法应当享受至少 24 个月的医疗期，某公司在医疗期内解除劳动关系违法，遂支持了张某的仲裁请求。

律师提示

中小企业用工压力普遍很大，如何处理与长期病休员工，尤其重病员工的劳动关系是比较棘手的问题。医疗期是指企业职工因患病或非因工负伤停止工作治病休息不得解除劳动合同的时限，这里其实涉及的是医疗期问题。

1. 医疗期有多长？

根据《企业职工患病或非因工负伤医疗期规定》，企业职工因患病或非因工负伤，需要停止工作进行医疗时，企业应当根据职工实际参加工作年限和在本单位工作年限，给予职工 3 个月到 24 个月的医疗期。

2. 医疗期满后能否解除劳动关系？

企业职工非因工致残和经医生或医疗机构认定患有难以治疗的疾病，在医疗期内医疗终结，不能从事原工作，也不能从事用人单位另行安排的工作的，应当由劳动鉴定委员会参照工伤与职业病致残程度鉴定标准进行劳动能力的鉴定。被鉴定为 1 至 4 级的，应当退出劳动岗位，终止劳动关系，办理退休、退职手续，享受退休、退职待遇。被鉴定为 5 级至 10 级的，医疗期满后可解除劳动合同。

根据《劳动合同法》第 45 条的规定，劳动合同期满，劳动者仍在规定的医疗期内的，劳动合同应当续延至医疗期满为止。

3. 员工患有癌症等重大疾病的可以解除劳动关系吗?

根据目前的实际情况，对某些患特殊疾病（如癌症、精神病、瘫痪等）的职工，在24个月内尚不能痊愈的，经企业和劳动主管部门批准，可以适当延长医疗期。笔者认为，该类职工在医疗期满后应进行伤残鉴定，如果被鉴定为5级至10级的，医疗期满后不能从事原工作，也不能从事用人单位另行安排的工作的，可解除劳动合同。

法律规定

《企业职工患病或非因工负伤医疗期规定》

第1条 为了保障企业职工在患病或非因工负伤期间的合法权益，根据《中华人民共和国劳动法》第二十六、二十九条规定，制定本规定。

第2条 医疗期是指企业职工因患病或非因工负伤停止工作治病休息不得解除劳动合同的时限。

第3条 企业职工因患病或非因工负伤，需要停止工作医疗时，根据本人实际参加工作年限和在本单位工作年限，给予3个月到24个月的医疗期:

（一）实际工作年限10年以下的，在本单位工作年限5年以下的为3个月；5年以上的为6个月。

（二）实际工作年限10年以上的，在本单位工作年限5年以下的为6个月；5年以上10年以下的为9个月；10年以上15年以下的为12个月；15年以上20年以下的为18个月；20年以上的为24个月。

第4条 医疗期3个月的按6个月内累计病休时间计算；6个月的按12个月内累计病休时间计算；9个月的按15个月内累计病休时间计算；12个月的按18个月内累计病休时间计算；18个月的按24个月内累计病休时间计算；24个月的按30个月内累计病休时间计算。

第5条 企业职工在医疗期内，其病假工资、疾病救济费和医疗待遇按照有关规定执行。

第6条 企业职工非因工致残和经医生或医疗机构认定患有难以治疗的疾病，在医疗期内医疗终结，不能从事原工作，也不能从事用人单位另行安排的工作的，应当由劳动鉴定委员会参照工伤与职业病致残程度鉴定标准进行劳动能力的鉴定。被鉴定为一至四级的，应当退出劳动岗位，终止劳动关系，办理退休、退职手续，享受退休、退职待遇；被鉴定为五至十级的，医疗期内不得解除劳动合同。

第7条 企业职工非因工致残和经医生或医疗机构认定患有难以治疗的疾病，医疗期满，应当由劳动鉴定委员会参照工伤与职业病致残程度鉴定标准进行劳动能力的鉴定。被鉴定为一至四级的，应当退出劳动岗位，解除劳动关系，并办理退休、退职手续，享受退休、退职待遇。

第8条 医疗期满尚未痊愈者，被解除劳动合同的经济补偿问题按照有关规定执行。

第9条 本规定自1995年1月1日起施行。

《劳动部关于贯彻〈企业职工患病或非因工负伤医疗期规定〉的通知》

一、关于医疗期的计算问题

1. 医疗期计算应从病休第一天开始，累计计算。如：应享受三个月医疗期的职工，如果从1995年3月5日起第一次病休，那么，该职工的医疗期应在3月5日至9月5日之间确定，在此期间累计病休三个月即视为医疗期满。其它依此类推。

2. 病休期间，公休、假日和法定节日包括在内。

二、关于特殊疾病的医疗期问题

根据目前的实际情况，对某些患特殊疾病（如癌症、精神病、瘫痪等）的职工，在24个月内尚不能痊愈的，经企业和劳动主管部门批准，可以适当延长医疗期。

各省、自治区、直辖市在实施《医疗期规定》时，可根据当地实际情况，抓紧制定具体细则，并及时报我部备案。

80 女职工产假期间工资如何发放?

案情简介

2013年9月11日,张某与某公司签订劳动合同,期限为3年,岗位为仓库保管员。双方劳动关系存续期间,公司为张某缴纳了社会保险,张某于2015年3月23日至2015年8月28日休产假,合计158天,已享受社保部门核发的生育津贴17100.9元。2015年7月23日,公司修订了人事管理制度,其中规定:“女员工产假根据国家相关规定执行,产假期间公司不再发放工资及其他福利待遇……”并决定该规定从2015年4月起执行,并将涉及员工已发放的工资及福利待遇全部收回。

公司根据会议决定未发放张某产假期间2015年7月至8月的工资,扣发了2015年9月至11月的工资,用于收回张某产假期间2015年4月至6月发放的工资。张某和公司协商不成后,向某人事争议仲裁院申请仲裁,被驳回全部申请请求。张某不服裁决,向法院起诉,要求解除双方劳动合同,由公司发放2015年7月至11月的工资并支付经济补偿金。

法院经审理认为,根据《女职工劳动保护特别规定》第8条:“女职工产假期间的生育津贴,对已经参加生育保险的,按照用人单位上年度职工月平均工资的标准由生育保险基金支付;对未参加生育保险的,按照女职工产假前工资的标准由生育保险基金支付”之规定,社保机构报销的生育津贴用于支付女职工在生育、产假期间的工资及福利待遇,产假期间的工资和生育津贴原则上不得同时享有,但用人单位自愿支付的除外。

2015年7月至8月的工资公司可不予发放,扣发原告2015年9月、10月、11月的工资,系用于收回原告已享受了生育保险待遇期间发放的2015年4月、5月、6月的工资,公司的行为不属于未及时足额支付劳动报酬的情形,故对于原告要求被告支付工资的诉讼请求,不予支持。因公司未欠付工资,张某要求支付经济补偿金的请求也不予支持。法院遂驳回了张某的诉讼请求。

律师提示

女职工休产假，少则3～4个月，多则6～7个月，休一个产假大半年就过去了。这么长的时间如果要发放工资，对于中小企业来说还是很有压力的。那么女职工产假期间如何规定，工资如何发放呢？

1. 产假有多长？

《云南省人口与计划生育条例》第22条规定，符合法律、法规规定生育子女的，除按照国务院《女职工劳动保护特别规定》休假外，女方延长生育假60天。《女职工劳动保护特别规定》第7条第1款规定："女职工生育享受98天产假，其中产前可以休假15天；难产的，增加产假15天；生育多胞胎的，每多生育1个婴儿，增加产假15天。"也就是说，云南省女职工产假至少是158天。其他地方延长生育假按照当地规定处理。

生三胎现已属于"符合法律、法规规定生育子女"的情形，因此，二胎、三胎产假和一胎是一样的。

2. 产假期间的工资如何发放？

《女职工劳动保护特别规定》第8条第1款规定："女职工产假期间的生育津贴，对已经参加生育保险的，按照用人单位上年度职工月平均工资的标准由生育保险基金支付；对未参加生育保险的，按照女职工产假前工资的标准由用人单位支付。"因此，产假期间的工资和生育津贴原则上不得同时享有。如用人单位已为员工购买社会保险，则产假期间的工资由生育保险基金支付，用人单位无需另行支付，用人单位如已支付可依法扣回。

如用人单位未为员工购买社会保险，则产假工资等待遇由用人单位支付。产假工资按照女职工产假前工资的标准支付，女职工生育或者流产的医疗费用也应由用人单位赔偿，具体标准按统筹地规定处理。

3. 女职工产假未满提前回来上班，工资如何发放？

不论是公司还是职工原因，女职工提前回来上班的情形并不少见。女职工提前上班，客观上牺牲了自己的休息休假时间，事实上也为用人单位提供了劳动，给予职工一定补偿是符合情理的，司法实践中可能会按照"同工同酬"原则，要求用人单位在生育津贴基础上额外支付女职工正常出勤的工资。因此，女职工提前上班的，双方应协商好工资如何发放，可由女职工放弃休假，也可由单位支付全勤工资或是商定一定数额的补偿。总之，对于这种法律无明确规定的情形，应明确处理方案以避免争议。

综上，员工和公司理解了生育津贴内涵后，并不应有太多争议或委屈，法律已在保障女职工权益和公司利益之间实现了平衡。

法律规定

《中华人民共和国社会保险法》

第56条 职工有下列情形之一的，可以按照国家规定享受生育津贴：

（一）女职工生育享受产假；

（二）享受计划生育手术休假；

（三）法律、法规规定的其他情形。

生育津贴按照职工所在用人单位上年度职工月平均工资计发。

《女职工劳动保护特别规定》

第7条 女职工生育享受98天产假，其中产前可以休假15天；难产的，增加产假15天；生育多胞胎的，每多生育1个婴儿，增加产假15天。

女职工怀孕未满4个月流产的，享受15天产假；怀孕满4个月流产的，享受42天产假。

第8条 女职工产假期间的生育津贴，对已经参加生育保险的，按照用人单位上年度职工月平均工资的标准由生育保险基金支付；对未参加生育保险的，按照女职工产假前工资的标准由用人单位支付。

女职工生育或者流产的医疗费用，按照生育保险规定的项目和标准，对已经参加生育保险的，由生育保险基金支付；对未参加生育保险的，由用人单位支付。

《云南省人口与计划生育条例》

第22条 机关、企业事业单位、社会团体和其他组织的工作人员登记结婚的，在国家规定的婚假外增加婚假15天；符合法律、法规规定生育子女的，除按照国务院《女职工劳动保护特别规定》休假外，女方延长生育假60天，男方给予护理假30天。

《企业职工生育保险试行办法》

第5条 女职工生育按照法律、法规的规定享受产假。产假期间的生育津贴按照本企业上年度职工月平均工资计发，由生育保险基金支付。

《云南省职工生育保险办法》

第12条 职工领取生育或者计划生育假期的生活津贴的标准，以所在用人单位上年度职工月平均工资和本办法第十三条规定的假期天数为实际计发数，计算公式为：

实际计发数=月平均工资（元）÷30（天）×假期天数

第14条 生育医疗费用包括女职工因怀孕、生育发生的检查费、接生费、手术费、住院床位费、药品费、护理费和治疗费。计划生育手术医疗费用包括职工因计划生育实施放置（取出）宫内节育器、流产术、引产术、皮埋术、绝育及复通手术所发生的医疗费用。符合规定的医疗费由职工生育保险基金支付。

生育或计划生育医疗费实行经办机构与医疗机构协议结算，具体结算办法由经办机构自行约定。暂不具备协议结算条件的统筹地区执行个人包干结算办法。协议结算或包干结算执行“结余归己，超支自担”原则。与医疗机构协议结算超支的医疗费用，协议医疗机构不得向职工收取。

生育或计划生育医疗费用协议结算或包干结算的参考标准为：

（一）顺产2500元。

（二）难产（产钳助产和胎头吸引）3000元。

（三）剖宫产5000元。

（四）产前检查费1000元。

（五）妊娠4个月（含4个月）以上、7个月以下流产（含人工流产）的：2000元。

（六）妊娠4个月以下流产（含人工流产）600元。

（七）放置宫内节育器（含宫内节育器）450元。

（八）摘取宫内节育器150元。

（九）皮埋术200元。

（十）皮埋取除术 150 元。

（十一）输卵管结扎 2000 元。

（十二）输精管结扎 1000 元。

（十三）输卵管复通术 2500 元。

（十四）输精管复通术 2000 元。

各统筹地区可根据自身基金使用情况对各项参考标准进行适当调整。

81 企业为员工出具收入证明需要注意什么？

案情简介

2016年4月28日，某公司为张某开具在职工作证明和收入证明，收入证明载明："兹有我公司员工张某，男，汉族，身份证号码为×××××××××××××××，系我公司正式员工，月收入10600元（含补贴、津贴、奖励等其他收入，限使用于办理商业贷款手续）。"因发生争议，张某向某劳动人事争议仲裁院申请仲裁，要求解除劳动关系并支付拖欠的工资21200元。

某公司辩称，我公司与张某并不存在劳动关系，张某既没有接受我公司的管理，工资也并不是由我公司发放，张某系与案外第三人陈某存在雇佣关系。

仲裁院经审理认为，劳动关系是依法建立的由劳动者服从用人单位管理并提供劳动力，用人单位提供生产资料、支付工资，二者结合形成的权利义务关系。张某工资系由个人支付还是公司账户支付并不必然决定劳动关系的判定，且陈某系某公司的股东，张某所提供的劳动也是公司业务组成部分，公司提交的证据不能证实张某与陈某存在雇佣关系从而推翻收入证明及在职工作证明，故本院确认，张某和某公司存在劳动关系。根据《劳动合同法》第30条第1款："用人单位应当按照劳动合同约定和国家规定，向劳动者及时足额支付劳动报酬"的规定，某公司未提交相关工资支付凭证证实向张某支付工资的情况，应承担举证不能的不利后果，故某公司应当向张某支付拖欠的工资21200元。仲裁院遂支持了张某的仲裁请求。

律师提示

在员工办理签证、银行贷款、信用卡等事项时，都需要用人单位出具收入证明。用人单位开具收入证明应慎重处理，以免产生法律风险。

出具虚假收入证明存在如下法律风险：

1. 给非员工开具收入证明，可能被认定为与其存在劳动关系。收入证明一般均载明某人系企业员工，甚至载明在职时间，如无相反证据证明双方不具备劳动关系，公司在劳动争议中将面临败诉风险，并将承担支付工资、经济补偿金、补缴社会保险等赔偿责任。

2. 给员工开具虚假收入证明，可能产生不必要的劳动争议。收入证明载明了员工的收入、工作年限等内容，如无相反证据证明员工真实情况，公司在劳动争议中可能被认定为欠付工资，承担向员工补足工资差额、支付经济补偿金等法律责任。

3. 企业开具虚假收入证明并非法使用，可能面临行政处罚或者刑事责任。如在民事诉讼中，企业伪造、毁灭重要证据，妨碍人民法院审理案件的，人民法院可以根据情节轻重予以罚款、拘留；构成犯罪的，依法追究刑事责任。

如何在帮助员工的同时，又能避免开具收入证明带来的法律风险呢？笔者建议：

1. 开具真实的收入证明，证明所载情况应与员工真实情况相符。

2. 明确收入证明的接收单位，载明收入证明的实际用途和有效期，以免收入证明被滥用。

3. 对开具收入证明建立台账管理，记录开具的时间、用途，并要求员工确认签字。

4. 由员工向企业出具承诺书，载明收入证明真实用途、员工真实工资收入，以及由员工表示愿意承担因证明内容不真实而导致的法律后果，并赔偿因此给用人单位或第三方造成的损失。

法律规定

《最高人民法院关于审理劳动争议案件适用法律问题的解释（一）》

第44条 因用人单位作出的开除、除名、辞退、解除劳动合同、减少劳动报酬、计算劳动者工作年限等决定而发生的劳动争议，用人单位负举证责任。

《中华人民共和国民法典》

第153条 违反法律、行政法规的强制性规定的民事法律行为无效。但是，该强制性规定不导致该民事法律行为无效的除外。

违背公序良俗的民事法律行为无效。

第154条 行为人与相对人恶意串通，损害他人合法权益的民事法律行为无效。

第155条 无效的或者被撤销的民事法律行为自始没有法律约束力。

《中华人民共和国民事诉讼法》

第111条 诉讼参与人或者其他人有下列行为之一的，人民法院可以根据情节轻重予以罚款、拘留；构成犯罪的，依法追究刑事责任：

（一）伪造、毁灭重要证据，妨碍人民法院审理案件的；

（二）以暴力、威胁、贿买方法阻止证人作证或者指使、贿买、胁迫他人作伪证的；

（三）隐藏、转移、变卖、毁损已被查封、扣押的财产，或者已被清点并责令其保管的财产，转移已被冻结的财产的；

（四）对司法工作人员、诉讼参加人、证人、翻译人员、鉴定人、勘验人、协助执行的人，进行侮辱、诽谤、诬陷、殴打或者打击报复的；

（五）以暴力、威胁或者其他方法阻碍司法工作人员执行职务的；

（六）拒不履行人民法院已经发生法律效力的判决、裁定的。

人民法院对有前款规定的行为之一的单位，可以对其主要负责人或者直接责任人员予以罚款、拘留；构成犯罪的，依法追究刑事责任。

82 劳动合同期满终止，用人单位需要支付经济补偿吗？

案情简介

2012年3月1日，张某与昆明某旅行社有限公司签订劳动合同，期限自2012年3月1日至2013年2月28日止。期满后双方签订云南省用人单位续订劳动合同协议书，将合同期限续订至2015年2月28日。合同到期后，昆明某旅行社有限公司未再与张某续签劳动合同。张某经劳动仲裁后不服，向某区人民法院起诉，要求支付3个月的经济补偿。

法院经审理认为，《劳动合同法》第44条规定："有下列情形之一的，劳动合同终止：（一）劳动合同期满的；……"第46条规定："有下列情形之一的，用人单位应当向劳动者支付经济补偿：……（五）除用人单位维持或者提高劳动合同约定条件续订劳动合同，劳动者不同意续订的情形外，依照本法第四十四条第一项规定终止固定期限劳动合同的；……"本案中，双方劳动合同到期时，并无证据证实公司已向张某明示将维持或提高劳动合同约定的条件，而张某不同意续订合同，故按上述规定，张某在劳动合同到期终止后，可要求公司向其支付经济补偿。法院遂支持了张某的诉讼请求。

律师提示

很多中小企业主都想当然认为，劳动合同到期终止不续订，可以不用支付经济补偿。得知答案后，纷纷质疑如果劳动合同到期终止仍需要支付经济补偿，那约定劳动合同期限又有什么意义？

《关于贯彻执行〈中华人民共和国劳动法〉若干问题的意见》第38条规定："劳动合同期满或者当事人约定的劳动合同终止条件出现，劳动合同即行终止，用人单位可以不支付劳动者经济补偿金。国家另有规定的，可以从其规定。"该意见现行有效。

然而，依据《劳动合同法》第46条第5项的规定，除用人单位维持或者提高劳动合同约定条件续订劳动合同，劳动者不同意续订的情形外，用人单位应当向劳动者支付经济补偿。根据新法优于旧法的原则，只有在用人单位维持或者提高劳动合同约定条件，劳动者不同意续订的情形下，用人单位才可不支付经济补偿。此举是为了更加有效地保护劳动者的合法权益，而用人单位则应承担更大的社会责任。

对于劳动合同到期未续订原因有争议的，举证责任在于用人单位。用人单位无法举证未续订原因的，应向劳动者支付经济补偿。因此，用人单位一般应提前30天书面告知劳动者续订劳动合同，劳动者不同意续订的也应要求其书面确认。

法律规定

《中华人民共和国劳动合同法》

第44条 有下列情形之一的，劳动合同终止：

（一）劳动合同期满的；

（二）劳动者开始依法享受基本养老保险待遇的；

（三）劳动者死亡，或者被人民法院宣告死亡或者宣告失踪的；

（四）用人单位被依法宣告破产的；

（五）用人单位被吊销营业执照、责令关闭、撤销或者用人单位决定提前解散的；

（六）法律、行政法规规定的其他情形。

第46条 有下列情形之一的，用人单位应当向劳动者支付经济补偿：

（一）劳动者依照本法第三十八条规定解除劳动合同的；

（二）用人单位依照本法第三十六条规定向劳动者提出解除劳动合同并与劳动者协商一致解除劳动合同的；

（三）用人单位依照本法第四十条规定解除劳动合同的；

（四）用人单位依照本法第四十一条第一款规定解除劳动合同的；

（五）除用人单位维持或者提高劳动合同约定条件续订劳动合同，劳动者不同意续订的情形外，依照本法第四十四条第一项规定终止固定期限劳动合同的；

（六）依照本法第四十四条第四项、第五项规定终止劳动合同的；

（七）法律、行政法规规定的其他情形。

第47条 经济补偿按劳动者在本单位工作的年限，每满一年支付一个月工资的标准向劳动者支付。六个月以上不满一年的，按一年计算；不满六个月的，向劳动者支付半个月工资的经济补偿。

劳动者月工资高于用人单位所在直辖市、设区的市级人民政府公布的本地区上年度职工月平均工资三倍的，向其支付经济补偿的标准按职工月平均工资三倍的数额支付，向其支付经济补偿的年限最高不超过十二年。

本条所称月工资是指劳动者在劳动合同解除或者终止前十二个月的平均工资。

83 企业经营困难可以停工放假吗？

案情简介

2017年国庆期间，某公司由于订单较少，为减轻公司薪资支出压力，放假时间安排为2017年10月1日至10月31日。某公司认为放假期间员工并没有实际付出劳动，应按事假处理，因此没有计发国庆假期之外的工资。员工认为多放的24天假期是某公司主动提出让员工休息的，属于公司自愿给予员工的福利，休假期间应视作正常出勤并计发工资，员工遂向某区劳动人事争议仲裁院申请仲裁，请求补发24天的工资。

仲裁院经审理后认为，根据《工资支付暂行规定》第12条的规定，非因劳动者原因造成单位停工、停产在一个工资支付周期内的，用人单位应按劳动合同规定的标准支付劳动者工资。某公司因自身原因停工，且停工时间在一个工资支付周期内，公司应向员工足额发放工资，遂支持了员工的仲裁请求。

律师提示

随着经济形势下行，中小企业用工成本压力增大，为减少成本，维持企业运营，中小企业采用阶段性停工停产等方式降本增效并不鲜见。一般认为，如企业经营困难客观存在，停工停产并非针对个别员工实施，那么，企业停工停产属合法行为，是用人单位经营自主权的体现。

根据《劳动合同法》第4条的规定，用人单位在决定直接涉及劳动者切身利益的重大事项时，应当经职工代表大会或者全体职工讨论，提出方案和意见，与工会或者职工代表平等协商确定。企业停工、停产涉及员工放假工资标准以及放假期限等内容，应认定为涉及劳动者切身利益的重大事项，企业应与员工民主协商，向员工说明停工、停产原因、期限、工资支付标准及安排等相关情况，听取员工意见，并向员工公示。

企业停工、停产是为了节省人工成本，因此如何发放工资是关键问题。根据

《工资支付暂行规定》第 12 条的规定，非因劳动者原因造成单位停工、停产在一个工资支付周期内的，用人单位应按劳动合同规定的标准支付劳动者工资。超过一个工资支付周期，员工未提供劳动的，如何支付工资的标准各地不尽相同。如广东省为按照不低于当地最低工资标准的 80% 支付劳动者生活费，上海市为按照不得低于本市规定的最低工资标准发放等。

企业停工、停产是为了生存下去，但如果停工、停产期限已到仍未能恢复生产的，该如何处理呢?

笔者认为，对于员工来讲，可以企业存在《劳动合同法》第 38 条第 1 项规定的“未按照劳动合同约定提供劳动保护或者劳动条件”为由，要求解除劳动合同并要求支付经济补偿金；对于企业来讲，可以存在《劳动合同法》第 40 条第 3 项规定的“劳动合同订立时所依据的客观情况发生重大变化，致使劳动合同无法履行，经用人单位与劳动者协商，未能就变更劳动合同内容达成协议”为由，提出解除劳动合同并向员工支付经济补偿金。

从另一个侧面看，当企业发生《劳动合同法》第 40 条第 3 项规定的“劳动合同订立时所依据的客观情况发生重大变化”，履行劳动合同存在重大困难时，员工和企业应在相互理解基础上，就劳动合同变更（降低薪酬等）达成一致，以维持企业的正常运转，否则企业有权解除劳动合同，员工反而无活可干，会造成两败俱伤的局面。

维护劳动者的劳动权利和企业用工自主权，达到两者之间的平衡是一个永恒的课题。

法律规定

《中华人民共和国劳动合同法》

第 4 条 用人单位应当依法建立和完善劳动规章制度，保障劳动者享有劳动权利、履行劳动义务。

用人单位在制定、修改或者决定有关劳动报酬、工作时间、休息休假、劳动安全卫生、保险福利、职工培训、劳动纪律以及劳动定额管理等直接涉及劳动者切身利益的规章制度或者重大事项时，应当经职工代表大会或者全体职工讨论，提出方案和意见，与工会或者职工代表平等协商确定。

在规章制度和重大事项决定实施过程中，工会或者职工认为不适当的，有权向用人单位提出，通过协商予以修改完善。

用人单位应当将直接涉及劳动者切身利益的规章制度和重大事项决定公示，或者告知劳动者。

第40条 有下列情形之一的，用人单位提前三十日以书面形式通知劳动者本人或者额外支付劳动者一个月工资后，可以解除劳动合同：

（一）劳动者患病或者非因工负伤，在规定的医疗期满后不能从事原工作，也不能从事由用人单位另行安排的工作的；

（二）劳动者不能胜任工作，经过培训或者调整工作岗位，仍不能胜任工作的；

（三）劳动合同订立时所依据的客观情况发生重大变化，致使劳动合同无法履行，经用人单位与劳动者协商，未能就变更劳动合同内容达成协议的。

《工资支付暂行规定》

第12条 非因劳动者原因造成单位停工、停产在一个工资支付周期内的，用人单位应按劳动合同规定的标准支付劳动者工资。超过一个工资支付周期的，若劳动者提供了正常劳动，则支付给劳动者的劳动报酬不得低于当地的最低工资标准；若劳动者没有提供正常劳动，应按国家有关规定办理。

《昆明市工资支付条例》

第28条 非因劳动者原因造成单位停工、停产，在一个工资支付周期内的，用人单位应当按照劳动合同约定的标准支付劳动者工资。超过一个工资支付周期的，用人单位应当与提供劳动的劳动者协商确定新的工资支付办法，相应调整工资支付标准。

84 委托代缴社会保险是否合法？

案情简介

2014年1月1日，张某入职某建材公司，岗位为机械操作工。2014年8月1日，某建材公司与某人力资源服务公司达成合作，某人力资源服务公司为张某购买了工伤保险。2014年12月3日，张某在工作过程中发生意外受伤，经工伤认定后，因就赔偿事宜协商无果，张某向某仲裁院申请仲裁，请求某人力资源服务公司承担工伤待遇以及解除劳动关系的经济补偿金。

某人力资源服务公司答辩称，我公司与某建材公司是社会保险代理关系，由我公司代为购买社会保险及办理各项社保申报手续，故相关工伤认定文书显示为我公司的名称。张某由某建材公司进行招聘、录用和管理，并由其发放劳动报酬。双方签订的劳务派遣合同中明确约定，员工发生工伤后，在工伤保险报销范围以外的费用由某建材公司承担，且我公司已将社保部门核发的工伤保险待遇转账给了某建材公司。因此，我公司与张某不存在劳动关系，不应该承担赔偿责任。

仲裁院经审理认为，某人力资源服务公司虽然辩称其与某建材公司只是保险代理关系，但依据其提交的劳务派遣合同可知，某人力资源服务公司是作为劳务派遣单位向某建材公司派遣劳务人员，根据《劳动合同法》第58条“劳务派遣单位是本法所称用人单位，应当履行用人单位对劳动者的义务……”的规定，应由某人力资源服务公司承担向张某支付工伤保险待遇和经济补偿金的用人单位责任。至于某人力资源服务公司已将社保部门核发的工伤待遇转账给某建材公司以及某建材公司是否应最终承担所有赔偿责任的问题，则属于另一法律关系，不是本案劳动争议处理的范畴，本案不予处理。

律师提示

用人单位为员工购买社会保险是法定义务，该义务建立在用人单位和员工存在真实劳动关系的基础上，用人单位的该项法定义务不得随意转移。但在现实生活中，社会保险代缴现象很普遍，甚至成为很多人力资源服务公司的常规业务。

人力资源服务公司通过各种形式为用人单位代缴社会保险，目的是赚取相应管理费用。用人单位代缴社会保险需求来源：一是通过人力资源服务公司渠道可以单独缴纳工伤保险，用人单位可在防范工伤同时减少社会保险支出；二是某些用人单位通过“假派遣”形式，将员工工资通过劳务费用进行发放，或者规避签订无固定期限劳动合同等法定责任。

人力资源服务公司代缴社会保险的典型模式是“劳务派遣协议 + 抽屉协议”。劳务派遣协议从形式上制造派遣合法的假象，抽屉协议则确认双方真实代缴关系以及社保部门核发费用之外的费用由实际用人单位承担等内容。劳动者岗位不符合临时性、辅助性或者替代性的“三性”原则且工作场所、工作地点、工作性质等均未发生明显改变的情况下进行劳务派遣，实际上是一种借用劳务派遣名义逃避法律责任的逆向派遣（即假派遣），属无效劳务派遣，应认定劳动者与实际用人单位存在事实劳动关系。

用人单位委托人力资源服务公司代缴社会保险，违反了《社会保险法》等法律规定，人力资源服务公司应依法退保，并可能被处以罚款和吊销其劳务派遣业务经营许可证的处罚。在员工发生工伤时，由于工伤保险缴纳主体和用人单位主体不一致，社会保险机构可能拒付工伤保险待遇，让用人单位或人力资源服务公司承担工伤待遇。另外，在代缴社保情况下，如相关主体提供虚假的用人主体信息、虚假劳动合同等资料，可能被认定为骗保行为，涉嫌诈骗等刑事犯罪。

在代缴社会保险情况下，员工工伤能否享受保险待遇在实务中有不同判例。大部分判例认为，我国建立社会保险制度的目的在于有效保障员工在遭遇工伤时能获得医疗救治、经济补偿等物质帮助，用人单位是否以自身名义履行参保缴费的义务，与工伤职工能否获得工伤保险待遇并无必然的关联性，用人单位为员工缴纳社会保险后，员工与社保机构构成工伤保险行政关系，有依法获得工伤保险待遇的权利。

综上，代缴社会保险是违法行为，笔者建议中小企业采用劳务外包或者合法劳务派遣等形式灵活用工，降低用工成本。

法律规定

《中华人民共和国劳动合同法》

第58条 劳务派遣单位是本法所称用人单位，应当履行用人单位对劳动者的义务。劳务派遣单位与被派遣劳动者订立的劳动合同，除应当载明本法第十七条规定的事项外，还应当载明被派遣劳动者的用工单位以及派遣期限、工作岗位等情况。

劳务派遣单位应当与被派遣劳动者订立二年以上的固定期限劳动合同，按月支付劳动报酬；被派遣劳动者在无工作期间，劳务派遣单位应当按照所在地人民政府规定的最低工资标准，向其按月支付报酬。

第66条 劳动合同用工是我国的企业基本用工形式。劳务派遣用工是补充形式，只能在临时性、辅助性或者替代性的工作岗位上实施。

前款规定的临时性工作岗位是指存续时间不超过六个月的岗位；辅助性工作岗位是指为主营业务岗位提供服务的非主营业务岗位；替代性工作岗位是指用工单位的劳动者因脱产学习、休假等原因无法工作的一定期间内，可以由其他劳动者替代工作的岗位。

用工单位应当严格控制劳务派遣用工数量，不得超过其用工总量的一定比例，具体比例由国务院劳动行政部门规定。

《中华人民共和国劳动合同法实施条例》

第35条 用工单位违反劳动合同法和本条例有关劳务派遣规定的，由劳动行政部门和其他有关主管部门责令改正；情节严重的，以每位被派遣劳动者1000元以上5000元以下的标准处以罚款；给被派遣劳动者造成损害的，劳务派遣单位和用工单位承担连带赔偿责任。

《劳务派遣暂行规定》

第10条 被派遣劳动者在用工单位因工作遭受事故伤害的，劳务派遣单位应当依法申请工伤认定，用工单位应当协助工伤认定的调查核实工作。劳务派遣单位承担工伤保险责任，但可以与用工单位约定补偿办法。

被派遣劳动者在申请进行职业病诊断、鉴定时，用工单位应当负责处理职业病诊断、鉴定事宜，并如实提供职业病诊断、鉴定所需的劳动者职业史和职业危害接触史、工作场所职业病危害因素检测结果等资料，劳务派遣单位应当提供被派遣劳动者职业病诊断、鉴定所需的其他材料。

85 购买工伤保险后，工伤待遇的哪些费用仍需企业自己承担？

案情简介

张某为昆明某公司员工，某公司依法和张某签订了书面劳动合同并购买社会保险。2015 年 6 月 6 日，张某在上班期间被机器夹伤，经劳动保障行政部门认定为工伤，经劳动能力鉴定为伤残 9 级。2016 年 11 月，张某和某公司解除了劳动合同，社会保险依法支付了相关费用，某公司不予支付其他工伤保险待遇。张某向某区劳动仲裁委申请仲裁，要求某公司支付一次性伤残就业补助金和停工留薪期工资。

仲裁委经审理认为，张某发生工伤，用人单位应依法向员工支付相应工伤待遇。依据《社会保险法》第 39 条，《工伤保险条例》第 33 条“职工因工作遭受事故伤害或者患职业病需要暂停工作接受工伤医疗的，在停工留薪期内，原工资福利待遇不变，由所在单位按月支付”及《云南省实施〈工伤保险条例〉办法》第 39 条第 2 款“由用人单位按照解除或者终止劳动关系时，统筹地区上年度职工月平均工资为基数支付一次性伤残就业补助金。标准为：七级 22 个月、八级 18 个月、九级 13 个月、十级 7 个月”的规定，某公司应依法支付张某一次性伤残就业补助金和停工留薪期工资。

律师提示

大部分中小企业老板误以为购买了社会保险（部分行业可单独购买工伤保险），在员工发生工伤时就可高枕无忧，然而工伤保险待遇中部分费用却是由用人单位自行承担的。

根据《社会保险法》等法律、法规之规定，由工伤保险基金支付的费用包括：（1）治疗工伤的医疗费用和康复费用；（2）住院伙食补助费；（3）统筹地区以外就医的交通食宿费；（4）经劳动能力鉴定委员会确认需安装配置伤残辅助器具的费用；（5）生活不能自理的，经劳动能力鉴定委员会确认的生活护理费；（6）一次性伤残补助金和一至四级伤残职工按月领取的伤残津贴；（7）终止或者解除劳动合同时，应当享受的一次性工伤医疗补助金；（8）因工死亡遗属领取的丧葬补助金、供养亲属抚恤金和一次性工亡补助金；（9）因工致残劳动能力鉴定的所需费用；（10）工伤预防费。而以下费用则需要由用人单位自行承担：（1）治疗工伤期间的工资福利；（2）工伤职工在停工留薪期间生活不能自理需要护理的护理费；（3）五级、六级伤残职工按月领取的伤残津贴；（4）终止或者解除劳动合同时的一次性伤残就业补助金。

从以上规定可以看出，用人单位在依法购买社会保险情况下，仍需支付部分费用。用人单位如需进一步控制风险和成本，可选择雇主责任险或者其他商业保险来分担责任。

法律规定

《中华人民共和国社会保险法》

第38条 因工伤发生的下列费用，按照国家规定从工伤保险基金中支付：

（一）治疗工伤的医疗费用和康复费用；

（二）住院伙食补助费；

（三）到统筹地区以外就医的交通食宿费；

（四）安装配置伤残辅助器具所需费用；

（五）生活不能自理的，经劳动能力鉴定委员会确认的生活护理费；

（六）一次性伤残补助金和一至四级伤残职工按月领取的伤残津贴；

（七）终止或者解除劳动合同时，应当享受的一次性医疗补助金；

（八）因工死亡的，其遗属领取的丧葬补助金、供养亲属抚恤金和因工死亡补助金；

（九）劳动能力鉴定费。

第39条 因工伤发生的下列费用，按照国家规定由用人单位支付：

（一）治疗工伤期间的工资福利；

（二）五级、六级伤残职工按月领取的伤残津贴；

（三）终止或者解除劳动合同时，应当享受的一次性伤残就业补助金。

《工伤保险条例》

第33条 职工因工作遭受事故伤害或者患职业病需要暂停工作接受工伤医疗的，在停工留薪期内，原工资福利待遇不变，由所在单位按月支付。

停工留薪期一般不超过12个月。伤情严重或者情况特殊，经设区的市级劳动能力鉴定委员会确认，可以适当延长，但延长不得超过12个月。工伤职工评定伤残等级后，停发原待遇，按照本章的有关规定享受伤残待遇。工伤职工在停工留薪期满后仍需治疗的，继续享受工伤医疗待遇。

生活不能自理的工伤职工在停工留薪期需要护理的，由所在单位负责。

第37条 职工因工致残被鉴定为七级至十级伤残的，享受以下待遇：

（一）从工伤保险基金按伤残等级支付一次性伤残补助金，标准为：七级伤残为13个月的本人工资，八级伤残为11个月的本人工资，九级伤残为9个月的本人工资，十级伤残为7个月的本人工资；

（二）劳动、聘用合同期满终止，或者职工本人提出解除劳动、聘用合同的，由工伤保险基金支付一次性工伤医疗补助金，由用人单位支付一次性伤残就业补助金。一次性工伤医疗补助金和一次性伤残就业补助金的具体标准由省、自治区、直辖市人民政府规定。

《云南省实施〈工伤保险条例〉办法》

第10条 工伤保险基金存入社会保障基金财政专户，实行收支两条线管理。工伤保险基金依法用于工伤预防、补偿、康复等下列费用：

（一）治疗工伤的医疗费用和康复费用；

（二）住院伙食补助费；

（三）统筹地区以外就医的交通食宿费；

（四）经劳动能力鉴定委员会确认需安装配置伤残辅助器具的费用；

（五）生活不能自理的，经劳动能力鉴定委员会确认的生活护理费；

（六）一次性伤残补助金和一至四级伤残职工按月领取的伤残津贴；

（七）终止或者解除劳动合同时，应当享受的一次性工伤医疗补助金；

（八）因工死亡遗属领取的丧葬补助金、供养亲属抚恤金和一次性工亡补助金；

（九）因工致残劳动能力鉴定的所需费用；

（十）工伤预防费；

（十一）法律、法规规定的其他费用。

第39条 七级至十级伤残职工，劳动合同期满终止或者职工本人提出解除劳动合同的，用人单位可以与其解除或者终止劳动关系。

由用人单位按照解除或者终止劳动关系时，统筹地区上年度职工月平均工资为基数支付一次性伤残就业补助金。标准为：七级22个月、八级18个月、九级13个月、十级7个月。

由工伤保险基金按照解除或者终止劳动关系时，统筹地区上年度职工月平均工资为基数支付一次性工伤医疗补助金。标准为：七级8个月、八级6个月、九级3个月、十级2个月。患职业病的工伤职工，一次性工伤医疗补助金在上述标准的基础上增发30%。

86 工伤中无法报销的医疗费应由谁承担?

案情简介

2010年9月，张某到某公司上班，双方每年均签订1年期劳动合同，公司每年均为张某办理社会保险。2014年10月15日，张某因工受伤在某医院住院治疗产生医疗费19110.75元，均由公司垫支，经社保部门审核后报销了14214.25元，其余4896.50元未予报销。后因伤残待遇问题，张某申请劳动争议仲裁，因医药费已全额由公司支付，某劳动争议仲裁院裁决：(1)由用人单位依法支付停工留薪期工资和一次性伤残就业补助金；(2)用人单位配合张某到社保局领取一次性伤残补助金、一次性伤残医疗补助金、交通费、住院伙食补助费等。公司不服该裁决，向法院起诉请求判决：工伤保险基金不予报销的医疗费4896.50元由张某自行承担。

法院经审理认为，《社会保险法》第38条第1项已明确规定："因工伤发生的下列费用，按照国家规定从工伤保险基金中支付：(一)治疗工伤的医疗费用和康复费用；……"从该法条内容可以知悉，治疗工伤的医疗费用全部均应从工伤保险基金中支付，因此，在用人单位已按照国家相关法律规定依法为张某购买了工伤保险的情况下，张某应自行承担工伤保险基金不予报销的医疗费4896.50元，法院遂支持了某公司的诉讼请求。

律师提示

工伤保险是我国社会保险制度最重要的内容之一。中小企业为员工购买了工伤保险，员工因工作遭受事故伤害或者患职业病，就能从工伤保险基金获得相应医疗救治和经济补偿，但工伤保险药品目录、诊疗项目外的医疗费等费用，工伤保险基金不予报销及支付。

工伤保险基金不予报销的医疗费由谁来负担？有以下三种观点：

1. 由工伤职工自行负担。理由是：《社会保险法》第38条第1项已明确规定，治疗工伤的医疗费用由工伤保险基金支付，在用人单位已依照国家规定为员工购买工伤保险的情况下，医疗费未报销是职工治疗时部分药品超出规定药品目录，并非用人单位的责任，因此，由用人单位支付无法律依据，应由工伤员工自行负担。

2. 由用人单位负担。理由是：超出目录和标准不由工伤保险基金支付的医疗费，由用人单位还是工伤职工负担，当前法律、法规未作直接明确的规定，应依据工伤保险立法精神、相关法律法规以及法理进行综合、体系考量。根据《工伤保险条例》第 1 条的规定，工伤保险通过社会化负担方式分散用人单位的工伤风险，但分散风险并不代表免除用人单位的全部损害赔偿责任，从保护处于弱势地位的劳动者以及工伤救治客观需要考虑，该部分费用由用人单位负担更为合理。

3. 由工伤职工和用人单位按照公平原则按比例进行分担。

笔者认为，应由工伤职工自行负担为宜。一方面，工伤职工对于选择工伤保险目录内的诊疗项目和药品有一定自主权，因医院客观原因使用了超出目录的药品，却让用人单位承担责任不合理。另一方面，《社会保险法》第 38 条第 1 项已明确规定，治疗工伤的医疗费用由工伤保险基金支付，并未规定工伤保险基金不予报销的医疗费由用人单位支付，在法律已有明确规定情形下，适用所谓立法精神让用人单位承担，将极大地打击用人单位购买工伤保险的积极性。

法律规定

《中华人民共和国社会保险法》

第 38 条 因工伤发生的下列费用，按照国家规定从工伤保险基金中支付：

（一）治疗工伤的医疗费用和康复费用；

（二）住院伙食补助费；

（三）到统筹地区以外就医的交通食宿费；

（四）安装配置伤残辅助器具所需费用；

（五）生活不能自理的，经劳动能力鉴定委员会确认的生活护理费；

（六）一次性伤残补助金和一至四级伤残职工按月领取的伤残津贴；

（七）终止或者解除劳动合同时，应当享受的一次性医疗补助金；

（八）因工死亡的，其遗属领取的丧葬补助金、供养亲属抚恤金和因工死亡补助金；

（九）劳动能力鉴定费。

《工伤保险条例》

第1条 为了保障因工作遭受事故伤害或者患职业病的职工获得医疗救治和经济补偿，促进工伤预防和职业康复，分散用人单位的工伤风险，制定本条例。

第30条 职工因工作遭受事故伤害或者患职业病进行治疗，享受工伤医疗待遇。

职工治疗工伤应当在签订服务协议的医疗机构就医，情况紧急时可以先到就近的医疗机构急救。

治疗工伤所需费用符合工伤保险诊疗项目目录、工伤保险药品目录、工伤保险住院服务标准的，从工伤保险基金支付。工伤保险诊疗项目目录、工伤保险药品目录、工伤保险住院服务标准，由国务院社会保险行政部门会同国务院卫生行政部门、食品药品监督管理部门等部门规定。

职工住院治疗工伤的伙食补助费，以及经医疗机构出具证明，报经办机构同意，工伤职工到统筹地区以外就医所需的交通、食宿费用从工伤保险基金支付，基金支付的具体标准由统筹地区人民政府规定。

工伤职工治疗非工伤引发的疾病，不享受工伤医疗待遇，按照基本医疗保险办法处理。

工伤职工到签订服务协议的医疗机构进行工伤康复的费用，符合规定的，从工伤保险基金支付。

87 职工第三人侵权赔偿和工伤可以双赔吗?

案情简介

2015 年 12 月 10 日，王某在某公司工作过程中，被一辆来公司拉货的货车撞伤，经医院救治无效死亡。经昆明市人力资源和社会保障局认定为工伤。张某系王某父亲，也是其唯一法定继承人。2016 年 9 月 26 日，经某区人民法院判决，保险公司和货车司机向张某支付丧葬费、死亡赔偿金等共计 40 余万元。

2017 年 7 月，某区社保局作出《昆明市企业职工工伤保险待遇支付审核表》，审核决定工伤保险基金不予支付丧葬费补助金、扣减侵权人货车司机及保险公司赔偿的死亡赔偿金 38 万元予以补差支付一次性工亡补助金 19 万余元、核定从 2016 年 1 月起按 750 元月发放供养亲属抚恤金。张某对上述不予支付丧葬费补助金、扣减死亡赔偿金的审核不服，于 2017 年 8 月 8 日向法院提起诉讼。

法院经审理后认为，由于第三人的原因造成工伤，社会保险机构是否履行支付工伤保险待遇的职责，取决于工伤职工是否符合享受工伤保险待遇的法定要件，而不是第三人是否赔偿或是否有过失。工伤保险机构亦不应将工伤职工或其近亲属已经获得的第三人侵权赔偿金额从工伤保险待遇中予以抵扣，第三人赔偿亦不应成为社会保险机构不履行或未完全履行支付工伤保险待遇的免责事由。

依据《最高人民法院关于审理工伤保险行政案件若干问题的规定》第 8 条第 3 款规定:“职工因第三人的原因导致工伤，社会保险经办机构以职工或者其近亲属已经对第三人提起民事诉讼为由，拒绝支付工伤保险待遇的，人民法院不予支持，但第三人已经支付的医疗费用除外。”本案中，王某被认定为工亡，张某申请社保局支付王某工亡待遇符合法律规定，故该主张予以支持。遂判决：一、撤销社保局于 2017 年 7 月作出的核定王某工亡保险待遇的行政行为。二、社保局于本判决生效之日起 60 日内履行重新核定并支付王某工亡保险待遇的职责。

律师提示

工伤保险是工伤职工依法从国家和社会获得物质帮助的权利，是国家和社会对工伤职工或其亲属的经济补偿，工伤保险遵循“补偿不究过失”原则。但由于第三人的原因造成工伤时，第三人侵权赔偿和工伤保险待遇存在“双赔”和“一赔一补”两种情况。

《云南省实施〈工伤保险条例〉办法》第46条规定，用人单位及职工参加工伤保险，同时依法购买强制性保险或者被第三人侵权行为导致工伤的，在获得其他保险或者经济赔付后，由工伤保险基金补足相应的工伤保险待遇。社会保险部门一般均依据此规定，对工伤职工实行差额补偿。2014年9月1日，《最高人民法院关于审理工伤保险行政案件若干问题的规定》施行，从法律层面明确了第三人侵权赔偿和工伤保险待遇应进行双赔。本案即是双赔的典型案例。

那么，如果工伤职工先取得了工伤保险待遇，再向法院起诉要求第三人的侵权赔偿，结果会如何？经笔者了解，法院也会判决“一赔一补”，而不是“双赔”！笔者推测，法院对于《最高人民法院关于审理工伤保险行政案件若干问题的规定》第8条第3款作单项理解，认为该条款只适用于先赔人损、再赔工伤的情形，而不适用于先赔工伤，再赔人损的情形。笔者认为这种理解是错误的，是司法的滞后性造成的。

职工因第三人的原因导致工伤，职工所获取的第三人侵权的人身损害赔偿以及工伤保险待遇，是两个性质不同的法律关系中基于民事人身损害赔偿和工伤保险待遇两个不同的请求权基础而获得的受损权益赔偿，工伤保险待遇是职工基于该请求权基础应获取的一份赔偿，并非重复支付。《云南省实施〈工伤保险条例〉办法》违反上位法，应进行修订和完善；而法院对于先赔工伤、再赔人损仍实行“一赔一补”的问题，也需要司法实践的“进化”。

综上，第三人侵权行为导致工伤的应“双赔”，同时，笔者建议工伤职工应先走侵权人身损害赔偿，再要求社会保险行政部门给付工伤保险待遇，以免成为司法滞后的“受害者”！

法律规定

《中华人民共和国社会保险法》

第42条 由于第三人的原因造成工伤，第三人不支付工伤医疗费用或者无法确定第三人的，由工伤保险基金先行支付。工伤保险基金先行支付后，有权向第三人追偿。

《最高人民法院关于审理工伤保险行政案件若干问题的规定》

第8条 职工因第三人的原因受到伤害，社会保险行政部门以职工或者其近亲属已经对第三人提起民事诉讼或者获得民事赔偿为由，作出不予受理工伤认定申请或者不予认定工伤决定的，人民法院不予支持。

职工因第三人的原因受到伤害，社会保险行政部门已经作出工伤认定，职工或者其近亲属未对第三人提起民事诉讼或者尚未获得民事赔偿，起诉要求社会保险经办机构支付工伤保险待遇的，人民法院应予支持。

职工因第三人的原因导致工伤，社会保险经办机构以职工或者其近亲属已经对第三人提起民事诉讼为由，拒绝支付工伤保险待遇的，人民法院不予支持，但第三人已经支付的医疗费用除外。

《云南省实施〈工伤保险条例〉办法》（云政发〔2011〕255号）

第46条 用人单位及其职工参加工伤保险并自愿参加其他商业保险的，依法分别享受有关待遇。

用人单位及职工参加工伤保险，同时依法购买强制性保险或者被第三人侵权行为导致工伤的，在获得其他保险或者经济赔付后，由工伤保险基金补足相应的工伤保险待遇。

《云南省高级人法院云南省人力资源和社会保障厅关于审理劳动人事争议案件若干问题的座谈会纪要》

（十六） 用人单位主张从其应承担的工伤保险赔偿金额中扣除劳动者依据人身保险或其他商业保险合同已获得的赔偿金的，不予支持；但商业保险费由用人单位支付的除外。

88 员工外派期间受伤，应由谁承担赔偿责任？

案情简介

某轮胎公司与某维修公司签订了《维修服务合同》，由某轮胎公司指派9名技术人员到某维修公司处进行维修工作，某维修公司安排技术人员的具体工作，并向某轮胎公司支付维修服务费用。在维修过程中，某维修公司员工因违规操作，导致某轮胎公司指派人员余某受伤。2014年4月26日，余某被认定为工伤，伤残等级鉴定结论为10级伤残，某轮胎公司依法向余某支付工伤待遇11万元。某轮胎公司认为，某维修公司在履行《维修服务合同》中未尽保护义务，其员工违规操作导致余某受伤，向法院起诉要求某维修公司赔偿损失11万元。

法院经审理认为，《工伤保险条例》第43条第3款规定："职工被借调期间受到工伤事故伤害的，由原用人单位承担工伤保险责任，但原用人单位与借调单位可以约定补偿办法。"根据法律规定，余某作为某轮胎公司的劳动者，在依法认定为工伤前提下，无论用人单位有无过错，均应依法承担劳动者工伤保险待遇责任，但法律法规并未规定用人单位工伤保险待遇享有向侵权人某维修公司的追偿权。法院遂驳回了某轮胎公司的诉讼请求。

律师提示

员工在外派期间，因用人单位以外的第三人（包括本案中的用工单位）侵权造成劳动者人身损害构成工伤的，劳动者与用人单位之间是工伤保险赔偿关系，劳动者与第三人之间形成人身损害赔偿关系。

《工伤保险条例》第43条第3款规定："职工被借调期间受到工伤事故伤害的，由原用人单位承担工伤保险责任，但原用人单位与借调单位可以约定补偿办法。"根据前述规定，工伤赔偿责任实行的是无过错责任原则，劳动者在依法认定为工伤前提下，无论用人单位有无过错，均应依法承担劳动者工伤保险责任。另外，因无明确法律规定，在用人单位和用工单位之间无特别约定情况下，用人单位承担工伤保险责任后无权向第三人追偿。

《最高人民法院关于审理人身损害赔偿案件适用法律若干问题的解释》第3条第2款规定："因用人单位以外的第三人侵权造成劳动者人身损害，赔偿权利人请求第三人承担民事赔偿责任的，人民法院应予支持。"如果是第三人的员工造成劳动者人身损害，根据《民法典》第1191条的规定，劳动者可以自身名义向第三人公司要求承担人身损害赔偿责任。

综上，员工外派期间发生工伤事故，可获得双重赔偿。但是用人单位不能越过员工，直接要求第三人赔偿，用人单位也不能在承担工伤保险责任后向第三人追偿。

法律规定

《中华人民共和国民法典》

第1191条 用人单位的工作人员因执行工作任务造成他人损害的，由用人单位承担侵权责任。用人单位承担侵权责任后，可以向有故意或者重大过失的工作人员追偿。

劳务派遣期间，被派遣的工作人员因执行工作任务造成他人损害的，由接受劳务派遣的用工单位承担侵权责任；劳务派遣单位有过错的，承担相应的责任。

《最高人民法院关于审理人身损害赔偿案件适用法律若干问题的解释》

第3条 依法应当参加工伤保险统筹的用人单位的劳动者，因工伤事故遭受人身损害，劳动者或者其近亲属向人民法院起诉请求用人单位承担民事赔偿责任的，告知其按《工伤保险条例》的规定处理。

因用人单位以外的第三人侵权造成劳动者人身损害，赔偿权利人请求第三人承担民事赔偿责任的，人民法院应予支持。

《工伤保险条例》

第43条 用人单位分立、合并、转让的，承继单位应当承担原用人单位的工伤保险责任；原用人单位已经参加工伤保险的，承继单位应当到当地经办机构办理工伤保险变更登记。

用人单位实行承包经营的，工伤保险责任由职工劳动关系所在单位承担。

职工被借调期间受到工伤事故伤害的，由原用人单位承担工伤保险责任，但原用人单位与借调单位可以约定补偿办法。

企业破产的，在破产清算时依法拨付应当由单位支付的工伤保险待遇费用。

89 承包方承担工伤赔偿责任后可向包工头追偿吗？

案情简介

2014年8月，某建筑公司将其承包的某楼盘电梯施工工程转包给包工头贾某，双方签订《施工合作协议》。贾某雇佣包括张某在内的多名工人参与施工，张某在施工过程中不慎从高空坠落，经抢救无效后死亡。经张某家属起诉和法院判决，某建筑公司承担了100多万元的赔偿。某建筑公司多次向贾某要求按照《施工合作协议》约定偿还赔偿款项及利息无果，遂向人民法院起诉。

法院经审理认为，因贾某无建设施工资质，《施工合作协议》无效，但不影响协议中关于工人人身损害赔偿的约定，且根据《最高人民法院关于审理工伤保险行政案件若干问题的规定》第3条的规定，某建筑公司可依法依约向贾某追偿，贾某应向某建筑公司支付其已向死者家属支付的赔偿款项及利息。法院遂支持了某建筑公司的诉讼请求。

律师提示

在整个建筑施工行业中，违法分包和非法转包的情形颇为普遍，在上述案例中，建筑公司应与包工头在《施工合作协议》（分包或转包协议）中约定双方各自的安全生产职责，并明确约定包工头雇佣工人的人身伤亡责任由包工头承担，建筑公司可在工程款项中直接扣除相应赔偿费用。

根据《最高人民法院关于审理工伤保险行政案件若干问题的规定》第3条的规定，用工单位违反法律、法规规定将承包业务转包给不具备用工主体资格的组织或者自然人，该组织或者自然人聘用的职工从事承包业务时因工伤亡的，用工单位为承担工伤保险责任的单位。用工单位承担赔偿责任或者社会保险经办机构从工伤保险基金支付工伤保险待遇后，有权向相关组织、单位和个人追偿。因此，建筑公司向包工头追偿也有法律依据。

综上，存在违法分包和非法转包的情形，企业仍应与包工头等不具备资质的主体签订书面协议，对于劳务人员的安全责任问题作出约定，在出现安全生产事故时才能依法维护自身的合法权益。

法律规定

《中华人民共和国民法典》

第153条 违反法律、行政法规的强制性规定的民事法律行为无效。但是，该强制性规定不导致该民事法律行为无效的除外。

违背公序良俗的民事法律行为无效。

第155条 无效的或者被撤销的民事法律行为自始没有法律约束力。

《最高人民法院关于审理工伤保险行政案件若干问题的规定》

第3条 社会保险行政部门认定下列单位为承担工伤保险责任单位的，人民法院应予支持：

（一）职工与两个或两个以上单位建立劳动关系，工伤事故发生时，职工为之工作的单位为承担工伤保险责任的单位；

（二）劳务派遣单位派遣的职工在用工单位工作期间因工伤亡的，派遣单位为承担工伤保险责任的单位；

（三）单位指派到其他单位工作的职工因工伤亡的，指派单位为承担工伤保险责任的单位；

（四）用工单位违反法律、法规规定将承包业务转包给不具备用工主体资格的组织或者自然人，该组织或者自然人聘用的职工从事承包业务时因工伤亡的，用工单位为承担工伤保险责任的单位；

（五）个人挂靠其他单位对外经营，其聘用的人员因工伤亡的，被挂靠单位为承担工伤保险责任的单位。

前款第（四）、（五）项明确的承担工伤保险责任的单位承担赔偿责任或者社会保险经办机构从工伤保险基金支付工伤保险待遇后，有权向相关组织、单位和个人追偿。

《中华人民共和国劳动合同法》

第94条 个人承包经营违反本法规定招用劳动者，给劳动者造成损害的，发包的组织与个人承包经营者承担连带赔偿责任。

《关于确立劳动关系有关事项的通知》

四、建筑施工、矿山企业等用人单位将工程（业务）或经营权发包给不具备用工主体资格的组织或自然人，对该组织或自然人招用的劳动者，由具备用工主体资格的发包方承担用工主体责任。

90 签订一次性工伤赔偿协议后可反悔吗？

案情简介

2017年9月3日，张某在某建筑公司承建的某综合楼项目工地上班期间，不慎摔落致左脚骨折。2017年11月4日，张某与某建筑公司达成《工伤赔偿协议书》，其中约定："1. 除门诊医疗费外，某建筑公司一次性支付张某各类赔偿金18000元（包括停工留薪期间工资、社会保险费、解除劳动合同的经济补偿金、未签订劳动合同的双倍工资、一次性伤残补助金、一次性工伤医疗补助金、一次性伤残就业补助金等）；2. 此事为一次性处理，张某自收到赔偿金后不得再提出其他任何赔偿要求"。同日，张某收到某建筑公司赔偿金18000元，并出具收条。

随后，张某被认定为工伤，劳动能力鉴定为伤残九级。张某向某劳动人事争议仲裁院申请仲裁，请求：（1）撤销《工伤赔偿协议书》；（2）解除张某与某建筑公司的劳动关系；（3）某建筑公司向张某支付各项费用共计18万余元。裁决后，某建筑公司不服起诉至人民法院，请求确认《工伤赔偿协议书》有效，无需支付任何费用。

法院经审理认为，《工伤赔偿协议书》订立时，张某尚未进行工伤认定及劳动能力鉴定，其对自身的劳动功能障碍程度及依法可享受的劳动保险待遇等并不充分了解。现张某被鉴定为伤残九级，其依法可享受的工伤保险待遇总额与《工伤赔偿协议书》数额相差太大，对张某明显不公。另外，《工伤赔偿协议书》虽具有一般合同的属性，但本案涉及的是劳动者的生存权益，应当依法维护劳动者的合法权益。综合考虑以上因素，双方签订的《工伤赔偿协议书》导致双方权利义务不对等，使张某遭受重大利益损失，构成显失公平，应予以撤销。法院遂驳回了某建筑公司的诉讼请求。

律师提示

员工发生工伤时，正常的维权流程耗时过长，员工可能选择与企业达成协议，一次性了结工伤事故纠纷。双方在协商过程中，必然涉及对赔偿金额的讨价还价，这样的协议效力如何呢？

《最高人民法院关于审理劳动争议案件适用法律问题的解释（一）》第35条规定："劳动者与用人单位就解除或者终止劳动合同办理相关手续、支付工资报酬、加班费、经济补偿或者赔偿金等达成的协议，不违反法律、行政法规的强制性规定，且不存在欺诈、胁迫或者乘人之危情形的，应当认定有效。前款协议存在重大误解或者显失公平情形，当事人请求撤销的，人民法院应予支持。"欺诈、胁迫、乘人之危、重大误解一般都难以证明，因此，协议被撤销的关键评判标准为是否是显失公平。

所谓显失公平，是指双方当事人的权利义务明显不对等，使一方遭受重大不利。显失公平构成要件为：双方当事人的权利义务明显不对等；这种不对等违反公平原则，超过了法律允许的限度；不属于因欺诈、胁迫、乘人之危、恶意串通损害他人利益等原因导致的显失公平。司法实践中，劳动者得到的赔偿金额低于法定标准70%的，一般会被认定为显示公平。

另外，劳动者要求撤销工伤赔偿协议，应自知道或者应当知道撤销事由之日起一年内行使撤销权，或自签订工伤赔偿协议的民事法律行为发生之日起5年内行使撤销权，否则撤销权消灭。

法律规定

《中华人民共和国民法典》

第147条 基于重大误解实施的民事法律行为，行为人有权请求人民法院或者仲裁机构予以撤销。

第151条 一方利用对方处于危困状态、缺乏判断能力等情形，致使民事法律行为成立时显失公平的，受损害方有权请求人民法院或者仲裁机构予以撤销。

第152条 有下列情形之一的，撤销权消灭：

（一）当事人自知道或者应当知道撤销事由之日起一年内、重大误解的当事人自知道或者应当知道撤销事由之日起九十日内没有行使撤销权；

（二）当事人受胁迫，自胁迫行为终止之日起一年内没有行使撤销权；

（三）当事人知道撤销事由后明确表示或者以自己的行为表明放弃撤销权。

当事人自民事法律行为发生之日起五年内没有行使撤销权的，撤销权消灭。

《最高人民法院关于审理劳动争议案件适用法律问题的解释（一）》

第35条 劳动者与用人单位就解除或者终止劳动合同办理相关手续、支付工资报酬、加班费、经济补偿或者赔偿金等达成的协议，不违反法律、行政法规的强制性规定，且不存在欺诈、胁迫或者乘人之危情形的，应当认定有效。

前款协议存在重大误解或者显失公平情形，当事人请求撤销的，人民法院应予支持。

诉讼程序篇

91 您的官司应该在哪个法院打?

案情简介

2017年6月6日，北京某公司向云南某公司购买某设备，双方签订《某小型设备购销合同》，约定设备价款30万，合同签订后3日内支付28万元，设备安装使用后90日内无质量问题支付尾款2万元。云南某公司依约交付设备，但北京某公司一直以设备存在质量问题为由拒付尾款。

2018年10月20日，云南某公司委托律师代理案件，并向当地某区法院起诉，要求支付尾款2万元及相应利息，法院以无管辖权为由驳回了起诉。云南某公司只能向北京某区法院起诉，法院经审理后认为，没有证据表明北京某公司在设备安装使用后90日内提出了质量异议，其以设备存在质量问题为由拒付货款的理由不成立，遂支持了云南某公司的诉讼请求。

然而，云南某公司的诉讼成本是1万元律师费和约1.2万元的差旅费，这个官司得不偿失。

律师提示

中小企业遇到纠纷时，常常搞不清楚官司应该在哪里打？在签订合同时也不注意管辖条款约定，甚至合同中没有设定管辖条款，导致中小企业维权成本高企。这里涉及的法律问题是诉讼管辖，诉讼管辖又分为级别管辖、地域管辖和专属管辖。

1. 级别管辖解决案件向哪个级别法院起诉的问题

我国的法院分为基层人民法院（县、区）、中级人民法院（州、市）、高级人民法院（省、直辖市）和最高人民法院四个级别，级别管辖和案件的诉讼标的额有关，根据《最高人民法院关于调整高级人民法院和中级人民法院管辖第一审民商事案件标准的通知》等的规定，以云南省为例，高级人民法院管辖诉讼标的额50亿元以上的一审民商事案件，中级人民法院管辖诉讼标的额1000万元以上的一审民商事案件，诉讼标的额1000万元以下的一审民商事案件由基层人民法院管辖。

2. 地域管辖解决案件向哪个地区法院起诉的问题

在没有约定情况下，依据“原告就被告”原则，案件由被告住所地人民法院管辖，不同类型的案件还有侵权所在地、合同履行地等地域管辖的规定。值得注意的是，对于合同或者其他财产权益纠纷，法律允许合同当事人书面协议选择被告住所地、合同履行地、合同签订地、原告住所地、标的物所在地等与争议有实际联系的地点的人民法院作为案件管辖地。此时，合同当事人应争取选择有利于自己的法院管辖，如本案选择云南某公司住所地法院管辖，就会节省很多诉讼成本。

3. 专属管辖是一种强制性管辖

专属管辖指某些特殊类型的案件只能由特定的人民法院管辖。比如房屋、工程类等不动产纠纷提起的诉讼，由不动产所在地人民法院管辖；因港口作业发生纠纷提起的诉讼，由港口所在地人民法院管辖等。专属管辖只能按照法律规定进行诉讼，当事人不得协议约定管辖法院，即使约定了也无效。

综上，管辖是合同签订时首要关注的焦点，在合同签订过程中，应尽力争取由本方所在地法院管辖，可避免因路途遥远、交通费昂贵、司法环境差异等产生的诉累，甚至可以达到“不战而屈人之兵”的效果。

法律规定

《中华人民共和国民事诉讼法》

第17条 基层人民法院管辖第一审民事案件，但本法另有规定的除外。

第18条 中级人民法院管辖下列第一审民事案件：

（一）重大涉外案件；

（二）在本辖区有重大影响的案件；

（三）最高人民法院确定由中级人民法院管辖的案件。

第21条 对公民提起的民事诉讼，由被告住所地人民法院管辖；被告住所地与经常居住地不一致的，由经常居住地人民法院管辖。

对法人或者其他组织提起的民事诉讼，由被告住所地人民法院管辖。

同一诉讼的几个被告住所地、经常居住地在两个以上人民法院辖区的，各该人民法院都有管辖权。

第33条 下列案件，由本条规定的人民法院专属管辖：

（一）因不动产纠纷提起的诉讼，由不动产所在地人民法院管辖；

（二）因港口作业中发生纠纷提起的诉讼，由港口所在地人民法院管辖；

（三）因继承遗产纠纷提起的诉讼，由被继承人死亡时住所地或者主要遗产所在地人民法院管辖。

第34条 合同或者其他财产权益纠纷的当事人可以书面协议选择被告住所地、合同履行地、合同签订地、原告住所地、标的物所在地等与争议有实际联系的地点的人民法院管辖，但不得违反本法对级别管辖和专属管辖的规定。

《最高人民法院关于调整高级人民法院和中级人民法院管辖第一审民商事案件标准的通知》

一、当事人住所地均在受理法院所处省级行政辖区的第一审民商事案件

北京、上海、江苏、浙江、广东高级人民法院，管辖诉讼标的额5亿元以上一审民商事案件，所辖中级人民法院管辖诉讼标的额1亿元以上一审民商事案件。

天津、河北、山西、内蒙古、辽宁、安徽、福建、山东、河南、湖北、湖南、广西、海南、四川、重庆高级人民法院，管辖诉讼标的额3亿元以上一审民商事案件，所辖中级人民法院管辖诉讼标的额3000万元以上一审民商事案件。

吉林、黑龙江、江西、云南、陕西、新疆高级人民法院和新疆生产建设兵团分院，管辖诉讼标的额2亿元以上一审民商事案件，所辖中级人民法院管辖诉讼标的额1000万元以上一审民商事案件。

贵州、西藏、甘肃、青海、宁夏高级人民法院，管辖诉讼标的额1亿元以上一审民商事案件，所辖中级人民法院管辖诉讼标的额500万元以上一审民商事案件。

二、当事人一方住所地不在受理法院所处省级行政辖区的第一审民商事案件

北京、上海、江苏、浙江、广东高级人民法院，管辖诉讼标的额3亿元以上一审民商事案件，所辖中级人民法院管辖诉讼标的额5000万元以上一审民商事案件。

天津、河北、山西、内蒙古、辽宁、安徽、福建、山东、河南、湖北、湖

南、广西、海南、四川、重庆高级人民法院，管辖诉讼标的额1亿元以上一审民商事案件，所辖中级人民法院管辖诉讼标的额2000万元以上一审民商事案件。

吉林、黑龙江、江西、云南、陕西、新疆高级人民法院和新疆生产建设兵团分院，管辖诉讼标的额5000万元以上一审民商事案件，所辖中级人民法院管辖诉讼标的额1000万元以上一审民商事案件。

贵州、西藏、甘肃、青海、宁夏高级人民法院，管辖诉讼标的额2000万元以上一审民商事案件，所辖中级人民法院管辖诉讼标的额500万元以上一审民商事案件。

《最高人民法院关于调整高级人民法院和中级人民法院管辖第一审民事案件标准的通知》

一、中级人民法院管辖第一审民事案件的诉讼标的额上限原则上为50亿元（人民币），诉讼标的额下限继续按照《最高人民法院关于调整地方各级人民法院管辖第一审知识产权民事案件标准的通知》（法发〔2010〕5号）、《最高人民法院关于调整高级人民法院和中级人民法院管辖第一审民商事案件标准的通知》（法发〔2015〕7号）、《最高人民法院关于明确第一审涉外民商事案件级别管辖标准以及归口办理有关问题的通知》（法〔2017〕359号）《最高人民法院关于调整部分高级人民法院和中级人民法院管辖第一审民商事案件标准的通知》（法发〔2018〕13号）等文件执行。

二、高级人民法院管辖诉讼标的额50亿元（人民币）以上（包含本数）或者其他在本辖区有重大影响的第一审民事案件。

92 打官司找不到被告怎么办?

案情简介

2016 年 5 月 8 日，某科技公司与某商贸公司签订《耗材供应年度合同》，某科技公司向某商贸公司购买打印耗材，按需发货按月结算。自 2016 年 12 月份起，某科技公司陆续拖欠货款，截至 2017 年 3 月 1 日，某科技公司共欠某商贸公司 110930 元货款。后某商贸公司已无法联系到某科技公司及相关人员。某商贸公司起诉至法院，要求某科技公司支付货款 110930 元及逾期利息损失。

法院受理案件后，经电话通知无法联系到某科技公司，将起诉状副本等材料邮寄至某科技公司注册的住所地，因无人接收被邮局退回。法院又登报公告送达后，进行了缺席审理，判决支持了某商贸公司的诉讼请求。

律师提示

中小企业经营过程中，债务人欠钱不还，甚至跑路、玩失踪的情况时有发生。如何才能有效、快速地维护自身合法权益，是很多中小企业面临的难题。

找不到被告是否能向法院起诉呢?《民事诉讼法》第 119 条规定:“起诉必须符合下列条件:(一)原告是与本案有直接利害关系的公民、法人和其他组织;(二)有明确的被告;(三)有具体的诉讼请求和事实、理由;(四)属于人民法院受理民事诉讼的范围和受诉人民法院管辖。”根据前述规定，只要被告信息足以区别于其他人员，法院就应该立案受理。实务中，法院为了明确被告信息和管辖权限，通常会要求原告提供被告的户籍证明、登记卡等材料。

法院在受理案件后会电话通知被告，被告通常会配合到法院领取相关诉讼材料。如无法联系到被告，无法直接送达，法院会进行邮寄送达。受送达人下落不明，通过前述方式无法送达的，可公告送达，自发出公告之日起经过 60 日，即视为送达。公告送达后可正常开庭，法院出具判决书后仍要进行公告送达。实务中，通过前述一系列送达流程，案件耗时一般会比正常案件长半年左右。

送达问题不仅影响了当事人的维权效率，也已经成为制约法院审判公正与效率的瓶颈之一，当事人和法院都需要付出很大人力、物力及时间成本，才能依法完成送达工作。2017 年 7 月 19 日，最高人民法院印发的《关于进一步加强民事送达工作的若干意见》中明确规定，当事人在诉讼所涉及的合同、往来函件中对送达地址有明确约定的，以约定的地址为送达地址，给了当事人提前做好送达约定、减少诉讼时间成本的依据。

为防止债务人故意躲避送达，拖延诉讼时间，当事人可在合同中约定送达条款，或者直接签订通知送达协议。此送达条款可供参考：合同首部载明的通讯地址为双方有效送达地址，适用于合同履行期间各类文书及法院诉讼文书的送达，因载明的地址有误或未及时告知变更后的地址导致相关文书及诉讼文书未能被实际接收的，仍视为已送达成功，相关文书及诉讼文书退回之日视为送达之日。

法律规定

《中华人民共和国民事诉讼法》

第 87 条 经受送达人同意，人民法院可以采用传真、电子邮件等能够确认其收悉的方式送达诉讼文书，但判决书、裁定书、调解书除外。

采用前款方式送达的，以传真、电子邮件等到达受送达人特定系统的日期为送达日期。

第 92 条 受送达人下落不明，或者用本节规定的其他方式无法送达的，公告送达。自发出公告之日起，经过六十日，即视为送达。

公告送达，应当在案卷中记明原因和经过。

第 119 条 起诉必须符合下列条件：

（一）原告是与本案有直接利害关系的公民、法人和其他组织；

（二）有明确的被告；

（三）有具体的诉讼请求和事实、理由；

（四）属于人民法院受理民事诉讼的范围和受诉人民法院管辖。

《关于进一步加强民事送达工作的若干意见》

八、当事人拒绝确认送达地址或以拒绝应诉、拒接电话、避而不见送达人员、搬离原住所等躲避、规避送达，人民法院不能或无法要求其确认送达地址的，可以分别以下列情形处理：

（一）当事人在诉讼所涉及的合同、往来函件中对送达地址有明确约定的，以约定的地址为送达地址；

（二）没有约定的，以当事人在诉讼中提交的书面材料中载明的自己的地址为送达地址；

（三）没有约定、当事人也未提交书面材料或者书面材料中未载明地址的，以一年内进行其他诉讼、仲裁案件中提供的地址为送达地址；

（四）无以上情形的，以当事人一年内进行民事活动时经常使用的地址为送达地址。

人民法院按照上述地址进行送达的，可以同时以电话、微信等方式通知受送达人。

九、依第八条规定仍不能确认送达地址的，自然人以其户籍登记的住所或者在经常居住地登记的住址为送达地址，法人或者其他组织以其工商登记或其他依法登记、备案的住所地为送达地址。

93 打官司产生的律师费由谁承担？

案情简介

张某因企业资金周转需要向贾某借款。2017 年 2 月 21 日，双方签订《借款合同》一份，约定张某向贾某借款 100 万元，借款期限自 2017 年 2 月 21 日至 2018 年 2 月 20 日止，借期内利息按年利率 10% 计算，借款到期一次性还本付息。借款合同还约定：如张某违约，贾某实现债权所产生的费用（包括但不限于调查费、诉讼费、律师费等）由张某承担。借款到期后，张某未按约定还款，贾某聘请律师代理案件，律师费为 2 万元。贾某向法院起诉，要求张某偿还借款本金 100 万元和按年利率 10% 计算的利息，并支付律师费 2 万元。

法院经审理认为，关于律师费问题，张某和贾某约定律师费作为实现债权的费用由张某承担，该约定系各方当事人的真实意思表示，内容不违反法律、行政法规的强制性规定，应属有效。贾某要求张某按照《借款合同》约定承担相应律师费用，符合法律规定和双方当事人之间的约定，本院予以支持。法院遂支持了贾某的诉讼请求。

律师提示

中小企业在经营中时常会发生争议，在无法协商处理的情况下，第一时间会委托律师通过诉讼或仲裁的方式解决争议。那么，聘请律师（准确地说是委托律师事务所）打官司所产生的律师费由谁承担呢？笔者区别不同情况予以介绍。

1. 在商务合同中未约定律师费由被告承担的，一般由原告（委托人）自行承担。我国没有强制律师代理制度，委托律师诉讼并非实现债权之必须，聘请律师仅是委托人为了提高胜诉概率的自主权利，因此，“谁请律师谁花钱”。

2. 在商务合同无约定情况下，法律规定由败诉方承担的，律师费由败诉的被告承担。根据相关法律规定，债权人行使撤销权案件、知识产权侵权案件、生态环境损害赔偿案件及恶意诉讼、虚假诉讼、滥用诉讼权利案件等，律师费由败诉的被告承担。另外，如本案中法律有特殊规定的，律师费可能不被支持。

3. 在商务合同中约定律师费由被告承担的，法院一般支持律师费由被告承担。此时，又区分以下情形：

（1）商务合同未明确约定律师费计算方式时，法院可能会参考委托合同签订时当地的政府指导价，并衡量本案争议金额、案件难易、庭审次数情况酌情确定。

（2）委托合同（委托人与律所签订的合同）约定了具体数额的律师费，但委托人尚未实际支付，并由律师事务所提供发票时，法院对是否支持该律师费存在争议，现在的倾向性观点认为，委托合同为诺成性合同，双方签订即发生法律效力，律师事务所已经履行了代理职责，则应支持律师费由被告承担。

（3）委托合同约定律师费为风险代理，即委托人收到款项后在按约定向律师事务所支付时，法院一般认为，该未实际发生的律师费尚处于不确定状态，待实际发生后可另行主张，在未实际发生前暂不予支持。

法律规定

《中华人民共和国民法典》

第540条 撤销权的行使范围以债权人的债权为限。债权人行使撤销权的必要费用，由债务人负担。

第561条 债务人在履行主债务外还应当支付利息和实现债权的有关费用，其给付不足以清偿全部债务的，除当事人另有约定外，应当按照下列顺序履行：

（一）实现债权的有关费用；

（二）利息；

（三）主债务。

第577条 当事人一方不履行合同义务或者履行合同义务不符合约定的，应当承担继续履行、采取补救措施或者赔偿损失等违约责任。

《最高人民法院关于审理著作权民事纠纷案件适用法律若干问题的解释》

第26条 著作权法第四十九条第一款规定的制止侵权行为所支付的合理开支，包括权利人或者委托代理人对侵权行为进行调查、取证的合理费用。

人民法院根据当事人的诉讼请求和具体案情，可以将符合国家有关部门规定的律师费用计算在赔偿范围内。

《最高人民法院关于审理商标民事纠纷案件适用法律若干问题的解释》

第17条 商标法第六十三条第一款规定的制止侵权行为所支付的合理开支，包括权利人或者委托代理人对侵权行为进行调查、取证的合理费用。

人民法院根据当事人的诉讼请求和案件具体情况，可以将符合国家有关部门规定的律师费用计算在赔偿范围内。

《最高人民法院关于审理利用信息网络侵害人身权益民事纠纷案件适用法律若干问题的规定》

第12条 被侵权人为制止侵权行为所支付的合理开支，可以认定为民法典第一千一百八十二条规定的财产损失。合理开支包括被侵权人或者委托代理人对侵权行为进行调查、取证的合理费用。人民法院根据当事人的请求和具体案情，可以将符合国家有关部门规定的律师费用计算在赔偿范围内。

被侵权人因人身权益受侵害造成的财产损失以及侵权人因此获得的利益难以确定的，人民法院可以根据具体案情在50万元以下的范围内确定赔偿数额。

《最高人民法院关于审理生态环境损害赔偿案件的若干规定（试行）》

第14条 原告请求被告承担下列费用的，人民法院根据具体案情予以判决：

（一）实施应急方案、清除污染以及为防止损害的发生和扩大所支出的合理费用；

（二）为生态环境损害赔偿磋商和诉讼支出的调查、检验、鉴定、评估等费用；

（三）合理的律师费以及其他为诉讼支出的合理费用。

94 偷拍偷录的材料能作为证据吗？

案情简介

2015年12月1日，贾某向法院起诉要求张某偿还借款20万元。贾某诉称：王某与我系表兄弟关系，通过王某介绍，张某通过电话向我借款20万元。双方电话达成协议后，我于2015年5月21日向王某账户汇款20万元，王某收到后向张某转交了借款20万元。我与张某成立民间借贷关系，张某应偿还借款。

此时，王某已下落不明。贾某为证明自己的主张向法院提交了两份证据：一份是银行流水，一份是与张某的手机通话录音。

张某辩称：贾某提供的录音系未经我本人同意的情况下录制的非法证据，不应作为认定本案的证据。20万元系我从王某处收取，已通过现金的方式将该20万元还至王某处。我和贾某没有任何法律关系，我不应该承担还款责任。

法院经审理认为，张某在庭审中对录音的真实性予以认可，不认可合法性和关联性，但根据《最高人民法院关于民事诉讼证据的若干规定》第68条“以侵害他人合法权益或者违反法律禁止性规定的方法取得的证据，不能作为认定案件事实的依据”的规定，贾某并未以犯罪手段、以法律明令禁止的方法或是以违背善良风俗的手段或方法取得该电话录音，本院认可其合法性和关联性。本案中，张某与贾某通过电话口头达成借款约定，在王某将约定借款20万元转交张某时，贾某与张某的民间借贷合同即生效，即成立贾某与张某为出借人和借款人的民间借贷法律关系。法院遂支持了贾某的诉请。

律师提示

录音录像属于民事诉讼证据种类中的视听资料，视听资料是指利用录音、录像等技术手段反映的声音、图像以证明案件事实的证据。随着智能手机的普及，录音录像更加便捷，在诉讼中，录音录像已被广泛使用，成为有效证明案件事实的手段。

《最高人民法院关于适用〈中华人民共和国民事诉讼法〉的解释》第106条规

定："对以严重侵害他人合法权益、违反法律禁止性规定或者严重违背公序良俗的方法形成或者获取的证据，不得作为认定案件事实的根据。"偷录偷拍材料能否作为证据使用，涉及其合法性问题，司法机关需要根据具体情况进行判断，根据前述规定排除非法证据。

具体到个案，证据只有"严重"侵害他人合法权益或违背公序良俗达到严重程度时，才属于非法证据。如将摄像头安装在第三者家中获取婚外情证据，通过法律禁止出售的窃听设备获得的证据，用望远镜全天候监控他人的住宅获取的证据一般不具有合法性。

当然，未获得对方事先许可，在正常交谈中获取录音录像资料一般认定为合法证据。

法律规定

《中华人民共和国民事诉讼法》

第63条 证据包括：

（一）当事人的陈述；

（二）书证；

（三）物证；

（四）视听资料；

（五）电子数据；

（六）证人证言；

（七）鉴定意见；

（八）勘验笔录。

证据必须查证属实，才能作为认定事实的根据。

《最高人民法院关于适用〈中华人民共和国民事诉讼法〉的解释》

第106条 对以严重侵害他人合法权益、违反法律禁止性规定或者严重违背公序良俗的方法形成或者获取的证据，不得作为认定案件事实的根据。

95 合同的复印件、传真件和扫描件有效吗？

案情简介

2016年5月，某贸易公司与某生产企业签订《货物购销合同》，约定某生产企业为某贸易公司设计和生产某大型设备，但未明确约定迟延交货的违约责任。后由于某生产企业迟延交货造成重大损失，某贸易公司向某生产企业传真了一份索赔单，某生产企业盖章确认后回传，确认其向某贸易公司承担80万的迟延履行违约金，但某贸易公司没有索要原件。后某贸易公司提起诉讼要求某生产企业继续履行合同，并要求其承担80万违约金。某生产企业辩称，某贸易公司没有提供证据证明其迟延交货，且索赔单的传真件形式不完整，对违约金数额不予认可。

法院经审理认为，案件争议焦点是传真件的证据效力，因某贸易公司未能提供传真件的原件，且无法证明传真件由某生产企业发出。另外传真件不能作为孤证使用，因此，某贸易公司要求某生产企业承担80万违约金的请求不予支持，但某生产企业存在违约事实，支持按照银行同期贷款利息计算至实际交付之日止的违约金（约2万元）。

律师提示

中小企业在合同履行过程中，因原件保管不当只留存复印件，或在开展异地合作和时间紧急时，企业间往往通过QQ、微信、电子邮件或传真方式来传递合同、订单、对账单等文件。文书的复印件、传真件或扫描件有效性（准确地说应该是证明效力）存疑，存在较大法律风险。

文书的原件是原始证据和直接证据，是可以单独、直接证明争议事实的证据，法院一般都予以直接采信。文书的传真件本身也是原件，但和盖鲜章的原件存在区别，由于其存在变造可能，传真件在作为原件时虽具有完全证据效力，但一般仍需要通过其他证据佐证案件事实。扫描件和复印件都是复制件，是传来证据，亦需要其他证据佐证其真实性。传真件、复印件和扫描件一般均不得直接单独作为定案依据。

为降低或避免法律风险，笔者建议如下：

1. 文书原件具有最高的法律效力，在出现传真件、复印件和扫描件后，应及时索取文书原件。

2. 交易各方可以约定合同或者其他文件、单证等文书使用电子签名、数据电文，现在已有很多合法第三方平台公司提供相关服务，符合《电子签名法》的电子签名或数据电文具有法律效力。

3. 在合同或文书签订和履行过程中，注意保留双方关于商谈和确认的往来邮件、会议纪要、QQ 或微信聊天记录等证据，以此佐证合同或文书效力及交易的实际履行。

4. 基于商业考虑使用合同或文书传真件和扫描件的，建议在合同中约定交易各方的 QQ 号、微信号、电子邮箱等通讯地址，以证明通讯地址为交易各方使用，同时在合同或文书里约定传真件、扫描件与原件具有同等法律效力。

法律规定

《中华人民共和国民法典》

第 135 条 民事法律行为可以采用书面形式、口头形式或者其他形式；法律、行政法规规定或者当事人约定采用特定形式的，应当采用特定形式。

第 469 条 当事人订立合同，可以采用书面形式、口头形式或者其他形式。

书面形式是合同书、信件、电报、电传、传真等可以有形地表现所载内容的形式。

以电子数据交换、电子邮件等方式能够有形地表现所载内容，并可以随时调取查用的数据电文，视为书面形式。

《中华人民共和国电子签名法》

第 3 条 民事活动中的合同或者其他文件、单证等文书，当事人可以约定使用或者不使用电子签名、数据电文。

当事人约定使用电子签名、数据电文的文书，不得仅因为其采用电子签名、数据电文的形式而否定其法律效力。

前款规定不适用下列文书：

（一）涉及婚姻、收养、继承等人身关系的；

（二）涉及停止供水、供热、供气等公用事业服务的；

（三）法律、行政法规规定的不适用电子文书的其他情形。

《最高人民法院关于民事诉讼证据的若干规定》

第61条 对书证、物证、视听资料进行质证时，当事人应当出示证据的原件或者原物。但有下列情形之一的除外：

（一）出示原件或者原物确有困难并经人民法院准许出示复制件或者复制品的；

（二）原件或者原物已不存在，但有证据证明复制件、复制品与原件或者原物一致的。

第90条 下列证据不能单独作为认定案件事实的根据：

（一）当事人的陈述；

（二）无民事行为能力人或者限制民事行为能力人所作的与其年龄、智力状况或者精神健康状况不相当的证言；

（三）与一方当事人或者其代理人有利害关系的证人陈述的证言；

（四）存有疑点的视听资料、电子数据；

（五）无法与原件、原物核对的复制件、复制品。

96 什么是人民调解协议确认案件？

案情简介

申请人某美容医院（甲方）与申请人张某（乙方）因医疗损害责任纠纷，于2018年5月4日经昆明市某街道人民调解委员会主持调解，达成如下调解协议：

1. 由甲方一次性赔偿乙方人民币120000元，该赔偿已包括医疗费、误工费、护理费、住院伙食补助费、营养费、交通费、后期治疗费、精神抚慰金等通过法律途径所获的全部赔偿。

2. 此调解为一次性解决，甲、乙双方已经充分知晓本协议的全部内容及法律后果，双方签字履行此调解协议之后，即视为该起纠纷甲、乙双方已经按照法律规定的程序进行了解决，双方承诺今后不再就此纠纷再向对方主张任何权利、与对方发生任何纠纷。

为保障协议效力，两申请人向法院申请司法确认调解协议。

法院经审理认为，依照《民事诉讼法》第195条之规定，裁定如下：申请人某美容医院与申请人张某于2018年5月4日经昆明市某街道人民调解委员会主持调解达成的人民调解协议有效。当事人应当按照调解协议的约定自觉履行义务，一方当事人拒绝履行或者未全部履行的，对方当事人可以向人民法院申请执行。

律师提示

人民调解是指人民调解委员会通过说服、疏导等方法，促使当事人在平等协商基础上自愿达成调解协议，解决民间纠纷的活动。当事人可以主动申请调解，公安或法院也可将案件移交调解。一般情况下，公安机关派出机构均设置人民调解室，对化解人民内部矛盾起到非常重要的作用。

人民调解达成的调解协议具有合同性质，因此，仍存在有效、无效、可变更、可撤销的可能。为了确保调解协议的合法性、有效性和执行性，《民事诉讼法》确立了确认调解协议案件的特别程序。最高人民法院还出台了《关于人民调解协议司法确认程序的若干规定》专门对人民调解协议司法确认程序予以规范。

相比一般民事诉讼程序，确认调解协议案件特别程序具备以下优点：

1. 时限短。人民法院收到当事人司法确认申请，应当在3日内决定是否受理。人民法院决定受理的，应当编立“调确字”案号，并及时向当事人送达受理通知书。人民法院应当自受理司法确认申请之日起15日内作出是否确认的决定。因特殊情况需要延长的，经本院院长批准，可以延长10日。

2. 不收费。人民法院办理人民调解协议司法确认案件，不收取费用。

3. 执行性。人民法院依法作出确认决定后，一方当事人拒绝履行或者未全部履行的，对方当事人可以向作出确认决定的人民法院申请强制执行。

4. 裁决性。确认调解协议案件作为民事诉讼的特别程序，法院出具的是裁定书；而一般给付之诉法院出具的是判决书。

综上，人民调解＋确认调解协议案件特别程序，是老百姓方便、快捷、省钱地解决纠纷的有效方式，可广而告之，大力使用。

法律规定

《中华人民共和国民事诉讼法》

第194条 申请司法确认调解协议，由双方当事人依照人民调解法等法律，自调解协议生效之日起三十日内，共同向调解组织所在地基层人民法院提出。

第195条 人民法院受理申请后，经审查，符合法律规定的，裁定调解协议有效，一方当事人拒绝履行或者未全部履行的，对方当事人可以向人民法院申请执行；不符合法律规定的，裁定驳回申请，当事人可以通过调解方式变更原调解协议或者达成新的调解协议，也可以向人民法院提起诉讼。

《最高人民法院关于人民调解协议司法确认程序的若干规定》

第4条 人民法院收到当事人司法确认申请，应当在三日内决定是否受理。人民法院决定受理的，应当编立“调确字”案号，并及时向当事人送达受理通知书。双方当事人同时到法院申请司法确认的，人民法院可以当即受理并作出是否确认的决定。

有下列情形之一的，人民法院不予受理：

（一）不属于人民法院受理民事案件的范围或者不属于接受申请的人民法院管

辖的；

（二）确认身份关系的；

（三）确认收养关系的；

（四）确认婚姻关系的。

第5条 人民法院应当自受理司法确认申请之日起十五日内作出是否确认的决定。因特殊情况需要延长的，经本院院长批准，可以延长十日。

在人民法院作出是否确认的决定前，一方或者双方当事人撤回司法确认申请的，人民法院应当准许。

《最高人民法院关于审理涉及人民调解协议的民事案件的若干规定》

第1条 经人民调解委员会调解达成的、有民事权利义务内容，并由双方当事人签字或者盖章的调解协议，具有民事合同性质。当事人应当按照约定履行自己的义务，不得擅自变更或者解除调解协议。

97 如何防止债务人在诉讼过程中转移财产？

案情简介

2017年3月7日，张某向贾某借款10万元，张某出具《借条》，载明借到贾某现金100000元，借款利率为月息两分，借款日期为2017年3月7日至2017年6月6日，到期后还本付息，张某以其名下房产为借款担保，但双方未办理抵押手续。借款到期后，张某以种种借口拒不归还借款。贾某向法院起诉要求张某归还借款本息，法院经审理判决支持了贾某的诉讼请求。

因张某不履行生效判决，贾某向人民法院申请强制执行。经法院查明，发现张某已将名下的房产在诉讼期间出卖给了案外人，其名下已无其他房产、车辆或银行存款。法院将张某纳入失信人员名单和限制高消费后，依法终结了执行程序，贾某未能追回借款。

律师提示

民事诉讼中，债务人可能会故意隐匿、转移、变卖财产，致使债权人打赢官司却无法实际追回款项，胜诉判决成为“一纸空文”。为防止前述情形的发生，债权人应在诉前设法查询债务人的财产状况，并向法院申请财产保全。财产保全，是指人民法院在利害关系人起诉前或者当事人起诉后，为保障将来的生效判决能够得到执行或者避免财产遭受损失，依当事人申请或职权，对当事人的财产或者争议的标的物采取限制当事人处分的强制措施。

财产保全分为诉前财产保全和诉中财产保全两种。一般情况紧急才能申请诉前财产保全，人民法院接受诉前财产保全申请后，必须在48小时内作出裁定。申请人在人民法院采取保全措施后30日内不依法提起诉讼或者申请仲裁的，人民法院应当解除保全。人民法院接受诉中财产保全申请后，应当在5日内作出裁定；裁定采取保全措施的，应当在5日内开始执行。对情况紧急的，必须在48小时内作出裁定；裁定采取保全措施的，应当立即开始执行。

债权人申请财产保全的，一般应提供担保。根据《最高人民法院关于人民法院办理财产保全案件若干问题的规定》第5条规定，申请人申请诉中财产保全的，提供担保数额不超过请求保全数额的30%；申请诉前财产保全的，应当提供相当于请求保全数额的担保。申请人或第三人可以用现金或房产等为财产保全提供财产担保，也可由保险公司出具担保书或者由经批准金融机构以独立保函形式为财产保全提供担保。

财产保全有期限规定，申请人应当在保全期限届满7日前向人民法院申请续行财产保全，否则被保全财产到期将自动解封。依据《最高人民法院关于适用〈中华人民共和国民事诉讼法〉的解释》第156条和第487条规定，财产保全期限不得超过1年，查封、扣押动产的期限不得超过2年，查封不动产、冻结其他财产权的期限不得超过3年。

综上，笔者建议在民事诉讼中应尽可能进行财产保全，才能有效保障债权人的利益。

法律规定

《中华人民共和国民事诉讼法》

第100条 人民法院对于可能因当事人一方的行为或者其他原因，使判决难以执行或者造成当事人其他损害的案件，根据对方当事人的申请，可以裁定对其财产进行保全、责令其作出一定行为或者禁止其作出一定行为；当事人没有提出申请的，人民法院在必要时也可以裁定采取保全措施。

人民法院采取保全措施，可以责令申请人提供担保，申请人不提供担保的，裁定驳回申请。

人民法院接受申请后，对情况紧急的，必须在四十八小时内作出裁定；裁定采取保全措施的，应当立即开始执行。

第101条 利害关系人因情况紧急，不立即申请保全将会使其合法权益受到难以弥补的损害的，可以在提起诉讼或者申请仲裁前向被保全财产所在地、被申请人住所地或者对案件有管辖权的人民法院申请采取保全措施。申请人应当提供担保，不提供担保的，裁定驳回申请。

人民法院接受申请后，必须在四十八小时内作出裁定；裁定采取保全措施的，应当立即开始执行。

申请人在人民法院采取保全措施后三十日内不依法提起诉讼或者申请仲裁的，人民法院应当解除保全。

《最高人民法院关于适用〈中华人民共和国民事诉讼法〉的解释》

第156条 人民法院采取财产保全的方法和措施，依照执行程序相关规定办理。

第487条 人民法院冻结被执行人的银行存款的期限不得超过一年，查封、扣押动产的期限不得超过两年，查封不动产、冻结其他财产权的期限不得超过三年。

申请执行人申请延长期限的，人民法院应当在查封、扣押、冻结期限届满前办理续行查封、扣押、冻结手续，续行期限不得超过前款规定的期限。

人民法院也可以依职权办理续行查封、扣押、冻结手续。

《最高人民法院关于人民法院办理财产保全案件若干问题的规定》

第7条 保险人以其与申请保全人签订财产保全责任险合同的方式为财产保全提供担保的，应当向人民法院出具担保书。

担保书应当载明，因申请财产保全错误，由保险人赔偿被保全人因保全所遭受的损失等内容，并附相关证据材料。

98 公司银行账户资金被冻结该如何应对？

案情简介

2018年6月5日，某公司因和某幼儿园的买卖合同纠纷诉至法院，请求某幼儿园立即给付货款120万元以及利息损失。同时，某公司申请对某幼儿园名下价值120万元财产进行保全。法院依法冻结了幼儿园名下共5个银行账户。某幼儿园不服申请复议，认为上述财产保全行为影响了幼儿园的正常运转，无法发放教师薪酬、缴纳社会保险，对办学产生不利影响，请求变更查封该幼儿园名下房产，解除对幼儿园账户的冻结。

法院经审查认为，根据《最高人民法院关于人民法院办理财产保全案件若干问题的规定》第13条的规定，被保全人有多项财产可供保全的，在能够实现保全目的的情况下，人民法院应当选择对其生产经营活动影响较小的财产进行保全，且变更财产保全对象并不会影响某公司债权的实现，因此，法院出具变更裁定书，查封了幼儿园名下房产，解除了幼儿园名下银行账户的冻结。

律师提示

如果银行账户资金被冻结，说明您惹上官司了，利害关系人或者债权人即将或者已经启动了诉讼或仲裁程序，对企业财产进行了保全。企业被采取保全措施，难免会对企业日常经营活动产生影响，甚至造成重大商誉和经济损失。

从程序上来讲，当事人对保全裁定不服的，可以自裁定书送达之日起5日内向作出裁定的人民法院申请复议一次。作出裁定的人民法院应当自收到复议申请后10日内审查，理由成立的，裁定撤销或变更保全裁定；理由不成立的，裁定驳回。如果案外人基于实体权利对被保全财产提出书面异议，人民法院应当进行审查处理并作出裁定，当事人不服的，还可向人民法院提起执行异议之诉，以维护自身的合法权益。

从实体上来讲，存在以下情形可请求法院解除对标的物的保全措施：

1. 多项财产可供保全，可请求解除某项标的物的保全措施

由于财产保全时，双方当事人权利义务尚处于待定状态，如当事人有多项财产可供保全的，应优先适用“有利经营原则”，“有利执行原则”劣后，法院应当选择对其生产经营活动影响较小的财产进行保全，被保全人请求解除保全原标的物，变更保全新标的物应予支持。

2. 超标的查封时，可请求解除对超值部分标的物的保全措施

冻结银行账户，法院应明确具体的冻结数额，账户内余额高于冻结数额的部分可以自由支取。如查封的是土地或房屋等不动产，经常会出现被查封财产价值明显高于保全裁定载明金额的情形，法院应对超过相应价值部分不动产予以解除保全，但该不动产在使用上不可分或者分割会严重减损其价值的除外。

3. 被保全人或第三人提供充分有效担保的，可请求解除保全，人民法院应当裁定准许。

如不存在以上解除保全的情形，被保全人应积极与保全申请人进行协商，对实体诉讼案件进行和解或者调解，由保全申请人向法院申请解除保全。

法律规定

《最高人民法院关于人民法院办理财产保全案件若干问题的规定》

第13条 被保全人有多项财产可供保全的，在能够实现保全目的的情况下，人民法院应当选择对其生产经营活动影响较小的财产进行保全。

人民法院对厂房、机器设备等生产经营性财产进行保全时，指定被保全人保管的，应当允许其继续使用。

第15条 人民法院应当依据财产保全裁定采取相应的查封、扣押、冻结措施。

可供保全的土地、房屋等不动产的整体价值明显高于保全裁定载明金额的，人民法院应当对该不动产的相应价值部分采取查封、扣押、冻结措施，但该不动产在使用上不可分或者分割会严重减损其价值的除外。

对银行账户内资金采取冻结措施的，人民法院应当明确具体的冻结数额。

第22条 财产纠纷案件，被保全人或第三人提供充分有效担保请求解除保全，人民法院应当裁定准许。被保全人请求对作为争议标的的财产解除保全的，须经申请保全人同意。

第24条 财产保全裁定执行中，人民法院发现保全裁定的内容与被保全财产的实际情况不符的，应当予以撤销、变更或补正。

《中华人民共和国民事诉讼法》

第104条 财产纠纷案件，被申请人提供担保的，人民法院应当裁定解除保全。

《最高人民法院关于适用〈中华人民共和国民事诉讼法〉的解释》

第167条 财产保全的被保全人提供其他等值担保财产且有利于执行的，人民法院可以裁定变更保全标的物为被保全人提供的担保财产。

99 如何认定诉讼保全申请错误?

案情简介

2015年4月4日，某工程项目完工后，因实际施工人张某未足额收到工程款，张某将承包人某工程公司和发包人某家纺公司诉至法院，要求支付欠付的工程款380万余元。为保障权利实现，张某向法院申请诉中财产保全，法院依法查封了某家纺公司的房产和车辆。法院经审理后认为某家纺公司已足额向某工程公司支付工程款，因此，判决由某工程公司向张某支付欠付工程款，某家纺公司无需承担责任。某家纺公司认为，因张某恶意申请保全，导致其车辆无法交易发生贬值损失，融资成本高企，且保全行为致使其商业信誉及企业形象遭受严重损害，遂向人民法院起诉，请求判令张某向某家纺公司赔偿因保全错误造成的损失共计96万元。

法院经审理认为，张某作为某工程项目的实际施工人，起诉和申请保全财产的行为属依法主张，不能认定为有过错。申请财产保全目的是为了保障生效判决顺利执行，不是对实体权利义务的终局确认，申请人为了维护合法权益寻求司法救济申请财产保全，仅需要尽到合理注意义务，如果仅以裁判结果来认定保全行为是否有过错及是否应当承担赔偿责任，则对申请人的诉讼能力和预判能力提出了过高要求。本案中，客观上人民法院判决结果与申请人诉讼请求之间存在差异，但申请人在主观上不存在故意或重大过失等过错情形，不能认为保全错误，法院遂驳回了某家纺公司的诉讼请求。

律师提示

为防止被申请人转移财产和保障生效判决的执行，民事诉讼中进行诉讼保全至关重要，有些法院在立案时也主动提示不进行诉讼保全的法律风险。但如申请人滥用诉讼权利，错误申请诉讼保全将损害被申请人的合法权益。

《民事诉讼法》第105条规定，申请有错误的，申请人应当赔偿被申请人因保全所遭受的损失。保全申请错误如何认定法律并无直接规定，司法实践认为保全申请错误属于一般侵权行为，应当适用过错责任原则。申请保全错误须以申请人申请诉讼保全时是否存在过错、诉讼保全申请是否给被申请人造成了损失以及诉讼保全行为与损失之间有无因果关系为要件。

保全申请过错是一个主观标准，不能仅以保全申请人的诉讼请求最终是否得到支持为唯一标准，还要看其是否存在故意或重大过失。由于当事人的法律知识、对案件事实的举证能力、对法律关系的分析判断能力各不相同，通常达不到司法裁判所要求的专业水平，当事人对诉争事实和权利义务的判断未必与人民法院的裁判结果一致。因此，对申请人申请保全所应尽到的注意义务要求不应过于苛责，应从其诉讼请求及所依据的事实和理由，综合考察其提起诉讼是否合理，或者结合申请保全的标的额、对象及方式等考察其申请诉讼保全是否适当。另外，在诉前保全中，申请人如未在法律规定的期限内提起诉讼，一般可认定为保全申请错误。

被保全人要求赔偿，应以保全申请错误受到实际损失为成立条件，无损害则无赔偿。司法实践中，若系冻结资金，有合同等证据证明存在借贷利息损失的，应赔偿的实际损失为合法利息损失；若系查封房屋、股票、实物或其他存在市场价值变化的资产，如被保全人在保全期间未请求处分变现，被保全财产价值变化与申请财产保全行为没有直接的因果关系，因市场变化产生的价值贬损风险由其自行承担。

综上，为维护诉讼保全的制度功能，保障善意当事人依法维权，诉讼保全申请错误在司法实践中的认定非常严格。诉讼请求部分或全部未支持均不必然构成保全错误，判断诉讼保全申请错误的关键点，在于申请人是否明知其权利不成立或权利内容与保全内容存在重大差距且仍申请恶意保全。

法律规定

《中华人民共和国民事诉讼法》

第105条 申请有错误的，申请人应当赔偿被申请人因保全所遭受的损失。

《最高人民法院关于人民法院办理财产保全案件若干问题的规定》

第17条 利害关系人申请诉前财产保全，在人民法院采取保全措施后三十日内依法提起诉讼或者申请仲裁的，诉前财产保全措施自动转为诉讼或仲裁中的保全措施；进入执行程序后，保全措施自动转为执行中的查封、扣押、冻结措施。

依前款规定，自动转为诉讼、仲裁中的保全措施或者执行中的查封、扣押、冻结措施的，期限连续计算，人民法院无需重新制作裁定书。

100 不服被列为失信被执行人的救济途径是什么？

案情简介

2014年5月15日，某企业以自有房产自愿为贾某与某银行分行营业部签订的《人民币流动资金贷款合同》提供抵押担保，签订《抵押合同》。2016年5月27日，因贾某未还款被强制执行，法院将某企业列入失信人员名单中。某企业认为，其作为异议人提供的是房产抵押担保，抵押人只在抵押物范围内承担物保责任，而且异议人的抵押物价值从开始贷款至今已远超贷款的金额。同时，在抵押物价值正常存在，异议人没有破坏、阻挠执行的情况下，法院也不应该将某企业列入失信名单。故请求法院将某企业从失信人员名单中去除。

法院经审理认为，被执行人认为将其纳入失信被执行人名单错误的，可以向作出决定的人民法院申请纠正，但应当按照规定的程序行使权利，该请求不属于执行异议审查范围。故异议人提出的执行异议申请不符合执行异议案件的受理条件，依法应予以驳回。

律师提示

为促使被执行人自觉履行生效法律文书确定的义务，人民法院将符合条件的被执行人纳入失信被执行人名单，在政府采购、招标投标、行政审批、政府扶持、融资信贷、市场准入、资质认定等方面，对失信被执行人予以信用惩戒，取得了良好的法律效果和社会效果。

然而，作为被执行人的中小企业认为被错误列为失信被执行人（纳入失信被执行人名单）的情形时有发生，那么该如何救济呢？

依据《民事诉讼法》第225条之规定，当事人、利害关系人认为执行行为违反法律规定的，可以向负责执行的人民法院提出书面异议。《最高人民法院关于人民法院办理执行异议和复议案件若干问题的规定》还对执行异议的细节进行了规定。但是，法院将被执行人列为失信被执行人的行为不是执行行为，而是对被执行人的惩戒措施，因此，不服被列为失信被执行人的救济措施不是执行异议。

依据《最高人民法院关于公布失信被执行人名单信息的若干规定》第 11 条和第 12 条之规定，对于被列为失信被执行人不服的，可以向法院申请纠正。公民、法人或其他组织对被纳入失信被执行人名单申请纠正的，执行法院应当自收到书面纠正申请之日起15 日内审查，理由成立的，应当在3 个工作日内纠正；理由不成立的，决定驳回。因此，正确的救济途径应该是向法院提出申请进行纠正。

法律规定

《中华人民共和国民事诉讼法》

第 225 条 当事人、利害关系人认为执行行为违反法律规定的，可以向负责执行的人民法院提出书面异议。当事人、利害关系人提出书面异议的，人民法院应当自收到书面异议之日起十五日内审查，理由成立的，裁定撤销或者改正；理由不成立的，裁定驳回。当事人、利害关系人对裁定不服的，可以自裁定送达之日起十日内向上一级人民法院申请复议。

《最高人民法院关于公布失信被执行人名单信息的若干规定》

第 11 条 被纳入失信被执行人名单的公民、法人或其他组织认为有下列情形之一的，可以向执行法院申请纠正：

（一）不应将其纳入失信被执行人名单的；

（二）记载和公布的失信信息不准确的；

（三）失信信息应予删除的。

第 12 条 公民、法人或其他组织对被纳入失信被执行人名单申请纠正的，执行法院应当自收到书面纠正申请之日起十五日内审查，理由成立的，应当在三个工作日内纠正；理由不成立的，决定驳回。公民、法人或其他组织对驳回决定不服的，可以自决定书送达之日起十日内向上一级人民法院申请复议。上一级人民法院应当自收到复议申请之日起十五日内作出决定。

复议期间，不停止原决定的执行。

图书在版编目（CIP）数据

中小企业法律风险识别与防控 / 段彪永编著 . —北京：中国法制出版社，2021. 11
ISBN 978 - 7 - 5216 - 1796 - 2

Ⅰ. ①中… Ⅱ. ①段… Ⅲ. ①中小企业 - 企业法 - 研究 - 中国 Ⅳ. ①D922. 291. 914

中国版本图书馆 CIP 数据核字（2021）第 059612 号

责任编辑　黄丹丹　　　　封面设计　周黎明

中小企业法律风险识别与防控

ZHONGXIAO QIYE FALÜ FENGXIAN SHIBIE YU FANGKONG

编著/段彪永
经销/新华书店
印刷/三河市国英印务有限公司
开本/710 毫米 ×1000 毫米　16 开　　　　印张/ 19. 25　字数/ 209 千
版次/2021 年 11 月第 1 版　　　　2021 年 11 月第 1 次印刷

中国法制出版社出版
书号 ISBN 978 - 7 - 5216 - 1796 - 2　　　　定价：69. 00 元

北京市西城区西便门西里甲 16 号西便门办公区
邮政编码：100053　　　　传真：010 - 63141852
网址：http：//www. zgfzs. com　　　　**编辑部电话：010 - 63141812**
市场营销部电话：010 - 63141612　　　　**印务部电话：010 - 63141606**

（如有印装质量问题，请与本社印务部联系。）